子どもの食物選択力の形成過程に関する研究

包摂的学習及び思考スキルの形成に着目して

中村　喜久江

大学教育出版

まえがき

本書は、平成27年3月、広島大学に受理された学位論文「子どもの食物選択力の形成過程に関する研究」に補章を加え、加筆、修正し刊行するものである。

本書（本研究）では、小学校家庭科を対象に、マルザーノらの「行動モデル」「学習の次元」を援用し、食物選択力を形成する授業モデル及び教材を開発する。さらに授業を実践し食物選択力の形成過程を知識の獲得、その構造化、活用の3つの過程に分け実証的に検討し、授業モデル及び教材の有効性を明らかにする。また、食物選択力形成過程、さらに一人ひとりの子どもの食物選択力形成過程を明らかにする。補章では、獲得した知識、その構造化、活用及び構造化の思考スキル、活用の思考スキル及び一人ひとりの子どもの食物選択力形成過程が4か月後も維持可能であるのかについて検討する。

子どもの食物選択力の形成過程を検討する背景には、まず、子どもの食生活における課題が山積している状況があった。

これまでに、国家レベルで、子どもの食生活の改善に向けさまざまな施策が講じられてきた。2005年に食育基本法が成立、2006年には、厚生労働省、農林水産省、文部科学省等による食育推進基本計画がスタートし、現在（2021年2月）は第3次計画が最終年度を終えようとている。その計画の一つである、朝食を食べない子どもを0%にする目標は、一時わずかに好転したものの、2013年以降、朝食を食べない日がある小・中学生は、10%を超える状況が続いている（平成30年度全国学力・学習状況調査）。また、ここ10年間、子どもの1日の野菜の必要摂取量は満たされておらず、たんぱく質等の過剰摂取も報告されている（平成30年度国民健康・栄養調査報告）。

このように、欠食はもとより、食事を摂っていてもその内容は栄養素等の摂取に偏りが見られる。子どもの食生活には、いまだに課題が残されている。

一方、学校教育においては、子どもが健康な食生活を営むための栄養教育

（食教育）を、教科の中では特に、家庭科が担ってきた。家庭科では、独自の視点から、すなわち、生活を総合的に捉えその中に食（生活）を位置づけ、現在のみならず将来を見通して、家族を含めた健康を考え、主体的に食生活を創造発展させることのできる能力を育成する。そのために、家庭科だからこそ可能な学び―食に関する知識、技能を、小、中、高等学校と系統立てて、総合的に身に付ける学び、それら知識、技能を現在のみならず生涯にわたって個々の生活の中で発展させることのできる学び、それら知識、技能を活用し、それぞれの発達段階で問題を解決し、個々の子どもなりに健康な食生活を創っていくことのできる学び―を展開する。

その結果として、これまでに、栄養教育に関する知識の理解やそのための学習方法については成果が上がっている。しかし、小、中、高等学校の家庭科で栄養教育を受けてきた大学生においても、学習した知識を日常生活で活用し、栄養的バランスを考えて食事をしていない実態が認められる等、知識を日常生活の食事場面で活用することについては期待される成果が上がっていない。

他方で、マルザーノらの理論との出会いがあった。知識の獲得、活用、さらにその思考の仕方、学習方法については、マルザーノらの「行動モデル」「学習の次元」から多くの示唆が得られることがわかった。

マルザーノらによると、情報（知識）領域の中には、特定された個別的な知識である「事実」、多様な状況で活用することができる知識である「一般化」があり、「事実」に加え「一般化」レベルまで学習してはじめて知識を有用に活用できるという。さらに、これら知識を一般化（構造化）する思考スキル、活用する思考スキルの獲得も重要であるという。知識の獲得、活用については、「行動モデル」において、情報（知識）を獲得、蓄積する過程、あるいは、その情報（知識）を課題遂行のために活用する過程を明確にしている。そしてこれらの過程を「学習の次元」において学習として具体化している。

すなわち、「事実」としての知識を獲得統合し、理解を深化させ一般化（構造化）し、有意味に活用すると同時に機能的推論等の思考スキルを形成するための学習方法を明確にしている。ここに提案された具体的な授業モデルは高く評価され、社会科等においては多くの成果を上げている。

このように、マルザーノらの理論は、栄養教育における知識の活用、その学習方法に関する課題の解決に援用することが可能であると考えられた。

一方で、小学校家庭科における栄養教育を検討するにあたり、日常生活で食品の購入、その調理の経験に乏しいという子どもの現状があった。この状況を踏まえると、これまで行われてきた、食品を購入し、調理し食卓を整える能力の育成の準備段階となる学習の導入が重要となる。そこで、食物選択力－食事を構成する料理に着目し、栄養的バランスを判断し、食事を選択する能力－の育成に焦点を絞って検討することとした。そして、食物選択力の形成には、栄養的バランスを判断するための知識の獲得、新しい知識を自己の知識体系に統合、構造化し、さらに、その知識構造から適切な知識を引き出し活用する能力、構造化する過程で必要となる構造化の思考の仕方（思考スキル）、活用の過程で必要となる活用の仕方（思考スキル）を身に付ける学習が必要であると考えられた。

以上が、小学校家庭科における食物選択力形成過程を検討するに至った経緯である。

なお、本書では、3つの食品のグループを赤群、緑群、黄群で表している。これらの名称は、授業実践を実施した時点の教科書（平成23年度）では用いられていなかった。しかし、3つの理由から使用することとした。まず、①教科書の3つの食品グループのイラストでは、黄色の背景に「おもにエネルギーのもとになる食品」、赤色の背景に「おもに体を作る食品」、緑色の背景に「おもに体の調子を整える食品」というデザインとなっており、イメージが繋がりやすい、②授業を実施した小学校では、学校給食に関する掲示物等は、3色食品群を使用している、③教材として作成した「料理－食品群充足率カード」は給食で出される料理を使用している、以上の3点である。

栄養教育は生涯にわたって健康を維持し増進する基盤となるものである。特に、小学校家庭科は、家庭科における栄養教育の出発点であり、日常生活の食事場面で知識を活用する能力の育成は極めて重要であると考える。活用を指向した知識の様相、それらを日常生活で活用する能力に関する食物選択力の形成過程を明らかにすることは、小学校における栄養教育の課題解決に寄与すると考える。そして、授業モデル、教材の開発、その有効性を明らかにすることで具体的な学習内容及び学習方法の改善の方策を導き出すことが可能となると考える。

また、単なる活用のみに焦点を当てるのではなく、これまで取り上げられてこなかった食物選択力の形成過程、さらに一人ひとりの子どもの食物選択力形成過程を明らかにすることは、個々の子どもが生活の文脈の中で知識を活用でき、子ども自身のライフスタイルの中で、自分の健康を考えた食事を摂ることを可能にすると考える。

そして、補章では、食物選択力の維持について明らかにする。これらは、生涯にわたって知識を維持、深化させ、それらを活用し、健康な食事を摂ることのできる能力の育成、またそのための学びの構築に多くの示唆を与えると考える。

本書が、生活を総合的に捉え、その中に食生活を位置づけ生涯を見すえ、家族を含めた健康を主体的に維持、増進できる子どもを育成するという家庭科の独自の視点からの栄養教育の一助となることができれば幸甚である。

子どもの食物選択力の形成過程に関する研究

―包摂的学習及び思考スキルの形成に着目して―

目　次

序　章
研究の背景と目的

第1節　問題の所在と研究の視点

1　問題の所在

子どもの食生活の乱れが指摘されて久しい。朝食を欠食する[1]、栄養素の摂取に偏りがある[2]等の報告が数多く見られる。その結果として、肥満や痩身、生活習慣病やメタボリックシンドローム等の増加が見られ、子どもの健康が蝕まれている。

このような状況を受けて、国家レベルでは、2005年、栄養教諭制度の開始を皮切りに、食育基本法の成立、食事バランスガイドの公表、2006年に入り、食育推進基本計画の策定と矢継ぎ早に施策が講じられてきた。そして、2010年には第1次食育推進基本計画が終了し、2011年度より第2次食育推進基本計画が「周知から実践へ」のコンセプトのもとにスタートしている。2013年5月には文部科学省が「今後の学校教育における食育のあり方に関する有識者会議」を立ち上げ、今後の食育について協議している。7月に出された中間まとめでは、学校現場での実践的な取り組みを行うための具体的な事業や指導方法について検討を加え、2014年度以降の文部科学省の事業として、「スーパー食育スクール（SSS）」や「食育の教科書」を提案しようとしている[3]。

一方、学校教育における食教育は、家庭科、保健体育科等の教科の中で、また教科外では、栄養教諭が中心となり、給食や学級活動の時間で実施されてきた。中でも、家庭科は生活を総合的に捉え、その中に食を位置づけ、現在のみならず将来を見通して家族を含めた健康を考え、主体的に食生活を創造できる能力を育成することを目指している。学習指導要領においても、1999及び2000年に告示された学習指導要領[4)、5)、6)]、また、2008及び2009年に告示された学習指導要領[7)、8)、9)]、の中でこのような能力を小・中・高等学校を通して育成することが明確にされている。このような家庭科独自の視点からの食教育は、生涯にわたって健康な食生活を営む能力を育成する上で、極めて重要である。しかし、小・中・高等学校でこれらを学習してきた大学生を対象とした調査では、学習した知識を日常生活で活用し、栄養的バランスを考えて食事をしていない実態が認められる等[10)、11)]、必ずしも期待する成果が上がっていない[12)、13)、14)]。食教育の中でも、栄養教育は健康な生活を支える基盤となるものである。現状を踏まえ栄養教育の見直しを行い、課題を明確にした上で改善の方策を検討することは、生活を総合的に捉え学びを進めていく家庭科教育においてこそ行う意義が非常に大きい。

これまでの家庭科における栄養教育では、食品カードやアプリケーションソフト等の活用により、「食品群についての知識」[15)、16)]や「食品の栄養的特徴」[15)、17)]等に関する理解が容易になることが報告されている。また、栄養的バランスの取れた献立を作成する能力に影響を及ぼす要因や食物選択行動の因果モデルの有効性が明らかにされている[18)、19)]。このように知識の理解、そのための学習方法については成果があがっている。しかし、「栄養素に関する知識」と「食事選択力」とは直接関連が認められないという報告[20)]や食品の分類については理解し、食品に主に含まれる栄養素に関する知識を習得しているが、その科学的知織を日常生活の食事場面で具体的に活用できていない学生が多いという指摘[21)]、あるいは大学生及び社会人を対象とした調査では、基本的な知識や認識は持っているが、自分が実際に食べているものについての自己評価ができない[22)]等、学習した知識が身についていても、日常生活で活用できていないという報告が認められ、知識の活用については課題が残っている。このような栄養教育の課題に関して、河野は「実際に目の前にある食品と栄養がつながらないで、非常に難しい理屈を考えながら食事をしなければいけないということで、学んだことが実生活に十分に生かしきれていない状況がある」[23]と指摘する。河野の指摘にあるように、日常生活で知識を活用できない原因は、日常の食事場面で非常に難しい理屈を考えなければならないという点に見ることができる。では、なぜ非常に難しい理屈、言い換えると、複雑な思考過程を取らなければならないのであろうか。その理由は、学習内容と学習方法に大別できる。学習内容について２つの理由が考えられる。第１は、日常的に接する料理一皿に使用される食品の分量ではなく、食品100gを基準とし、その食品に含まれる栄養素を学習する等、日常生活で活用できる形で知識を習得していないことである。第２は、知識として、栄養素（食品群)、食品、料理、食事が関連付けられ整理されていないことである[24]。なぜなら、従来の家庭科の学習内容は図序-1-1に示すように、栄養学、食品学、調理学等学問体系により１つひとつが完結した形で知識が構造化され、学習内容となっているためである。

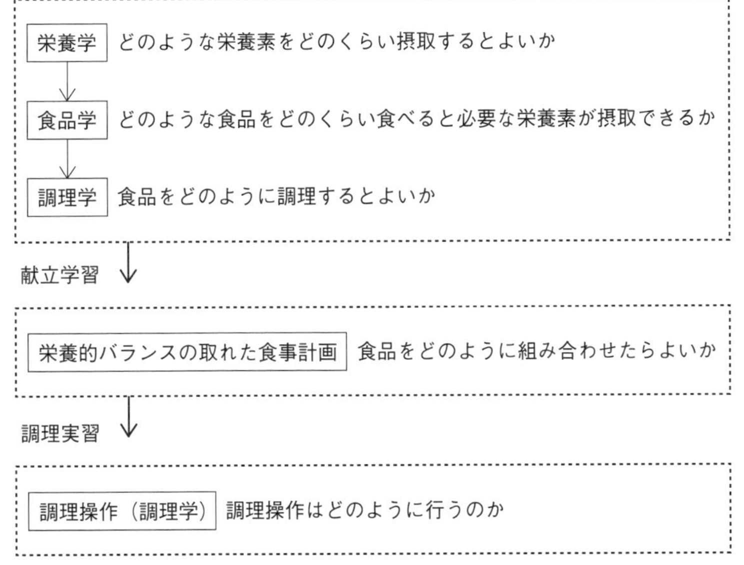

図序-1-1　栄養的バランスの取れた食事を整える能力の育成に関わる学習

以上のように、学習内容が日常生活で活用することを指向した知識で組織されていないことが問題の１つであると考える。

一方、学習方法については、宇高が「小・中・高等学校の家庭科を履修すれば、喫食者が日常的に摂取内容の栄養的評価ができるようになる教育方法が確立できている、とは言い難い」[25]と指摘する。その原因としては、２つ考えられる。第１は、栄養素(食品群)、食品、料理、食事に関する知識を関連づけ、構造化するための学習が行われていないことである[26]。第２は、学習した知識を日常生活で活用するための学習が行われていないことである。なぜなら、図序 -1-1 に示すように、従来の家庭科における栄養的バランスの取れた食事を整える能力の育成に関わる学習は、まず、栄養学、食品学というように科学的知識を理解させる学習が行われ、その後、食品を組み合わせて栄養的バランスの取れた食事を計画する献立学習を行う。この献立学習は、科学的知識を、実践を指向し統合する場として位置づけられている。しかし、ここでは、献立作成の方略を手順として学習する。例えば小学校家庭科では、まず主食を決める、次に汁物や飲み物を決め、そして主なおかずを決める等の手順である。また、作成した献立（食事）の栄養的バランスは、食事を１つひとつの食品に分解して、それぞれを食品群に分類し、栄養素を食品群に置き換えて判断する[27]。そのため献立学習では、献立作成の手順及び食品を食品群へ分類する能力を身につけることができる。しかし、食事を一度食品に分解し食品の段階で栄養的バランスについて考えるため、栄養素（食品群)、食品、料理、食事を関連づけそれらの知識を構造化する学習として展開されていない。学習した知識を日常生活で活用するための学習となっていない。そして、知識を獲得し構造化し、日常生活の食事場面で活用するというそれぞれの過程で必要となる思考の仕方を育成する学習が行われていない。

以上のことから、学習した知識を日常の食事場面で活用できない原因は、学習内容としての知識及びその学習方法、さらに知識の獲得、構造化、活用過程で必要となる思考の仕方を明確にし、多様な子どもの日常生活で活用できる学びを進めてこなかったことが考えられる。

2　研究の視点

家庭科教育の中でも、小学校家庭科における栄養教育は、中・高等学校の栄養教育の出発点であり、非常に重要である。従来の栄養教育では、小・中・高等学校とどの学校段階においても、栄養素を食品群に置き換えて、食品を組み合わせて献立を立て、食品を購入し、調理を行うことを想定した学習が展開されている。これは、足立のいう「食材料選択型」栄養教育[28]であり、主として、集団給食等の献立作成にかかわる（管理）栄養士や家族の食事づくりを担当する者を対象とする栄養教育である。現在の子どもは、食品の購入や家庭での調理の経験がほとんどないという実態から考えると、従来の学習で身に付けた知識を、日常生活において関連づけ、実践することは難しい。小学校家庭科の栄養教育では、献立を立て食品を購入し、調理して食事を整えることができるための準備段階として、「料理選択型」栄養教育[28]を行う必要がある[29]。すなわち、調理される前の食品ではなく、日常生活で目にする料理に着目し、その栄養的特徴を認知させ、食事の栄養的バランスを判断できるようにする必要がある。そして、そのような力は、食物選択力を形成することで可能になると考える。

本研究において食物選択力は、食事を構成する料理に着目し、栄養的バランスを判断し食事を選択できる能力とする。そして、食物選択力の形成には、栄養的バランスを判断するための知識を獲得し、その新しい知識を自己の知識体系に組み込み構造化する能力、目の前の食事の栄養的バランスを判断し選択するために知識構造から適切な知識を引き出し、活用できる能力が必要であると考える。さらに、知識を構造化する過程と知識構造から適切な知識を引き出して活用する過程における思考の仕方を身に付けることが必要であると考える。

以上のことから、小学校家庭科の栄養教育においては、食物選択力の形成が必要であり、そのために、日常生活での活用を指向した学習内容としての知識、さらにその学習方法の検討が必要であると考える。

日常生活で活用することを指向した知識及び思考の仕方、またその学習方法については、マルザーノらの「行動モデル（Model of Behavior）」[30]「学習の次元（Dimensions of Learning）」[31] から多くの示唆が得られる。マルザーノらは、情報（知識）を獲得、蓄積する過程、あるいはその情報（知識）を課題遂行のために活用する過程を「行動モデル」において明確にしている。また、知識の性質を踏まえ、課題遂行のための適切な活用について分析し、「学習の次元」において、それら知識を獲得統合し、理解を深化させ構造化し、有意味に活用すると同時に帰納的推論等の思考スキルを形成するための学習方法を明確にしている。さらに、具体的な単元設計、授業モデルを提案している。これらの単元設計、授業モデルは実践的枠組みとして高く評価され、多くの成果を上げている[32]。

そこで、本研究では、小学校家庭科の栄養教育において、子どもが健康を維持しさらに増進するために必要となる食物選択力を形成する過程に着目し、マルザーノらの「行動モデル」「学習の次元」より日常生活で活用できる知識の様相とその学習方法を検討した上で、食物選択力形成のための授業モデル及び教材の検討を行う。さらに、授業を実践し、食物選択力形成過程を知識の獲得過程、構造化の過程、活用の過程の３つの過程に分けて実証的に検討し、その過程で必要となる思考スキルの形成に関する分析を行い、授業モデル及び教材の有効性と子どもの食物選択力形成過程を明らかにする。

引用文献及び参考文献

1）　文部科学省ホームページ、
http://www.mext.go.jp/a_menu/shotou/gakuryoku-chousa/zenkoku/1296320.htm、2013.10.11 現在
調査結果については、国立教育政策研究所ホームページ、
http://www.nier.go.jp/10chousakekkahoukoku/index.htm、2013.10.11 現在

2）　厚生労働省ホームページ、『平成 23 年国民健康・栄養調査』、
http://www.mhlw.go.jp/bunya/kenkou/eiyou/dl/h23-houkoku.pdf、2013.10.11 現在

3）　文部科学省、今後の学校における食育のあり方に関する有識者会議、「今後の学校における食育のあり方について（中間まとめ）」、2013.7

4)　文部省、『小学校学習指導要領解説家庭編』、開隆堂出版、1999、pp.36 ～ 47
5)　文部省、『中学校学習指導要領（平成 10 年 12 月）解説 — 技術・家庭編』、東京書籍、1999、pp.48 ～ 55
6)　文部省、『高等学校学習指導要領解説家庭編』、開隆堂出版、2000、pp.33 ～ 35、pp.60 ～ 62、pp.91 ～ 94
7)　文部科学省、『小学校学習指導要領解説家庭編』、東洋館出版、2008、pp.25 ～ 36
8)　文部科学省、『中学校学習指導要領解説技術・家庭編』、教育図書、2008、pp.49 ～ 57
9)　文部科学省、『高等学校学習指導要領解説家庭編』、開隆堂出版、2010、pp.15 ～ 16、pp.29 ～ 30、pp.44 ～ 46
10)　山道裕子、中村喜久江、「食教育で活用するソフトウェア開発に関する基礎的研究」、教育学研究紀要、第 49 巻、2004、pp.651 ～ 654
11)　岡田みゆき、土岐圭佑、「大学生の食生活の実態とその関連要因」、日本教科教育学会誌、第 35 巻　第 2 号、2012、p.93
12)　矢野由紀、「家庭科における食生活領域の学習指導（第 1 報）— 大学生の食事選択力と知識、技能、関心との関連 —」、日本家庭科教育学会誌、第 38 巻　第 2 号、1995、pp.41 ～ 42、pp.46 ～ 48
13)　浜津光代、北島京子、「家庭科における献立学習のあり方に関する検討 — 実態から見る問題と課題 —」、日本家庭科教育学会誌、第 41 巻　第 3 号、1998、p.53
14)　宇高順子、「料理の食品容積からわかる食品可食部重量および食品群別摂取量のめやす」、日本家庭科教育学会誌、第 52 巻　第 1 号、2009、pp.43 ～ 51
15)　長島和子、好岡聿子、「小学校家庭科における栄養教育 — カードゲームの導入による『食品と栄養素』の指導 — 」、日本家庭科教育学会誌、第 30 巻　第 2 号、1987、pp.534 ～ 536
16)　佐藤文子、竹田純子、「小学校家庭科食物領域におけるパソコン導入授業の有効性 —『食品に含まれる栄養素とその働き』の指導において — 」、日本家庭科教育学会誌、第 33 巻　第 2 号、1990、p.40、p.42
17)　小西文子、出石康子、「栄養指導を主体としたコンピュータソフトの開発」、日本家庭科教育学会誌、第 37 巻　第 2 号、1994、p.88
18)　高増雅子、足立己幸、「小学生における食品購買行動の食物選択力形成に及ぼす影響」、日本家庭科教育学会誌、第 47 巻　第 3 号、2004、pp.236 ～ 247
19)　高増雅子、足立己幸、「小学生における中食・外食選択型食教育プログラムの学習効果に関する研究」、日本家庭科教育学会誌、第 50 巻　第 1 号、2007、pp.22 ～ 32
20)　前掲書 12）p.42
21)　中村喜久江、「献立学習における学習過程及び学習内容の改善」、岡山大学教育学部研究集録、第 98 号、1995、pp.161 ～ 164
22)　矢野由起、「家庭科における食物学習・栄養教育に関する研究」、日本家庭科教育学会誌、

第52巻　第4号、2010、p.237

23）　河野公子、小谷野茂美、『技術・家庭科〈家庭分野〉の授業をどう創るか』、明治図書、1999、p.27

24）　前掲書21）、pp.161～164

25）　前掲書14）、p.43

26）　前掲書21）、pp.161～164

27）　例えば、櫻井純子他、『わたしたちの家庭科5.6』、開隆堂出版、2010、pp.94～96

28）　足立己幸、「料理選択型栄養教育の枠組みとしての核料理とその構成に関する研究」、民族衛生、第50巻　第2号、1984、pp.71～74

29）　中村喜久江、「栄養的バランスの取れた食事を整える能力の育成―「料理－栄養」学習の構想―」、日本教科教育学会誌、第23巻　第4号、2001、p.23～25

30）　Robert J.Marzano, John S.Kendall, *The New Taxonomy of Educational Objectives*, Corwin Press A Sage Publications Company, 2007, p.11

31）　R.J.Marzano et al, *Dimensions of Learning: Teacher's Manual (2nd ed)*, McREL, Hawker Brownlow EDUCATION, 2009, pp.43～112

32）　例えば、以下の文献で、中学校において、知識の構造化のための学習方法や知識の活用のための課題に関する成果が実証的に報告されている。

BROWN, JOHN LUTHER, *AN ETHNOGRAPHIC CASE STUDY OF THE DIMENSIONS OF LEARNING IMPLEMENTATION PROCESS AT A K-8 SUBURBAN MAGNET SCHOOL*, UMI Dissertation Services, 1996

第2節　先行研究の検討

1　家庭科における食の実践に関する指導の動向

これまで家庭科における食に関する指導では、子どもが自立し、地域社会の人々と共に生きるための実践を重視した学習内容、学習方法について研究が進められてきた。この家庭科の特質に関わる大きな柱に変更はないが、研究の視点に若干の変更が生じた契機となるのが、内閣府、文部科学省、厚生労働省、農林水産省の各府省が多様な視点から打ち出した国家レベルの食育の実施である。これを受けて、小・中・高等学校の学習指導要領において、学校における食育推進を家庭科あるいは技術・家庭科の特質に応じて適切に行うことが明記され、その解説では、学校教育においては家庭科および技術・家庭科における食に関する指導を中核として、食育を教育活動全体で一貫して取り組むことが明確にされている[1)、2)、3)]。

このような状況の中で、家庭科教育における食に関わる研究のキーワードは、栄養教育、献立学習、調理実習などに、「家庭科を中核とした」や「連携」が加わることになり、家庭科を中核とした食育、家庭科担当教員と栄養教諭や地域、企業等との連携に関する研究が見られるようになる[4)]。そして、実践するためにはどのような連携が必要であるかや、調理技能を習得できた等の実践結果に焦点が当てられ、どのように学習した知識、技能を活用し、実践できたのかという実践へ至るまでの過程に着目しない研究が認められるようになっている。

2　小学校家庭科の栄養教育における知識の獲得、構造化、活用

（1）栄養的バランスの取れた食事に関する知識の関連づけ

日常生活で栄養的バランスの取れた食事を判断し選択することができるためには、学習した栄養素、食品群、料理、食事を関連づけて理解する必要がある。そのための学習として献立学習が位置づけられて来たが、学習した知識を関連づけるという機能を果たしていないことは、序章の第1節ですでに述べた。

武藤らは、1956～1989年の学習指導要領及び1961～1992年の教科書を分析した結果から、1989年より献立学習は特に小学校においては、「献立をつくることによって栄養のとり方がわかるという位置づけ」[5)]であり栄養が中心となったこと、また、献立作成の取り上げ方が「献立作成がマニュアル的学習によって思考過程が欠落し、知識の注入の学習になる問題も最近の教科書にみられるようになってきた」[6)]ことを指摘している。

一方で、中・高等学校の教師は「献立学習を実際の食生活に応用できる能力を養う」学習として捉えているが、「栄養、食品、調理の相互関連を図る学習という認識が少ない」[7)]という報告がある。小学校の教師についての調査結果

は見られなかったが同様の認識であることが推測される。

このように、学習指導要領、教科書においても、中・高等学校の教師の認識においても、献立学習が学習した知識を関連づけ、日常生活の食事場面で活用できる学習として機能していないことがわかる。

これらの研究結果を踏まえ、武藤は、献立学習の意義は「学習した栄養、食品、調理に関する知識を統合し関連づける学習」[8] であることを主張している。しかし、それらの改善の方策としては、重点を置く内容の見直し、献立構成要素に関する基礎的研究、思考過程を促す教具、題材の開発の必要性を提言するにとどまっている[9]。

また、鈴木らは、栄養に関する知識と実際の食品や料理が結びついていないといった問題点を解決する方策として、コンセプトマップの作成の導入を試みている。そして、「栄養素、食品群、食品、料理が関連づけられ理解されるようになった」[10] ことを報告している。しかし、授業後の子どもの知識の整理は学問体系に沿ったものとなっていた。関連づけのための手段としてコンセプトマップの作成を用いているが、その焦点は栄養素や食品群という概念構造の整理にある。日常生活でその概念構造から必要な知識を引き出し、活用する能力及び思考スキルの形成については問題とされていない。

以上見てきたように獲得した知識を関連づけ、構造化し、さらにそれらを生活の場面で活用し、判断をすることを一連の思考過程と捉える視点からの研究は認められなかった。

（2） 食物選択力の形成と教材

1） 食物選択力の形成

序章の第1節で述べたように、本研究においては、食物選択力を食事を構成する料理に着目し、栄養的バランスを判断し選択できる能力と捉えた。

先行研究では、①「食事選択力」[11] と同義の用語として②「食事構成力」[12]、③「食物選択力」[13] ④「食物選択行動」[14]、⑤「食物選択力」[15] の語句が使用されている。

これらの中で、料理を選択し組み合わせることで栄養的バランスの取れた食事を構成する能力として捉えているものに、①、②、③、④がみられた。

①については、料理表から料理を選択し、主食、主菜、副菜を組み合わせ食事を構成するという考え方であった。選択するときはカードの裏の表示を見て確認して選択する方法を採用している。そして、「食事選択力」とは、具体的には「生活能力として料理を組み合わせる力」であり、「食生活の中で総合的判断力が必要とされ」「日常生活に直結すると思われる」[16]能力と考えている。

②、③については、実物大料理カード、外食・中食用料理カード、「お助けカード」の中から料理を選択し、主食、主菜、副菜を組み合わせ食事を構成するという考え方であった。選択するときはカードの裏の表示を見て確認して選択する方法を採用している。そして、序章の第1節で述べた「料理選択型」栄養教育の枠組みに基づいている。

この中で②については、「食事構成力」を「食べ手の栄養ニーズ等に対応して料理を構成し、適量かつ栄養バランスの取れた食事を整える力」[17]と捉えている。そして、研究の目的は、「弁当箱ダイエット法」による介入プログラムの効果（食事の栄養の面、身体・健康面、食知識、食態度、食行動面、QOL向上）に関するものであった。

③については、対象は小学生であるが、「食物選択力」は、「買ってきた中食や外食でも主体的に一食の食事として整えることができるために必要な」[18]能力とし、食物量（エネルギー量）、料理構成、料理面・調味料の重複、外見について適切な判断力があることを「食物選択力」として捉えていた。そして、子どもの「食物選択力」形成に影響する要因の因果関係が明らかにされていたが、「食物選択力」形成過程は明らかにされていない。また、「消費行動としての意思決定を的確に行うことを学習することにより望ましい食物選択力が形成できるのではと考えている」[19]ことからわかるように、「食物選択力」を消費者行動の意思決定プロセスの視点から捉えている。

④については、「9品目の料理メニューから3品目選択する」方法で料理を選択させていた。そして、栄養的バランスの取れた食事の選択手順は「ドラえもん」のキャラクターを用いた劇によって示していた。対象は軽度知的障害児

である。情動要因（欲求、動機付け）、認知要因（記憶、カテゴリー分類、判別など）が内在化した行動として食物選択を捉え、「食物選択の意思決定過程における反応すなわち、思考・判断過程と探索・選択の行動過程とを行動連鎖と捉えることとする」[20] としている。このように、行動連鎖として思考・判断、探索・選択の過程を考えているが、特定の手がかり刺激が特定の反応（選択行動）を生起させるという理論に基づいている。すなわち、食品（料理）の栄養的特徴を色という刺激で与え、それに対する反応として料理を選択し、栄養的バランスの取れた一食分の食事を自分で選択できる能力を育成しようとしている。したがって、本研究でとりあげようとしている、知識を獲得し、構築した知識構造から適切な知識を検索し、活用する能力またその過程で必要となる思考スキルの育成については検討されていない。また、３色の食品群が揃ったというように、栄養的バランスは食品群の種類から判断する質的段階であり、食品群の量から判断する量的段階は取り上げられていない。

⑤については、小学生を対象としているが、「食品購買行動の意思決定には、食物選択力が大きく関わる」「小学生に食物選択能力が形成されることにより、（略）広い視野に立って消費者として合理的な意思決定に基づいて購買するという家庭科教育の目的が達成できる」[21] と考えており、「食物選択力」を③と同様に消費者教育の視点から捉えていることが推測できる。また、食品購買行動に関わる「知識はあってもなかなか行動に繋がらないとう行動変容の難しさがみられた」[22] と報告しているが、具体的に知識の活用とどのように関わるのかといったことについては検討されていない。

以上「食物選択力」に関して検討してきたが、管見の限り本研究と同様に料理に着目しているものの、食物選択力の形成に必要な知識の獲得、構造化、活用及びそれぞれの過程で必要となる思考スキルについて検討している研究は認められなかった。

2） 食物選択力を形成するための教材

以上見てきた文献の中でカードを使用した研究は②、③で、両者とも実物大料理カードを使用し、③はさらに外食・中食用料理カード、「お助けカード」の使用が見られた。これらのカードは、料理を選択するときにカードの裏にある栄養に関する情報を確認して選択するという使用方法をとっている。④については、「9品目の料理メニューから3品目選択する」という方法で料理を選択する際の弁別刺激として使用し、弁別刺激を学習し、学習内容の般化を可能にさせるための教材として位置づけられている。

このように、先行研究でも料理カード等を使用していた。しかしそれらは、栄養素等の確認や弁別刺激を与えるための使用であり、本研究で構想しようとしている、知識の構造化や活用の過程で、他の料理の栄養的特徴を推論する手がかりとしてのカードという位置づけではなかった。また、推論する練習のための教材でもなかった。

先行研究で用いられた以下の教材にも同様のことがいえる。1つ目は、伊藤らが開発した食物選択支援ツール[23)]であり、小学生が学習成果を生活に活用するための手がかり刺激として位置づけられている。2つ目は、オリジナルレシピ集[24)]であり、高校生が栄養的バランスの取れた一汁二菜の献立を理解し、調理するために開発された教材である。この教材は、献立の栄養的バランスを理解する学習での利用より、一汁二菜の献立としてワンプレートのカフェごはん1セットをつくることに主眼が置かれ、調理実習での利用を重視したものとなっていた。

一方、農林水産省と厚生労働省が2005年に発表した食事バランスガイド[注1)]は、一皿の料理に着目し、主食、主菜、副菜、牛乳・乳製品、果物を選択し組み合わせて栄養的バランスの取れた食事を整えることになっている。しかし、宇高が「例示されている料理のサービング量SV（つ）を比較すると主材料である同一食材の重量が1.5倍程度異なっても同一SVとしている」[25)]と指摘しているように、小学校家庭科において、栄養的バランスの取れた食事の栄養評価を判断させる拠り所としては、大枠であり適切ではないと考える。

以上のように、料理に着目した料理カードやレシピ集という教材は複数認められたが、本研究で取り上げる食物選択力を形成する過程で、知識を獲得し、構造化し、活用するために料理の栄養的特徴、食事の栄養的バランスを推論し、判断する、またその思考の仕方を身につけるための教材として用いられるものではなかった。

3　思考スキルの育成

（1）アメリカにおける栄養的バランスの取れた食事を整えるための教育

アメリカにおいては、USDA（United States Department of Agriculture）と HHS（United States Department of Health and Human Services）により健康な食生活を送るためのガイドライン（The Dietary Guidelines for Americans）が策定され、それに基づいて、健康教育の実践的施策を主としてUSDAが行っている。2011年に、それまでのMyPyramidを改訂し、現在は、よい食物選択ができるように考えられたMyPlateを用い、5つの食品グループ（Fruits, Vegetables, Grains, Protein Foods, Dairy）から食品を使用して自分に適したMyPlateを選択する方法で食事を整えるよう指導している[26)]。

また、学校においてもSCHOOL NUTRITION Associationにより前述のガイドラインに基づき、生徒のために栄養的バランスの取れた食事を自由選択の給食（School Meals）として与え、家庭での食事のモデルにするという試みを行っている[27)]。

以上については、すべて適切なサービングサイズ[注2)]をそろえることで栄養的バランスの量を評価している。これは、13頁で述べた日本で使用している「食事バランスガイド」と本質的に同じ考え方である。

一方で、AAFCS（American Association of Family and Consumer Sciences）、すなわちアメリカ家政学会によると、1997年に策定された「FCS教育のナショナルスタンダード」が2008年に更新され、「行動の根拠（Reasoning for Action）」という基準、すなわち、高レベルの思考、情報伝達等に関する一連の知識と能力に関する基準が、FCS教育（家政教育）で取り上げる「職業とコミュニティおよび家庭のつながり」「消費者および家庭の資源」「食品科学・食品学・栄養学」「人間発達」「栄養と健康」等の16分野すべてに採用されたという[28)]。16分野の中の「食品科学・食品学・栄養学」と「栄養と健康」では、栄養、食物、健康に関する教育の評価として、Pre－PAC（Pre－

Professional Assessment and Certification)[注3] を使用している。このPre－PACは、能力を育成するために必要な適正な認知レベルを評価するためにデザインされているが、ここで取りあげられている3段階の認知レベルの評価の根拠は、マルザーノらのThe New Taxonomyではなく、The Original Bloom's Taxonomy及びThe Revised Bloom's Taxonomyの認知レベルに基づいたものであった[29]。この理論では、知識の活用に関する情報の処理過程を一連の思考システムとして捉えていない。

以上のように、アメリカにおける家政教育ではマルザーノらの理論に基づくものはなかった。

（2）日本における思考スキルの育成

前述したように、栄養的バランスの取れた食事を整える能力を育成する学習内容及び学習方法に関する研究の中に、マルザーノらの「行動モデル」「学習の次元」に基づき思考スキルの育成の観点から検討されたのもは認められなかったが、マルザーノらに関する研究としては、高橋[30]、石井[31]、岡本[32]、樋口[33]らの文献が認められた。

高橋は、「教育目標の分類法についてその基本的な考え方と6層のシステムを中心にして、可能な限り原著の主旨を再現する形でまとめてみた」[34]と述べているように、マルザーノらの改定前のThe New Taxonomyの教育目標の分類の基盤となる考え方についてのまとめで終わっている。

石井は、マルザーノらの教育目標や情意目標を検討し、教育目標の理論的枠組みを構築しているが、具体的な学習についての検討は行っていない。

授業レベルで論じているのが岡本、樋口らである。岡本の研究は、音楽科で思考力を育成するための授業モデルを提案する概念、つまり音楽授業のための枠組みの提案という基礎的な研究にとどまっている。樋口らは「行動モデル」の認知システム、高次の思考を理論的背景とし、育成すべき問題解決能力等の「つくば次世代型スキル」を定め、「つくばスタイル科」のカリキュラムを構想し実施している。しかし、「つくば次世代型スキル」を育成する授業実践を対象とした具体的な授業分析は行われていない。

以上述べてきたように、本研究で検討するような、特定の教科の単元計画を作成し、その単元の各授業における子どもの学習活動の展開という具体的な指導計画及び教材の作成と実践を対象とし、知識の獲得、構造化、活用また、構造化と活用の過程で必要となる思考スキルの形成について検討を加えている先行研究は認められなかった。以上の先行研究の検討結果を踏まえ、次節で本研究の目的を述べる。

注1）現行（2014年）の食事バランスガイドは2010年の日本人の食事摂取基準の改定に伴い改定されている。

注2）サービングサイズの考え方は、以下の文献に記されているものを参照した。

・Joanna Kister, Sandra Laurenson, Heather Boggs, *NUTRITION AND WELLNESS RESOURCE GUIDE A Resource for Teaching the Nutrition and Wellness Core Course Area of Ohio's Work and Family Life Program*, The Ohio State University Vocational Instructional Materials Laboratory, 1994

・ヴァレリー・チェンバレン著、牧野カツコ監訳、続ティーン・ガイド、―衣生活と食生活について学ぶアメリカの家庭科教科書―、家政教育社、1994、pp.153～158

注3）「栄養、食物、健康に関する評価と認定（The Nutrition, Food, and Wellness Assessment and Certification）」は信頼度が高いこと、そして、「The Nutrition, Food, and Wellness Assessment and Certification」は関連するスタンダードに基づいており、家政教育の「ナショナルスタンダード（the National Standards for Family and Consumer Sciences Education）」と矛盾が無いこと、栄養、食物、健康に関連する能力の達成度を確認するのに適していることが述べられている。

引用文献及び参考文献

1）文部科学省、『小学校学習指導要領解説　家庭編』、東洋館出版、2008

2）文部科学省、『中学校学習指導要領解説　技術・家庭編』、教育図書、2008

3）文部科学省、『高等学校学習指導要領解説　家庭編』、開隆堂出版、2010

4）例えば、

・河村美穂、「食育実践事例の特徴―文部科学省委託事業の実践事例の分析から―」、日本家庭科教育学会第53回大会研究発表要旨集、2010、pp.74～75

・児玉喜久子他、「家庭科を中核とする食育プログラムの開発―米飯とみそ汁の学習を中心にして―」、日本家庭科教育学会第53回大会研究発表要旨集、2010、pp.24～25

・佐藤雅子他、「栄養の認識を深める学習の工夫―『おいしさ』を中心におき、他教科と関連させて―」、日本家庭科教育学会第53回大会研究発表要旨集、2010、pp.68～69

・小林恭子、平成 22 年度播磨西地区小学校家庭科教育研究大会紀要、2010、pp.36 ～ 54
・小林恭子、平成 22 年度播磨西地区小学校家庭科教育研究大会学習指導案集、2010、pp.11 ～ 17
・鈴木洋子、「小学校における家庭科担当教員と栄養職員（教諭）の連携による食育の実態と課題」、日本教科教育学会誌、第 30 巻　第 2 号、2007、pp.9 ～ 15
・鈴木洋子、「児童を対象にした食育推進への提言」、日本家庭科教育学会誌、第 51 巻　第 1 号、2008、pp.11 ～ 18

5）　武藤八恵子、「学習指導要領・教科書における献立学習指導内容の課題 ― 戦後の歴史的検討から ― 」、日本家庭科教育学会誌、第 40 巻　第 3 号、1997、p.20
6）　前掲 5)、p.23
7）　石井克枝、石田佳代、小西史子、武藤八恵子、「中学校及び高等学校における献立学習の実態」、日本家庭科教育学会誌、第 41 巻　第 3 号、1998、p.60
8）　前掲 5)、p.17
9）　前掲 5)、pp.23 ～ 24
10）　鈴木真優美、福原桂、金子佳代子、「小学校家庭科食物学習における概念地図法の有効性」、日本家庭科教育学会誌、第 44 号　第 2 号、2001、p.106
11）　矢野由起、「家庭科における食生活領域の学習指導（第 1 報）― 大学生の食事選択力と知識、技能、関心との関連 ― 」、日本家庭科教育学会誌、第 38 巻　第 2 号、1995、pp.37 ～ 42
12）　針谷順子、「料理選択型栄養教育をふまえた一食単位の食事構成力形成に関する研究 ―『弁当箱ダイエット法』による食事の適量把握に関する介入プログラムとその評価 ― 」、栄養学雑誌、Vol.61　No.6、2003、pp.349 ～ 356
13）　高増雅子、足立己幸、「小学生における中食・外食選択型食教育プログラムの学習効果に関する研究」、日本家庭科教育学会誌、第 50 巻　第 1 号、2007、pp.22 ～ 32
14）　①伊藤圭子、「軽度知的障害児に対する代表例教授法を用いた栄養教育の開発（第 1 報）― 栄養教育授業モデルの組み立て ― 」日本家庭科教育学会誌、第 47 巻　第 4 号、2005、pp.318 ～ 326
②伊藤圭子、「軽度知的障害児に対する代表例教授法を用いた栄養教育の開発（第 2 報）― 授業モデル開発と実践および学習過程の分析 ― 」日本家庭科教育学会誌、第 47 巻　第 4 号、2005、pp.327 ～ 333
③伊藤圭子、「軽度知的障害児に対する代表例教授法を用いた栄養教育の開発（第 3 報）― 学習の促進要因の検討 ― 」日本家庭科教育学会誌、第 48 巻　第 1 号、2005、pp.3 ～ 9
15）　高増雅子、足立己幸、「小学生における食品購買行動の食物選択力形成に及ぼす影響」、日本家庭科教育学会誌、第 47 巻　第 3 号、2004、pp.236 ～ 246
16）　前掲書 11)、p.38
17）　前掲書 12)、p.351

18）　前掲書 13）、p.22

19）　前掲書 13）、p.22

20）　前掲書 14）‐①、p.324

21）　前掲書 15）、p.238

22）　前掲書 15）、p.239

23）　伊藤圭子、中島祥子、石田浩子、山本奈美、「生活への活用を促す小学校家庭科における栄養教育の開発（第 1 報）― 食物選択支援ツールの有効性 ―」、日本家庭科教育学会第 52 回大会発表要旨、2009

24）　加藤（植山）敦子、筒井佐知子、林田秩子、「高等学校調理実習におけるオリジナルレシピ集の開発 ― 食生活の自立を促す授業実践 ―」、日本家庭科教育学会誌、第 53 巻　第 1 号、2010、pp.47 ～ 51

25）　宇高順子、「料理の食品容積からわかる食品可食部重量および食品群別摂取量のめやす」、日本家庭科教育学会誌、第 52 巻　第 1 号、2009、p.48

26）　USDA（アメリカ合衆国農務省）のホームページ、http://fnic.nal.usda.gov/dietary-guidance/myplate-food-pyramid-resources/usda-myplate-food-pyramid-resources（2013.10.11 現在）、http://www.choosemyplate.gov/（2013.10.11 現在）

27）　アメリカ家政学会ホームページ、School Nutrition Association, School Meals: A Nutritious Choice for Your Students! www.aafcs.org/Advocacy/TIS.asp（2012.12.25 現在）

28）　アメリカ家政学会ホームページ、Information Bulletin for Pre-Professional Assessment and Certification in Nutrition, Food, and Wellness　http://www.aafcs.org/FCSstandards（2012.5.13 現在）

29）　American Association of Family and Consumer Sciences, *Information Bulletin Pre—Professional Assessment and Certification in Nutrition, Food, and Wellness,* 2010, p.3, pp.5 ～ 6

30）　高橋洸治、「教育目標の新しい分類法 ― ブルームの分類法からマルザーノの分類法への発展 ―」、静岡大学教育学部研究報告（人文・社会科学編）、第 51 号、2001、pp.203 ～ 220

31）　・石井英真、「アメリカにおける『改訂版タキソノミー』の検討 ― 情意領域の教育目標化の課題を中心に ―」、教育目標・評価学会紀要　第 12 号、2002、pp.53 ～ 62

・石井英真、「『改訂版タキソノミー』によるブルーム・タキソノミーの再構築 ― 知識と認知過程の二次元構成の検討を中心に ―」、日本教育方法学会紀要『教育方法学研究』第 28 巻、2002、pp.47 ～ 58

・石井英真、「高次の思考力を育む授業設計の方法を探る ―『学習の次元』の検討を中心に ―」、教育方法の研究、第 6 号、2003、pp.44 ～ 52

・石井英真、「メタ認知を教育目標としてどう設定するか ―『改訂版タキソノミー』の検討

を中心に―」、京都大学大学院教育学研究科紀要、第49号、2003、pp.207～219
・石井英真、「『改訂版タキソノミー』における教育目標・評価論に関する一考察―パフォーマンス評価の位置づけを中心に―」、京都大学大学院教育学研究科紀要、第50号、2004、pp.172～185
・石井英真、「アメリカの思考教授研究における教育目標論の展開―R.J.マルザーノの『学習の次元』の検討を中心に―」、京都大学大学院教育学研究科紀要、第51号、2005、pp.302～315
・石井英真、「アメリカにおけるスタンダード設定論の検討―McRELデータベースに焦点を当てて―」、教育目標・評価学会紀要　第17号、2007、pp.46～56
・石井英真、「アメリカの思考教授研究における情意目標論の展開―『性行』概念に焦点を当てて―」、日本教育方法学会紀要『教育方法学研究』第34巻、2008、pp.25～36
・石井英真、「アメリカにおける教育目標論の展開―パフォーマンス評価論による行動目標論の問い直し―」、カリキュラム研究　第18号、2009、pp.59～71
・石井英真、『現代アメリカにおける学力形成論の展開』、東信堂、2011

32）・岡本信一、「音楽科教育における創造的思考に関する研究―音楽の解釈・表現を促すメタ認知の効果―」、教育方法学研究、第24巻、1998、pp.105～113
・岡本信一、「音楽科における思考力を育成する学習環境―R.Marzanoの"Dimensions of Learning"を視点として―」、教育学研究紀要、第46巻　第2部、2000、pp.255～260
・岡本信一、「音楽科における思考力育成のための授業モデルの構築―Marzano. R. J.の"思考のプロセス"を視点として―」、教育学研究紀要、第47巻　第2部、2001、pp.189～194
・岡本信一、「音楽科における思考力育成カリキュラムの展開―R.Marzano"Dimensions of Thinking―」、カリキュラム研究、第10号、2001、pp.125～143
・岡本信一、「思考力育成カリキュラムにおける評価の方法」、教育学研究紀要、第48巻 第1部、2002、pp.247～252
・岡本信一、「『創造的思考力』を育成するための音楽科の学習過程に関する教科教育学的研究」、博士論文（兵庫教育大学）、2002、pp.5～34、pp.96～189
・岡本信一、「思考力育成カリキュラムにおける意味生成の方法―音楽科を事例として―」、兵庫教育大学研究紀要、第27巻、2005、pp.163～172
・岡本信一、「授業における思考力育成のためのカリキュラムの編成―音楽科を事例として―」、兵庫教育大学研究紀要、第28巻、2006、pp.111～116
・岡本信一、「音楽科における学習主体形成カリキュラムの今日的課題―Dimensions of Thinking Projectsを視点として―」、兵庫教育大学研究紀要、第34巻、2009、pp.131～136
・岡本信一、「音楽科における思考研究の動向（Ⅱ）―"Dimensions of Musical Learning and Teaching"以降を中心に―」、兵庫教育大学研究紀要、第36巻、2010、p.139～142

33) ・樋口直宏、「思考教授プログラムにおける思考技能の構造と教材内容 ― アメリカ教材の分析を中心に ― 」、カリキュラム研究、第7号、1998、pp.79 ~ 91
・つくば市総合教育研究所偏、市原健一、山田信博、吉田和正、柿沼宣夫、樋口直宏、岡野和夫、杉田慶也、毛利靖、奥谷雅恵、つくば市教育委員会教育指導課、『新設「つくばスタイル科」の取り組み』、東京書籍、2012
34) 前掲書30)、p.219
35) WHEELER, DONALD, *USING A SUMMATIVE ASSESSMENT ALIGNMENT MODEL AND THE REVISED BLOOM'S TAXONOMY TO IMPROVE CURRICULUM DEVELOPMENT, INSTRUCTION, AND EVALUATION*, UMI Dissertation Services, 2007
36) SCHIFFERLI, ERIN N, *THE INFLUENCE OF NUTRITION EDUCATION ON THE SCHOOL LUNCH CHOICES OF CHILDREN*, UMI Dissertation Services, 2006
37) FLOYD, KIMBERLY ELIZABETH, *THE RELATIONSHIP OF BODY MASS INDEX LEVELS, NUTRITION KNOWLEDGE, INFLUENCES ON FOOD CHOICES, DIETARY HABITS, AND NUTRITION EDUCATION OF ADOLESCENT STU*, UMI Dissertation Services, 2003

第3節　研究の目的と方法

1　研究の目的

本研究は、小学校家庭科を対象に、マルザーノらの「行動モデル」「学習の次元」を援用し、食物選択力形成のための授業モデル及び教材を開発し、授業実践により実証的に検討し、授業モデル及び教材の有効性と食物選択力形成過程を明らかにすることを目的とする。

2　研究の方法と論文の構造

本研究は、次のような手順と方法をとる。

① マルザーノらの理論に着目し「行動モデル」「学習の次元」を援用することにより食物選択力形成に必要な知識の獲得、構造化、活用に関する

学習モデルを提案する。さらに、学習方法を位置づけた単元設計を開発する。

② 食物選択力に関わる知識についての実態調査により、食物選択力を形成する学習の開発課題を明らかにする。

③ 学習内容及び学習方法の試案を作成し、予備的授業実践を行いその妥当性を検討した上で、食物選択力形成に効果的な授業モデルと教材を開発する。

④ 開発した授業モデル及び教材を用いた授業を実践し、その授業を分析する授業研究の方法により、食物選択力形成過程を具体化した単元設計、授業モデル、教材について成果と課題を明らかにする。

本論文（本書）の構成は、図序-3-1に示すとおりである。

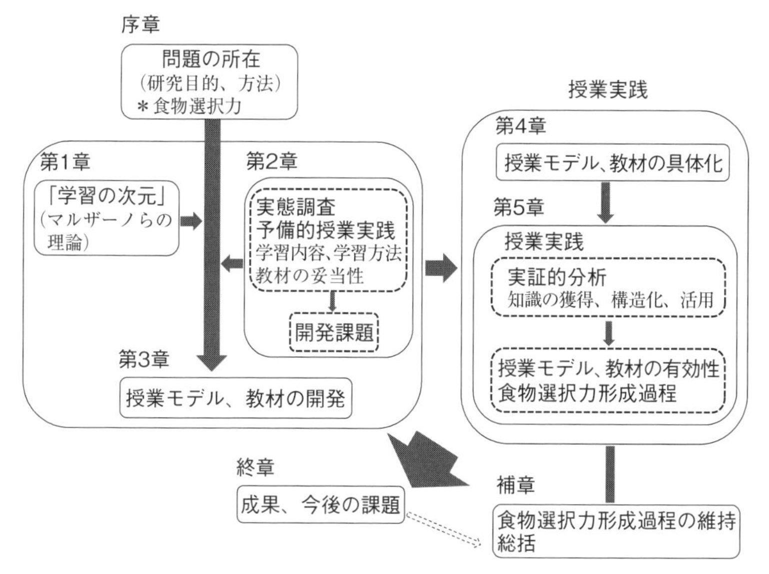

図序-3-1　本論文の構成

第1章
「学習の次元」による食物選択力形成の検討

本章は、「学習の次元」で取り上げられている知識の様相を明らかにし、その学習方法を検討した上で、食物選択力形成に関わる知識とその学習方法を分析する。そして、「学習の次元」を援用した食物選択力を形成する学習を構想する道筋を明確にする。

第1節 「学習の次元」における知識の様相と学習方法

1 「学習の次元」が構想された背景

アメリカでは、1983年、「危機に立つ国家」が公表され、子どもの学力低下、中でも高次の学力の貧弱さが重大な問題として浮上していた。このことを受け、高次の思考力を育成するための方策が次々に実施され、1995年には、McREL（Mid-continent Regional Educational Laboratory）により各教科のスタンダードを整理、統合したデータベースが開発された。その指導的役割を担ったのが、マルザーノとケンダルである。

このような情勢の中で、タイラーからブルームへと引き継がれてきた行動主義に依拠するタキソノミーは、高次の学力育成を目指し、認知心理学の知見を基に構成主義を導入することで再検討された。そして、2000年に入り、マルザーノらのニュータキソノミー（The New Taxonomy）やアンダーソンらによるブルーム・タキソノミーの「改訂版」(The Revised Bloom's Taxonomy) が構想されたのである。

マルザーノらは、ニュータキソノミーにおいて、メタ認知の活動的側面を明確にし、思考システムの中に「メタ認知」を位置づけ、活動的側面を認知システムとしてモデル化している。これが、「行動モデル (Model of Behavior)」[1] である。そして、この「行動モデル」で行われる情報 (知識) の処理過程を学習として具体化したものが「学習の次元」である[2]。「学習の次元」は、学習プロセスの研究やカリキュラム・教育・評価の計画等に有効に働く総括的モデルとして構想されている。その目的は、教師が生徒の学習目標 (goals) を明確にし、それを遂行させる支援をすることである。幼稚園から第12学年の教師の活用が想定されている。モデルの構造は弾力に富むものであり、クラス、学区の両方のレベルで単元の計画、評価の作成に特に適しているという。

2　マルザーノらの「行動モデル」と「学習の次元」

(1)「行動モデル」における情報の処理過程及び「知識領域」

マルザーノらが構想した「行動モデル (Model of Behavior)」は、図1-1-1に示すとおり「思考システム」(一点鎖線で囲まれた部分) と「知識領域 (Knowledge)」からなる。

マルザーノらは、情報 (知識) は、「思考システム」の中の「自己体系 (Self-System)」から「メタ認知体系 (Metacognitive System)」を経て「認知体系 (Cognitive System)」へ移行し、そこで適切に処理され、知識領域に組み込まれる (図1-1-1の*①) と考えている。そして、この「知識領域」は、情報 (知識) が処理され蓄積されるところであり、「情報 (information)」「心的手続き (mental procedures)」「身体的手続き (psychomotor procedures)」の3つの領域に分類されている。この中の「情報」領域、一般的には宣言的知識といわれる領域であるが、この領域は、表1-1-1に示すとおり「項目」と「組織化された観念」で構成されている。「項目」に含まれる「事実」は、特定

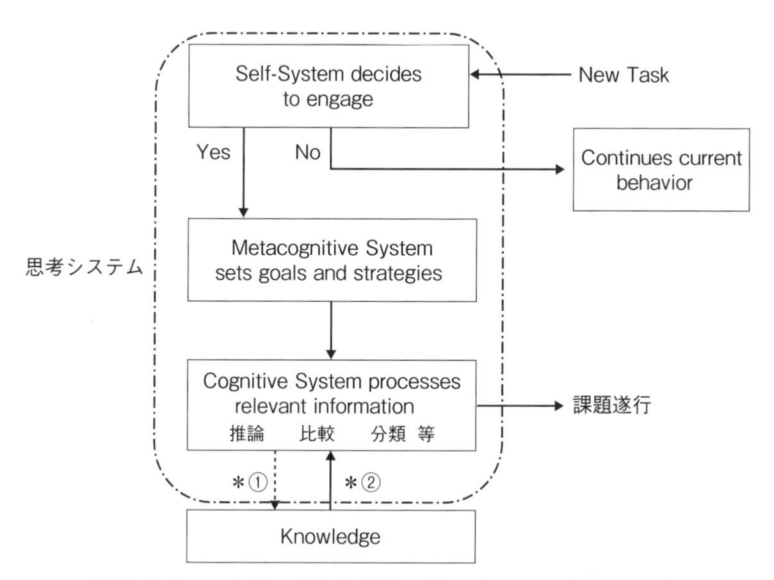

図 1-1-1 マルザーノらの行動モデル（Model of Behavior）
Robert. J. Marzano, John S.Kendall, *The New Taxonomy of Educational Objectives*, Corwin Press, A Sage Publications Company, 2007, p.11（本文を参考に一部筆者加筆）

表 1-1-1 情報領域

「項目（details）」
語彙（Vocabulary terms） 事実（Facts）（私の犬、タフィーはゴールデンレトリバーである等） 時系列（Time sequences）
「組織化された観念（Organizing ideas）」
一般化（Generalizations）（ゴールデンレトリバーはよい猟犬である等） 原理（Principles）

Robert J.Marzano, John S.Kendall, *The New Taxonomy of Educational Objectives*, Corwin Press A Sage Publications Company, 2007, pp.24～26より筆者作成

の人間、場所等の特徴を同定する。それに対し、「組織化された観念」に含まれる「一般化」では、人間、場所等の種類やカテゴリーの特徴を同定する[3]。このように、「項目」は特定された個別的な知識であり、一般的ではないため多様な状況で活用することは難しい。これに対し、「組織化された観念」は多様な状況で活用できる。マルザーノらは、「事実」のレベルだけでなく、「一般化」のレベルまで学習してはじめて知識を有用に活用できるという。

一方、課題遂行については、人は、新たな課題（New Task）に直面した時、「自己体系」においてその課題を意味あるものと判断した場合、次の「メタ認知体系」が課題遂行の目標や方略を検討し、適切な方略等を策定する。この時、「メタ認知体系」は絶え間なく次の「認知体系」と相互作用を行っている。

「認知体系」では、「メタ認知体系」により策定された目標や方略に従って「知識領域」の知識を使用して、推論、比較、分類といった分析的操作を行い、意味のある情報を処理し、遂行へ向かうと考えている（図 1-1-1 の＊②）。このように「思考システム」の中でも「認知体系」は、知識の獲得や課題遂行のための情報（知識）の処理を行う重要な役割を担っている。以上見てきた「思考システム」で行われる情報（知識）の処理過程を、学習として具体化したものが「学習の次元」[4] である。

（2）「学習の次元」における学習の組み立て

マルザーノらは表 1-1-2 に示すように学習を 5 つの次元から構想している。表 1-1-2 に示す次元 1 及び次元 5 は、学習の状況や学習へ向かう姿勢等学習成立の基盤となる次元である。次元 2、次元 3 は、図 1-1-1 に示した「行動モデル」において、「認知体系」で情報（知識）を適切に処理し、整理し「知識領域」に貯蔵する過程を学習として具体化したものである。また「認知体系」で「知識領域」から適切な知識を引き出し、処理し課題遂行に向かう過程を具体化したものが次元 4 である。したがって、知識を活用する能力の育成には次元 2、次元 3、次元 4 が重要であると考えられる。

マルザーノらは、知識を理解し活用するためには、表 1-1-2 に示す「次元 2

表 1-1-2 学習の次元

次元1 態度と知覚（attitudes and perceptions）
・教室の風土（classroom climate）：教師やクラスの仲間から受容されていると感じることや、快適で秩序ある雰囲気をつくること。 ・教室の課題（classroom tasks）：教室で取り組む課題の意義や面白さを認めること、課題を完了する能力や力量を持っていると信じること（自己効力感）
次元2 知識の獲得と統合（acquire and integrate knowledge）
・宣言的知識（declarative knowledge）：「アメーバー等」であり、意味の構築、組織化、蓄積の3つの局面から学習を組み立てる。 ・手続き的知識（procedual knowledge）：「棒グラフの読み方、フリースローシュートの仕方等」であり、モデルの構築、形成、内面化の3つの局面から学習を組み立てる。
次元3 知識の拡張と洗練（extend and refine knowledge）
推論プロセス（以下の8つの思考プロセス）を適用することで、誤りや思い違いを精査し知識を厳密に分析し、理解を深める。 ・比較 ・分類 ・抽象化 ・帰納的推論 ・演繹的推論 ・支持の構成 ・誤りの分析 ・見方の分析
次元4 知識の有意味な活用（use knowledge meaningfully）
有意味な知識の活用を促進する課題には次の6つの推論プロセスが含まれる。 ・意思決定 ・問題解決 ・発明 ・実験に基づく探究 ・調査 ・システム分析 最も効果的な学習方法は、意味のある課題を遂行する中で知識を使用させることである（例えば、テニスラケットに関する知識は、友人とテニスラケットについて話をする時より、テニスラケットを買う意思決定をする状況にある時、より有効に学ばれる）。
次元5 心の習慣（habits of mind ）
学習へ向かう姿勢や生涯にわたって学習する姿勢などの育成に関わる次元である。3つの思考が含まれる。 ・批判的思考（critical thinking） ・創造的思考（creative thinking） ・自己調整的思考（self-regulated thinking）

R.J. Marzano et al, *Dimensions of Learning: Teacher's Manual (2nd ed)*, McREL, Hawker Brownlow EDUCATION, 2009, pp.1 ～ 6, pp.13 ～ 14, 43 ～ 50, 113 ～ 116, 189 ～ 194, 261 ～ 263 より筆者作成

(Dimension2)：知識の獲得と統合（acquire and integrate knowledge）」、「次元3（Dimension3）：知識の拡張と洗練（extend and refine knowledge）」、「次元4（Dimension4）：知識の有意味な活用（use knowledge meaningfully）」の学習が必要であるとし、それぞれの次元に適した学習の単元設計を試みている。

次元２では、情報（知識）を受け取り既有の知識を想起し、新しい知識としてその情報を既有の知識と関連付けて意味を構築、そしてそれらを統合し、蓄積するという３つの局面から学習を組み立てる。

次元３では、比較、分類、抽象化、帰納的推論、演繹的推論、支持の構成、誤りの分析、見方の分析の８つの思考プロセスを含む推論プロセスを用いることで学習者が次元２で獲得した知識の誤り、思い違い等を丁寧に精査し、学習した知識の理解を深め、知識構造をより精緻なものにする学習を組み立てる。

次元４では、体験を重視し、具体的な有意味な課題を遂行する過程をとおして多様な場面で知識を応用発展させ活用できるための学習を組み立てる。有意味な知識の活用を促進する課題には６つの推論プロセス（意思決定、問題解決、発明、実験に基づく探究、調査、システム分析）が含まれる。さらに、次元３の学習では知識を拡張し、洗練すると同時に知識の構造化の思考スキルを形成する。次元４の学習では知識を有意味に活用すると同時に活用の思考スキルを形成する。

また、図 1-1-2 に示すようにこれらの学習は独立して展開されるのではなく、次元１から次元２、次元３、次元４、次元５というように段階的に学習を組み立て進めるのでもない。前述したように、次元１および次元５は、他の次元の背景として位置づけられ、学習成立の土台となる次元である。

そして、次元３には、次元２の学習で担保できない学習（円の②と③の重ならない部分）が含まれるが、次元３の学習が展開されている時は、次元２の知識の獲得も行われている。

次元４には、次元３の学習で担保できない部分（円の③と④が重ならない

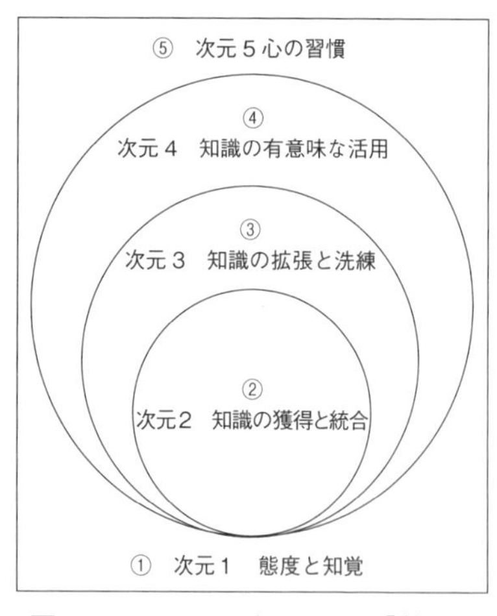

図 1-1-2　マルザーノらの「学習の次元（Dimensions of learning）」

R.J. Marzano et al, *Dimensions of Learning: Teacher's Manual (2nd ed)*, McREL, Hawker Brownlow EDUCATION, 2009, p.7 より筆者作成

部分）が含まれる。次元４で知識を有意味に活用している時、新たな知識を獲得（次元２）したり、拡張（次元３）していることにもなる。

このように、次元４で知識が有意味に活用されている時、次元２や次元３の学習も同時に展開しているのである。

以上のように、各々の次元は相互に関係しているが、それぞれの次元固有の部分をも有している。

したがって、次元２に焦点をあてた授業ばかりでなく、次元３や次元４とそれぞれの次元が重要であり、そのための授業（学習）が必要となる。

3 「行動モデル」及び「学習の次元」を援用する意義

（1） 知識の関連付け

先に述べた「行動モデル」の思考システム（図1-1-1参照）は、子どもが栄養的バランスを判断する根拠となる科学的知織等の情報を処理する過程であり、知識を獲得し、構造化する過程であると考える。すなわち、「認知体系」において情報を処理し、知識を獲得、構造化し、知識領域に貯蔵する（図1-1-1の＊①）。ここでの知識の獲得は、次々に新しい知識を貯蔵することを意味しない。この過程は、「学習の次元」の次元２及び次元３の学習として具体化されている。次元２では知識を獲得する学習（表1-1-2、図1-1-2の円②）、次元３では獲得した知識を、比較、推論等の推論プロセスを用いて繰り返し繰り返し視点を変え知識を学び直し構造化し、その理解を深化させる学習が展開する（表1-1-2、図1-1-2の円の②と③の重ならない部分）。

図1-1-3に示す一点鎖線で囲まれた部分を例にとると、たんぱく質等の栄養素、第１群等の食品群、卵等の食品、オムレツ等の料理に関する知識を次元２の学習で獲得する。そして、次元３の学習で料理の栄養的特徴を学ぶ中でオムレツの栄養的特徴を使用されている食品は卵、卵に主に含まれている栄養素はたんぱく質、たんぱく質を主に含む食品群は第１群であるというように栄養素、食品群、食品、料理について学び直し、次元２で獲得した知識をより正確なものにする。つまり、この学び直しにより第１群に分類される食品は卵類で

ある、あるいは第1群は主にたんぱく質を含む食品のグループである等食品群に関する知識を一般化し、構造化することができる。さらに、食事や給食の栄養的特徴を学習する場面においても、同様である。このように、料理という場面、さらに、日常の食事や給食という場面等、いろいろな学習場面において栄養素や食品群等が出会い直しを繰り返しながら、学び直され、栄養素、食品群、食品、料理、食事が関連づけられた上で理解が深化する学習を組み立てることができる。

したがって、次元2に加え次元3の学習を援用することで、図1-1-3に示すこれまでの家庭科で行われていた、次元2に相当する栄養素等に関する学習で栄養学を学んだ後、同じく次元2に相当する食品群や食品に関する学習で食品学を学び、同様に次元2に相当する料理等に関する学習で調理学を学ぶというように学問体系により組織化された知識を順を追って学ぶ学習のみでは栄養素、食品群、食品、料理に関する知識が関連づけられないという課題を解決できると考える。

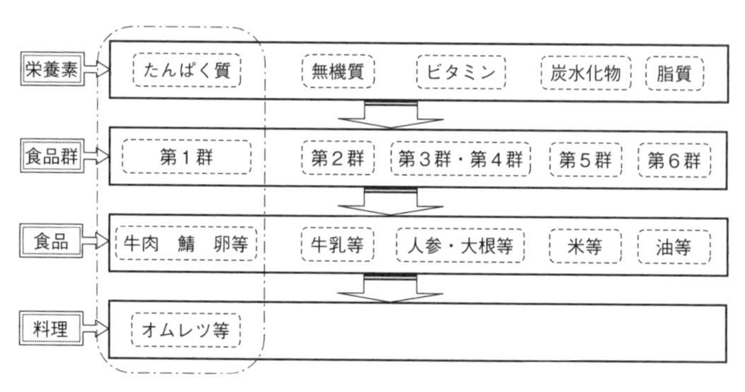

図1-1-3　従来の家庭科における知識の整理

（2）知識の活用

図1-1-1に示す「行動モデル」では、「知識領域」の知識を利用し（図1-1-1の＊②）、「認知体系」において意思決定、問題解決等の推論プロセスを用いて意味のある情報を処理して遂行に向かう。この＊②及び「認知体系」の情報処理の過程を学習として具体化したのが次元4の学習である。

次元4は石井が、「いかに知識構造を精緻化して理解を深めたとしてもその知識を日常生活などで活用できるとは限らないという発想がみてとれる」[5]と分析するように、学校で学習した知識を日常生活で活用するためにデザインされた学習である。ここでは、石井がいう「大量の知識を実際に使える形で習得する、何らかの目的を遂行する過程で必要となる知識を学ぶ」[6]有意味な課題を設定し、これを遂行する中で知識を活用する。この次元4の学習において、知識領域から課題解決に適した知識を引き出し（図1-1-1の＊②）、日常生活で活用できる能力を形成する。例えば、昼食のトンカツの栄養的特徴を判断する時、知識領域の食品群の赤群に関する知識構造から、豚肉を取り出し、トンカツを食べると赤群が摂取できるというように、食品群に関する知識を活用してトンカツという料理の栄養的特徴を判断する学習を組み立てることができる。図1-1-3に示した一点鎖線で囲まれた部分の中の知識を関連づける次元2、次元3の学習に加え、次元4の学習を援用し、日常生活で知識を活用できるための学習を組み立てることで、活用できる形で知識を学習していない課題及び活用のための学習方法に関する課題が解決できると考える。

（3） 知識の構造化及び知識の検索、活用の思考スキルの育成

次元3及び次元4（表1-1-2参照）を援用することで、〈学習内容（知識）を深く学び、構造化し、活用できる〉と同時に〈知識の構造化及び活用の思考スキルの育成〉ができる学習が可能となる。次元3の学習において知識の学び直しの過程で知識を一般化し構造化する構造化の思考スキルを直接的に指導する。例えば、代表的な一つの料理の栄養的特徴（食品群の種類と量）を基準として、他の料理に含まれる食品群の種類と量を推論し、料理を栄養的特徴から一般化し構造化する、構造化の思考スキルの獲得を学習の中に組み込む。

また、次元4の学習において知識を活用し有意味な課題を遂行する過程で、知識の検索、活用の思考スキルを指導する。例えば、給食（ごはん、オムレツ、ほうれん草の和え物）の栄養的特徴を推論する時、知識領域（図1-1-1参照）の食品群の黄群に関する知識から米を取り出し、ごはんを食べると黄群が摂取できる、同様にオムレツは、赤群に関する知識から卵を取り出し、オム

レツを食べると赤群が摂取できる、ほうれん草の和え物は緑群に関する知識からほうれん草を取り出し、ほうれん草の和え物を食べると緑群が摂取できることを推論し、給食を食べると、黄群、赤群、緑群のすべての食品群が摂取できると推論する知識の検索、活用の思考スキルの獲得を学習の中に組み込む。

このように、次元３及び次元４を援用し、これまでの家庭科の学習で取り上げられてこなかった知識の構造化の思考スキル及び知識の検索、活用の思考スキルを獲得する学習を行うことで、知識を日常生活で活用できないという課題が解決できると考える。

本研究では、知識の構造化、知識の構造化の思考スキルは以下のように区別して用いる。「知識の構造化ができた」とは、誤りなく知識を一般化し、構造化できていること、例えば、赤群は、主にたんぱく質を含み肉類、魚類、卵類の食品が分類されることを理解できていることを意味する。これに対して、「知識の構造化の思考スキルが獲得できた」とは、例えば、赤群は、主にたんぱく質を含み、肉類、魚類等が分類されるという特徴から一般化し構造化する方法を獲得できていることを意味する。そして、赤い色の食品という特徴から、トマト、牛肉等を一般化し赤群の知識構造に入れている場合も誤った特徴ではあるが、一般化し構造化する方法を獲得していると考え、知識の構造化の思考スキルが獲得できていると考えることとする。

同様に、知識の活用、知識の検索、活用の思考スキルは以下のように区別して用いる。「知識を活用できた」とは、誤りなく知識を活用できていること、例えば赤群の知識構造から卵を検索し、卵を使用して作られたオムレツを食べると主にたんぱく質を摂取できることがわかることを意味する。これに対して、「知識の検索、活用の思考スキルを獲得できた」とは、例えば、赤群の知識構造から卵を検索し、卵を使用して作られるオムレツを食べると主にたんぱく質が摂取できるというようにオムレツの栄養的特徴を判断するために知識を検索し、活用する方法を獲得できることを意味する。そして、黄群の知識構造から卵を検索し、卵を使用して作られるオムレツを食べると主にエネルギーのもとが摂取できるというように、黄群に卵を分類するという誤りがあり、オムレツの栄養的特徴を誤って判断しているが、この場合もオムレツの栄養的特徴を判断するために食品群に関する知識を検索し、活用する方法を獲得していると考え、知識を検索し、活用する思考スキルをが獲得できていると考えることとする。

以上のことから、マルザーノらの「学習の次元」の次元2及び次元3の学習を援用し先に述べた図1-1-3の一点鎖線で囲まれた部分の知識を関連づける学習、次元4を援用し関連づけた知識を活用する学習、さらに次元3及び次元4を援用し知識の構造化の思考スキル及び知識の検索、活用の思考スキルを獲得する学習を組み立てることで、知識の獲得、構造化、活用が育成される。さらに知識の構造化、活用過程で必要となる思考スキルも育成され知識を活用できないという課題が解決される。その結果、食物選択力が形成できると考える。

引用文献及び参考文献

1) Robert J.Marzano, John S.Kendall, *The New Taxonomy of Educational Objectives*, Corwin Press A Sage Publications Company, 2007, p.11

2) Robert J.Marzano, John S.Kendall, *A COMPREHENSIVE GUIDE TO Designing Standards-Based Districts, Schools, and Classroom*, McREL, 1996, pp.1 ~ 10

3) 同掲書1) pp.24 ~ 26

4) R.J. Marzano et al, *Dimensions of Learning: Teacher's Manual (2nd ed)*, McREL, Hawker Brownlow EDUCATION, 2009, pp.43 ~ 112

5) 石井英真、「アメリカの思考教授研究における教育目標論の展開 ― R.J. マルザーノの『学習の次元』の検討を中心に ― 」、京都大学大学院教育学研究科紀要、第51号、2005、p.310

6) 同掲書5)、p.309

第2節 食物選択力形成に関わる知識と学習方法

第1節の表1-1-1に示すように、「行動モデル」における「知識領域」の知識には「事実」レベルの「特定」された個別的な知識と「一般化」レベルの多様な状況で活用できる一般的な知識がある。したがって、日常生活で活用できる知識として前者の「事実」レベルの知識と、後者の「一般化」レベルの知識を併せて学習することで、学習内容は日常生活で活用できる知識で組織されると考える。具体的には、これまでの小学校家庭科の栄養教育で取り上げられているような前者の知識、例えば、「五大栄養素は、たんぱく質、無機質、ビタミン、炭水化物、脂質である」（図1-1-3参照）といった「事実」レベルの知識に加え、これまで、重視されてこなかった、後者の知識、例えば「第1群は、卵類等の主にたんぱく質が含まれる食品で構成される」（図1-1-3の一点鎖線で囲まれた部分）といった「一般化」レベルの知識、つまり、栄養素、食品群、食品を関連付けた知識を取り上げることにより、学習した知識を多様な個々の生活状況で活用できると考える。

このように考えるならば、食物選択力形成に関わる知識として、第1に食事の栄養的バランスを判断するための知識、例えば、五大栄養素とその働き、食品群等、第2にそれらを実際の食事と関連付けるための知識、例えば、料理の栄養的特徴等、第3に日常生活で出会う未学習の食品及び料理の栄養的特徴を判断するための知識が必要であると考える。

さらに、知識を関連づけ、構造化するための比較や推論の仕方等の思考スキル及び課題遂行、例えば、栄養的バランスの取れた食事を選択する等のために学習した知識から適切な知識を見つけ、活用する思考スキルが必要である。したがって、学習方法については、知識の獲得とともに、推論等の思考プロセスを組み込むことが重要である。

第1節で述べた「行動モデル」における図1-1-1の＊①の過程は「認知体系」で情報を処理し、子どもが、食事の栄養的バランスを判断し、選択するために必要な知識を獲得し、構造化する過程であると考えられる。また、図1-1-1の＊②の過程は、「認知体系」において、知識を引き出し栄養的バランスの取れた食事を選択するという課題遂行のために知識を活用する過程であると考えられる。したがって、この2つの過程を含んだ学習を行うことで日常生活で活用できる知識を獲得、構造化し、それを日常生活で活用できる能力の育成が可能になると考える。

では、実際に子どもは食事を選択するために知識をどのように獲得し、整理し、日常生活で活用し、栄養的バランスを判断するのであろうか。

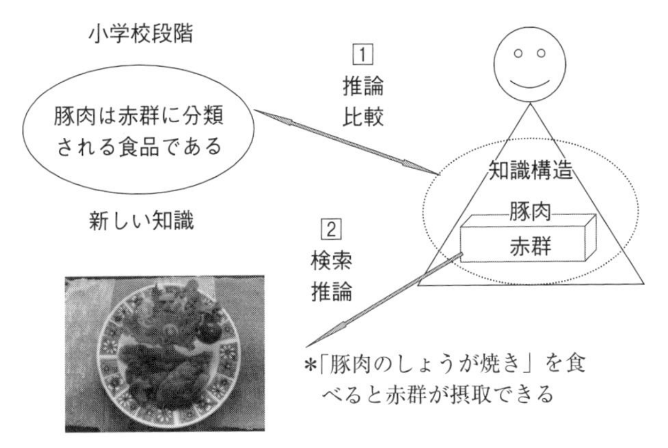

図 1-2-1　日常生活における子どもの思考

図 1-2-1 に示すとおり、子どもは、自分の内にすでに持っている知識構造と栄養学等の新しく出会った知織の関係を分析し、例えば、豚肉は、3つの食品群の赤群に分類されるというような、新たな知識をその知識構造に組み込む。

そして、日常生活の食事場面で必要な時にその知識構造から必要な知織、例えば、豚肉に主に含まれる栄養素はたんぱく質（赤群）であるという知織を取り出して、食事の豚肉の生姜焼きの栄養価を解釈し、あるいは推論するという思考過程を経て、食事の栄養的バランスを判断することが考えられる。この一連の流れは先に述べたようにマルザーノらの「行動モデル」で説明できる。

すなわち、図 1-2-1 の1で行われる思考過程は先に示した図 1-1-1 の「行動モデル」の＊①に対応し、図 1-2-1 の2で行われる思考過程が図 1-1-1 の＊②に対応すると考えられる。したがって、「行動モデル」の＊①を学習として具体化した「学習の次元」の次元 2、次元 3、および＊②を学習として具体化した次元 4 の学習を行うことで学習した知識を日常生活で活用することが可能になると考える。これまでの小学校家庭科における栄養教育では、このように情報（知識）の処理過程を「思考システム」の中に位置づけた学習は行われていない。

以上のことから図 1-2-1 の1及び2に対応する学習を構想する必要がある

と考える。

すなわち、図1-2-1の[1]の部分は食品群等の知識を獲得し、整理し子どもの知識構造へ組み込む学習が想定され、これは次元2の宣言的知識の意味を構築し、統合し、蓄積する学習として説明できる。さらに学び直し、知識を関連付けより深く理解し、知識構造をより精緻なものとする次元3の学習が必要である。また、図1-2-1の[2]の部分は、多様な食事場面で知識を活用する学習が想定され、これは次元4の推論プロセスを含む有意味な課題を遂行する学習で説明できる。

以上をまとめると、日常生活で知識の活用ができていないという課題の解決には、学習内容としての知識については、「事実」レベルに加え、「一般化」レベルの知識を取り上げること、学習については、次元2、次元3および次元4の学習を組み立てることが必要であると考える。

そこで、1つ目の学習（図1-2-1の[1]に対応する、学習1：獲得・構造化）は次元2、次元3を援用し、次元2に関する授業で、宣言的知識として食事の栄養的バランスを判断するために必要な赤、黄、緑の食品群、主に含まれる栄養素とその働き、食事構成、栄養的バランス等に関する知識の獲得、統合を行う。そして、例えば「豚肉は赤群に分類される」という「事実」レベルに止まらず、次元3に関する授業で、「給食で出される肉類や魚類の料理一皿を食べると赤群が必要量の半分より少し多く摂取できる」等、一般化のレベル（料理、食品群、量を関連付けた知識）までを取り上げる。これら獲得した知識を比較、分類、抽象化、帰納的推論等の思考過程を経ることで整理し、知識構造を精緻化する。これらの学習で知識の構造化に必要な思考スキルも同時に育成する。次に、2つ目の学習（図1-2-1の[2]に対応する、学習2：活用）は次元4を援用し、知識を子どもが日常生活の中で活用できるために、食事の中の料理に着目し、料理の栄養的特徴から栄養的バランスを判断し食事を選択するという問題解決のために知識を有意味に活用する練習を行う。この学習で、適切な知識の検索、活用に必要な思考スキルも同時に育成する。

以上を踏まえ、次に、「学習の次元」で取り上げられている単元設計の具体的な手順を参考に食物選択力を形成する学習を構想する筋道を明らかにする。

参考文献

1) 中村喜久江、「子どもの食物選択力を形成する小学校家庭科学習の検討」、広島大学大学院教育学研究科紀要、第一部（学習開発関連領域）第60号、2011、pp.91～100
2) Robert J.Marzano, John S.Kendall, *The New Taxonomy of Educational Objectives*, Corwin, Press A Sage Publications Company, 2007, p.11
3) R.J.Marzano et al, *Dimensions of Learning: Teacher's Manual (2nd ed)*, McREL, Hawker Brownlow EDUCATION, 2009, pp.43～112

第3節 「学習の次元」を援用した食物選択力を形成する学習

1 「学習の次元」に基づいた単元設計

マルザーノらは単元を設計する手順を以下の3つのモデルとして示している。「モデル1：知識（knowledge）に焦点を合わせたもの」「モデル2：論点（issues）に焦点を合わせたもの」「モデル3：生徒の探究（student exploration）に焦点を合わせたもの」である。

これらは、特定の順序、優劣はなく、様々な組み合わせで単元を設計する。なお、本論文で取り上げるモデル1およびモデル2についての詳細な手順は、表1-3-1に示すとおりである。知識の獲得、活用という知識に焦点をあわせたモデル1の単元設計の手順を用い構想されているのが社会科の単元設計「コロラド州における社会科の単元構成と授業内容」（以下「コロラドの授業」と略す）である。詳細は表1-3-2-1、2、3に示すとおりである。

「コロラドの授業」は、「地形、天然資源、気候は文化に影響を及ぼす」、「地形、天然資源、気候は居住パターンに影響を及ぼす」等、一般化された知識の学習を軸に構想されている。表1-3-2-1、2、3からわかるように「コロラドの授業」の学習は徐々に次元2から次元3、次元4へと重点を置き移行する。第1週目は次元2に重点が置かれており、第2週目あたりから次元3へ移行し、第3・4週目は次元4に重点が置かれている。第3週目以降で行われる授業は、有意味な課題を遂行することで、日常生活で活用できる力の形成に繋が

表 1-3-1　単元設計の手順（モデル 1・モデル 2）

モデル 1	Step1　単元で中心となる宣言的知識や手続き的知識（次元 2）を同定する。 Step2　Step1 で同定された知識の理解を補強し、深化させるような拡張と洗練のための活動（次元 3）を創造する。 Step3　Step1 で同定された知識を有意味に使用することを生徒に求める課題をデザインする。（次元 4）
モデル 2	Step1　知識の有意味な使用を生徒に求める重要な論点やそれに関連する課題を同定する。（次元 4） Step2　課題を成し遂げるために必要な宣言的知識と手続き的知識（次元 2）を同定する。 Step3　知識の理解を高めるために必要な拡張と洗練のための活動（次元 3）を同定する。

R.J.Marzano et al, *Dimensions of Learning: Teacher's Manual (2nd ed)*, McREL, Hawker Brownlow EDUCATION, 2009, pp.306 ～ 309 より筆者作成

表 1-3-2-1　コロラド州における社会科の単元構成（次元 2）

第 1 週	基礎的な知識の提示。地形、天然資源、天候、文化等単元のキー概念（Key Concepts）について学ぶ。 教授方略としては、映画を見る、「K－W－L ストラテジー」[注1] 等動的な学習を通して、子どもが新しい知識と既有の知識を関連付けて、知識の意味を構成し、それを構造化する。 ここで展開する知識教授は探究活動等を重視し、教え込むのではなく、また、暗記学習のみに終わるものではない。

▼

表 1-3-2-2　コロラド州における社会科の単元構成（次元 3）

第 2 週	習得すべき中核的な知識を学び理解を深める。 「地形、天然資源、気候は文化に影響を及ぼす」、「地形、天然資源、気候は居住パターンに影響を及ぼす」等学習の核となる知識を学ぶ。 教授方略としてはゲストスピーカーを招き、コロラドのゴールドラッシュに関する事実や一般化を示したり、分類の課題を取り上げたり、帰納的推論[注2] を用いることで核になる知識をより深く学ぶ。この学習で帰納的推論の手順を直接的に指導する。多様な思考過程を媒介としながら学ぶことで、知識の再構造化に寄与するような思考スキルを明示的に指導する。

▼

表1-3-2-3 コロラド州における社会科の単元構成（次元4）

第3・4週	学んだ知識を有意味な文脈で活用する学習。 課題に取り組む中で学んだ知識を学び直すことで知識の理解が深まり、日常生活でも生きて働く学力が生成される。 「有意味な課題」として、例えば、人口が急増した原因を探る。その中で、学習した知識を踏まえて地形、天然資源、気候が関係している等の仮説を立て探究活動を行う。適宜、教師は、子どもが課題遂行に必要なディスカッションや助言を行う。

以上、表1-3-2-1、2、3については、R.J.Marzano et al, *Dimensions of Learning: Teacher's Manual（2nd ed）*, McREL, Hawker Brownlow EDUCATION, 2009, p.326, 図6.9を参考に筆者作成

るが、より深い知識の理解に焦点が当てられている。

以上の「コロラドの授業」を参考に家庭科における食物選択力形成のための授業（以下「食物選択力の授業」と略す）を構想する。

「食物選択力の授業」では、第2節で述べた（学習1：獲得・構造化）は、表1-3-1に示すモデル1のStep1、2にあたり、（学習2：活用）は、モデル1のStep3を担うが、中心となるのはモデル2のStep1であると考える。なぜなら、社会科においては、社会的事象を知識として獲得させ、理解を深める。その獲得し深めた知識を活用し、社会的事象の原因や社会的解決方法を探求する。しかし個人の多様な状況の中で、個々の子ども特有の価値観に基づく解決ではなく、その課題を遂行するものではない。

一方、家庭科においては、個々の子どもが背負った生活状況の中で、個々の子どもが獲得し、深めた知識の中から適切と判断した知識を引き出し、活用することが要求される。したがって、家庭科では、モデル1において知識を獲得し、洗練してさらにより深く理解する目的で、Step3（次元4）の学習として有意味な課題を課す授業を組み立てる。しかし、それはまた、モデル2のStep1（次元4）の学習として、知識を有意味に活用する目的で課題を解決する、という重要な意図が含まれる。表1-1-3では、モデル2のStep2において、課題を解決するために必要な知識を同定するのは授業を組み立てる授業者であるが、開発した単元では、モデル2のStep1（次元4）の学習において課

題を解決するために、子どもが適切な知識を知識構造から引き出し活用する。当然この過程で、子どもは知識の理解を深めることにもなるから、モデル1のStep3をも担うことになる。家庭科教育の独自性であると考える。

次に、わざわざ「我々は、あなたがコロラドの単元のような単元のみを使用することを薦めていると考えないように」[1)] と断り書きがあることを踏まえ、「コロラドの授業」の単元設計を援用しつつ、小学校家庭科における「食物選択力の授業」の独自性を考慮し、「栄養的バランスの取れた食事」の単元を設計する。

2　小学校家庭科における食物選択力形成のための単元設計

食物選択力を形成する単元「栄養的バランスの取れた食事」は、表1-3-3-1、2、3、4、5、6に示すとおり授業1から授業6で構成される。単元名は「栄養的バランスの取れた食事」である。単元の目的は、「食事の栄養的バランスを理解し、目的にあった食事をどのように選択したらよいかを考えることができる」である。

（1） 次元2の学習の具体化

表1-3-3-1、2に示す授業1、授業2は「学習の次元」の次元2を具体化したものである。

授業1の学習内容の①は、マルザーノらの「学習の次元」を具体化する際、貫かれている前提である。学習意欲を喚起し、学習効果を上げるための前提となる学びである。また、②、③、④では、栄養素（食品群）、栄養的バランス、食事構成をキー概念として押さえておく。これらは、これまで小学校家庭科の栄養教育のスタート時点で、同時に取り上げられることはなかった。それは後に続く学習がマニュアル的に流れる原因の一つであると考えられる。また、授業1及び授業2で宣言的知識の「事実」レベルとして、食品群の分類（例えば、豚肉は赤群に分類される等）、五大栄養素とその働き（例えば、たんぱく質は主に体をつくる働きがある等）、食事構成（主食、主菜、副菜、汁物等）を取りあげる。

授業2ではこれらを食事場面を想定し、具体的に学ぶ。

以上の授業1、授業2は知識の意味の構成を丁寧になぞり、新たな知識を既有の知識に統合する学習過程である。

（2） 次元3の学習の具体化

表1-3-3-3、4、5に示す授業3、授業4、授業5は「学習の次元」の次元3を具体化したものである。ただ、授業5は次元4に向かう授業である。

授業3では、これまでの学習では、例えば、黄群に分類できる食品は米、さつまいも、砂糖等というように単に暗記学習として取り上げていた、また、食卓に上る料理と、その量を意識的に結びつけて扱っていなかった、といった課題の解決を試みた。具体的には、班に分かれ、表に料理の写真、裏に栄養価を記載したカードを机上に並べ、「基準となる料理」を尺度として料理の栄養的特徴を推論していくという推論プロセスを重視し、料理レベルで食品群と出会い直し、その理解をより確かなものにし再構造化する。さらに料理の栄養的特徴と摂取量を関連づけさせる学習を行う。

授業4で帰納的推論の手順を直接的に指導する。これを学ぶことで知識の理解を深化させる。例えば、「基準となる料理」を尺度として、日常生活で出会う食事の中の新しく出会う料理を比較し推論する。表1-3-4に示すような推論活動を通して、宣言的知識の中の「一般化」のレベルで核となる内容「給食で出される魚類や肉類の料理一皿を食べると赤群が必要量の半分より少し多く摂取できる」等を日常生活の食事へ拡張する。ここで行われる比較、推論は、知識を理解、整理し、より精緻な構造として再構造化するために行う。単に帰納的推論の手順を学ぶことが目的ではない。

授業5は、授業6の「知識の有意味な活用」に向けて助走となる授業である。具体的には、一皿という狭い状況の中で、知識を活用すると同時に、日常生活の多様な状況の中でこれまで学習した知識を有効に活用し、食事の栄養的バランスを判断する下準備を行う。

この授業においても、主食、主菜、副菜等が2つ以上混在する複合的料理に

表 1-3-3-1　栄養的バランスの取れた食事の単元設計
（授業 1：食品群等本単元のキー概念の理解）

（次元 2）　　宣言的知識の獲得・統合 1

基礎的な知識、核となる内容を学ぶ前提となる概念であり、単元のキー概念、すなわち、食事の栄養的バランスを判断し選択できるための概念を学ぶ。

内容は、①この単元を学ぶ意味（有用性）、②栄養素（食品群）とは、③栄養的バランスとは、④食事構成とは、

学習方法は、既有の知識と結びつけて意味を構成するために「K－W－L ストラテジー」注1) を用いる。

↓

表 1-3-3-2　栄養的バランスの取れた食事の単元設計
（授業 2：栄養的バランスの取れた食事モデルの理解）

（次元 2）　　宣言的知識の獲得・統合 2

授業 1 の②と③と④を食事場面で具体的に理解するために、給食を栄養的バランスの取れた食事モデルとして理解する。

内容は、①栄養的バランスの取れた食事、②栄養的バランスの取れた食事は、主食（黄群）、主菜（赤群）、副菜（緑群）、汁物が揃った食事である。

学習方法は、実物、写真等により、感覚的に理解させる。

↓

表 1-3-3-3　栄養的バランスの取れた食事の単元設計
（授業 3：料理の栄養的特徴の一般化）

（次元 3）　　宣言的知識の拡張・洗練 1

料理の栄養的特徴を理解し、構造化できる。「基準となる料理」に関するカード教材を用い、推論を行うことをとおして、料理の栄養的特徴を理解し、整理し、「核となる内容」を学ぶ。料理とその栄養的特徴と適量の関係を把握し、それらを統合する。

核となる内容は、①給食に出される一皿の主食（パンやごはん等の料理）を食べると黄群の食品の 1 食分に必要な摂取量の半分より少し多く（シール 3 つ分）摂取できる。②給食に出される一皿の主菜（魚や肉等の料理）を食べると赤群の食品の 1 食分に必要な摂取量の半分より少し多く（シール 3 つ分）摂取できる。③給食に出される一皿の副菜（野菜等の料理）を食べると緑群の食品の 1 食分に必要な摂取量の半分より少し少ない量（シール 2 つ分）が摂取できる。④栄養的バランスの取れた食事は、主食（主に黄群）、主菜（主に赤群）、副菜（主に緑群）、汁物が揃った食事である。

学習方法は、「カードゲーム」の学習活動を取り入れることにより、動的に行う。

↓

表1-3-3-4 栄養的バランスの取れた食事の単元設計
(授業4:帰納的推論による未学習の料理の栄養的特徴の把握)

(次元3) 宣言的知識の拡張・洗練2
日常生活でよく食べる料理を通して核になる内容をより深く学ぶ。知識の構造化の思考スキルを形成する。 内容は、授業3で学習した知識を基に帰納的推論[注2]を行い日常生活でよく食べる料理、出会ったことのない料理の栄養的特徴を理解する。 学習方法は、調理実習で作った料理や保護者の協力を得て子どもが持参したお弁当の中の料理等子どもの日常生活の中の食事(料理)を取り上げ、学習した知識を使用し、帰納的推論の練習を行う機会を設定する。

↓

表1-3-3-5 栄養的バランスの取れた食事の単元設計
(授業5:複合的料理の栄養的特徴の理解)

(次元3) 宣言的知識の拡張・洗練3
複合的料理[注3]の栄養的特徴と食事構成を見直すことにより、「基準となる料理」を手がかりに食事を構成する料理の栄養価を推論する思考スキルを形成し、料理の栄養的特徴に関する知識とその構造をより精緻なものにする。 内容は、①食品群の組み合わせは食事の栄養的バランス(栄養価)に影響する、②食事構成は栄養的バランス(栄養価)に影響する、ことを再認識させる。 学習方法は、実物大料理カード等を使用する。

↓

表1-3-3-6 栄養的バランスの取れた食事の単元設計
(授業6:栄養的バランスのとれた食事)

(次元4) 知識の有意味な活用
構造化した知識を実際に使ってみる。授業1から授業5までに学習した知識や思考スキルを総動員し解決するものとして、次のような課題が考えられる。有意味な課題、「栄養的バランスのとれた食事を見つけよう —食べたい料理が食べられる—」等を与える。 学習方法は、給食を取り上げ、見つける練習を行った後、家庭生活で供される食事、ファミリーレストランのメニュー、インターネット、Food Model 等多様な方法を取り上げ、課題解決を支援する。適宜、教師は、子どもが課題遂行に必要なディスカッションや助言を行う。

表 1-3-4　帰納的推論の手順

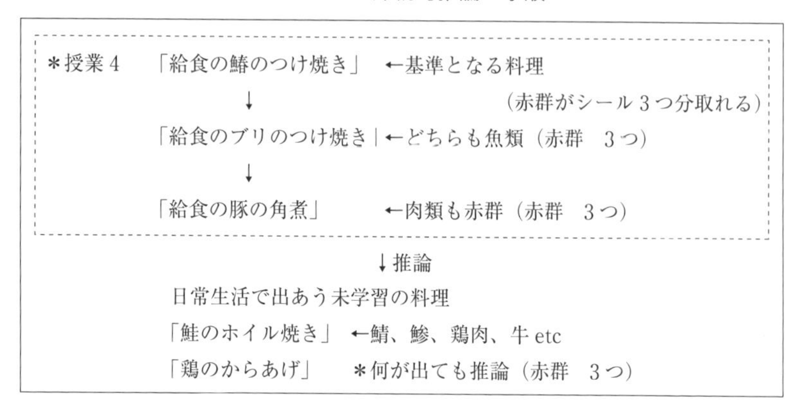
＊授業 4　「給食の鰆のつけ焼き」 ←基準となる料理
↓ （赤群がシール 3 つ分取れる）
「給食のブリのつけ焼き」←どちらも魚類（赤群　3 つ）
↓
「給食の豚の角煮」 ←肉類も赤群（赤群　3 つ）
↓推論
日常生活で出あう未学習の料理
「鮭のホイル焼き」 ←鯖、鯵、鶏肉、牛 etc
「鶏のからあげ」 ＊何が出ても推論（赤群　3 つ）

より食品群、料理の栄養的特徴、食事構成について出会い直し、再度学ぶことになる。例えば、複合的料理としては、子どもがよく口にするカレー・広島風お好み焼き・丼もの（主食＋主菜＋副菜が混在）、シチュー（主菜＋副菜が混在）等が考えられる。

授業 5 及び次に述べる授業 6 では、子どもが「基準となる料理」を手がかりに、自分の知識構造から知識を検索し、課題遂行に必要な活用を行う。

（3）　次元 4 の学習の具体化

表 1-3-3-6 は次元 4 の授業である。授業 6 では授業 5 をうけて、実際の生活の中で知識を活用するための有意味な課題であり、子どもが取り組む意義を感じる課題を取り上げる。子どもが日常生活の文脈の中で知識を活用する練習の場面を設定する。表 1-3-3-6 に示すような日常生活の中にある食事に関わる課題が考えられる。「コロラドの授業」では、人口が急増した原因を探るために学習した知識を踏まえて地形、天然資源、気候が関係している等の仮説を立て探究活動を行うことになっている。その目的は、学習した知識をさらに深く理解することである。したがって教師は、その視点から子どもが課題遂行に必要なディスカッションや助言を行う。しかし、前述したとおり、家庭科では、単元設計のモデル 2 の Step1 をも担う。ここでは、仮説を立てて探求活

動を行うのではなく、学習した知識や思考スキルを総動員して子どもの個々の生活課題を解決する練習をするための授業として組み立てる。教師はこの視点から子どもが課題遂行に必要なディスカッションや助言を行う。言い換えると、子どもが背負っている個々の生活を踏まえて授業ができる（学習を進めざるを得ない）家庭科教育の独自性ともいえる。

「コロラドの授業」の例では、次元4の学習に1週間以上を費やしている。「食物選択力の授業」では、時間的な余裕がない場合、夏休み等の課題として扱うことも可能であると考える。

注1）「K－W－L ストラテジー」

K（Know）：読む、聞く等活動する前に、トピックについて知っていることを識別する。
W（Want）：トピックについて新たに知りたいことのリストを作る。
L（Learned）：活動の後、学んだことを識別し、リストを作る。

R.J.Marzano et al, *Dimensions of Learning: Teacher's Manual (2nd ed)*, McREL, Hawker Brownlow EDUCATION, 2009, pp.55 ～ 56 より筆者作成

注2） 帰納的推論を学ぶステップは以下のとおりである。
（年少の生徒（young students）のためのステップ）

帰納的推論例の提示（これを学ぶことで知識を理解、深化）
① 「どんな特定の情報を私は持っているか？」
② 「どんなつながりやパターンを私は発見できるか？」
③ 「どんな一般的な結論や予想を私はなしうるか？」
④ 「今より多くの情報を得るなら、私は自分の一般的な結論や予想を変える必要があるだろうか？」

R.J.Marzano et al, *Dimensions of Learning: Teacher's Manual (2nd ed)*, McREL, Hawker Brownlow EDUCATION, 2009, p.140 より筆者作成

注3） カレーライスやホワイトシチュー等、主食、主菜等が一皿の料理の中に混在する料理

引用文献及び参考文献

1） R.J.Marzano et al, *Dimensions of Learning: Teacher's Manual (2nd ed)*, McREL Hawker Brownlow EDUCATION, 2009, p.328

2） 中村喜久江、「子どもの食物選択力を形成する小学校家庭科学習の検討」、広島大学大学院教育学研究科紀要、第一部（学習開発関連領域）第60号、2011、pp.91 ～ 100

3) Robert J.Marzano, John S.Kendall, *The New Taxonomy of Educational Objectives*, Corwin Press A Sage Publications Company, 2007, p.11

4) R.J.Marzano et al, *Dimensions of Learning: Teacher's Manual (2nd ed)*, McREL, Hawker Brownlow EDUCATION, 2009, pp.43 ~ 259

5) 中村喜久江、「栄養的バランスの取れた食事を整える能力の育成－「料理－栄養」学習の構想－」、日本教科教育学会誌　第23巻　第4号、2001、p.23 ~ 25

第2章
食物選択力を形成する学習方法及び教材の検討

本章では、食物選択力を形成する授業モデル及び教材を開発するに当たり、小・中・高等学校で家庭科を学習してきた大学生及び子ども（5年生）の実態を明らかにし、学習方法及び教材について検討する。さらに、第1章で検討した学習1（表1-3-3-1の授業1から表1-3-3-5の授業5）、学習2（表1-3-3-6の授業6）を具体化し、授業実践を行い、食物選択力を形成するために必要な知識の獲得、構造化及び知識の活用に関する課題を分析する。そして、この予備的授業実践の結果より授業モデルおよび教材の開発課題を考察する。

第1節　食物選択力形成に関わる知識及び食に関する知識の実態

序章で家庭科における栄養教育の課題を分析した。そして、小・中・高等学校で家庭科を学習してきた学生においても課題が残っていることが先行研究により明らかとなった。そこで、食物選択力形成に必要な食品群及び食事構成（第1章第1節の表1-1-1に示したマルザーノらのいう「事実」レベルの知識）に関して大学生の実態について確認するために調査を行った。

1　小・中・高等学校で家庭科を学習してきた大学生の実態

（1） 調査の目的

小・中・高等学校家庭科で食生活について学習してきた大学生の食に関する知識について実態を把握する。さらに、実態を分析し「事実」レベルの知識の理解に関する課題を明確にする。

（2） 調査の概要

1） 調査対象

K大学子ども学科1年生、計70名（女子63名、男子27名）について分析した。

2） 調査期間及び方法

調査期間は、2011年4月11日から10月4日の間である。

調査は、「子どもの食と栄養」の授業の中で、自記質問紙法により実施した。

3） 調査内容

調査内容は、資料2-1-1（巻末参照）に示すとおり栄養素の働き、食品群及び食事構成に関する知識である。

（3） 結果及び考察

紙面の都合上、図は省略する。

1） 食に関する知識

ア　食品群の理解

第1群については、卵のみ正解率が70%を越え、比較的多い豚肉、牛肉、鶏肉でも60%未満であった。しじみ、油揚げの正解率が特に低く、前者は、第2群に、後者は、第6群に誤って分類している学生が多く認められた。

第2群については、比較的正解率の多いのり、ひじきでも約50%の正解率にとどまった。チーズ、牛乳の正解率が特に低く、ともに10%前後であった。チーズは第6群に、牛乳は第1群に分類している学生がともに約半数認められた。

第3群については、正解率が半数を超えたものは、ねぎとにんじんのみであった。正解率の高いにんじんでも63%にすぎなかった。どの食品についても20%前後の学生が誤って第4群に分類していた。また、20～30%の学生が無回答であった。

第4群については、みかん、キウイフルーツの正解率が約70%であり、他の食品については、50%未満であった。ほとんどの学生が第3群に誤って分類していた。また、たけのこ、しいたけは特に正解率が低く、誤って第2群、第3群に分類している学生が比較的多く見られた。

第3群は主としてカロテンを多く含む食品（原則600μg／100g以上）である緑黄色野菜が分類される。一方、第4群は主としてビタミンCを多く含む食品であるその他の野菜、果物が分類される。第3群と第4群に分類される食品は主として野菜類であり、目に見えない栄養素レベルでの違いを明確に認識できていなかったものと考えられる。第4群も第3群と同様に、ほとんどの食品で無回答が30%前後認められた。

第5群については、白米、食パンのみが80%を越える正解率であったが、さつまいも、じゃがいも、砂糖の正解率が低かった。特に砂糖は10%にも届かず、20～30%の学生が第2群や第6群に誤って分類していた。いも類は第1群から第6群までどの群にも分類した学生がおり、特に理解が明確でないことがわかる。

第6群については、バター、油、マヨネーズが80%前後の正解率であったが、ごまは、約20%であった。第2群に20%以上の学生が誤って分類していた。また、約30%の学生が無記入であった。

このように、食品群に関する知識については、高等学校家庭科で、食品群について約90%の学生が学習したと答えているにもかかわらず、総じて正解率は低かった。約80%の正解率は、白米、食パン、マヨネーズ、油、バターの5品目で、たまご、みかん、キウイフルーツ、うどん、中華めんは70%をわずかに超えるが、その他の食品（計55品目）については70%以下であった。また、無記入の学生が10～30%にのぼり、30%を超える食品群（第3・4

群）もあることが明らかとなった。

以上の結果から、食品群の理解に関しては、以下の4点が課題であると考える。

① 第1群のしじみ、油揚げ、第2群のチーズ、牛乳、第4群のたけのこ、しいたけ、第5群の砂糖、いも類、第6群のごまについては、正しく分類できていない。

② どの群においても、以下のとおり、多くの学生が同じ誤りをしている。

第1群のしじみは誤って第2群に、油揚げは第6群に分類、
第2群のチーズは第6群に、牛乳は第1群に分類、
第4群のたけのこ、しいたけは第2群、第3群に分類、
第5群の砂糖は第2群や第6群に分類、
第6群のごまは第2群に分類している。

③ 第3群と第4群の食品を混同している。

④ 第3群と第4群ではほとんどの食品について無回答の学生が30%を超えている。

イ 食事構成の理解

資料2-1-1の問2において、料理名毎に主食、主菜、副菜、その他を記入させ、正解率を集計した。なお、主食、主菜、副菜、その他については、白井ら[1)]に従って料理を分類した。

主食については、ごはん類、麺類、パン類ともに約90%の正解率でほとんどの学生が正しく理解していた。

主菜については、ぶりの照り焼き等魚料理については約80%の正解率であった。しかし、よく食べていると推測されるからあげ、ハンバーグについては、約70%の正解率であり、ハンバーグについては20%を超える学生が主食と考えていた。また、卵料理については、プレーンオムレツ、目玉焼きが約60%の正解率であった。

副菜については、ポテトサラダ等ほとんどが約80%の正解率であった。しかし、肉じゃがを副菜と考えた学生は10%にも満たず、野菜炒めについては

20%に届かなかった。いずれも主菜と考えている学生が肉じゃがは約80%、野菜炒めは約70%であった。

その他については、ゼリーやヨーグルトは約90%、みかんなどの果物も約80%とほとんどの学生が正解していた。しかし、トマトスープやみそ汁などの汁物は正解率が20%に届かず、ほとんどの学生が副菜または主菜と考えていた。汁物には、野菜類や肉類等様々な食品が使用されていることから、混同したものと考えられる。

以上の結果から、以下の2点が課題であると考える。

① 主食と主菜を、また副菜と主菜を混同する学生が認められ、料理に使用されている食品、例えば、肉類や野菜類の量を踏まえ、食事構成を考えることができていない。

② 汁物は、主食、主菜、副菜以外に位置づけられることを理解していない。

食事構成の整った食事は、日本の伝統的食事の形であり、栄養的バランスの取れた食事のモデルとなる[2)]。したがって食物選択力を形成する上で料理の組み合わせを思考する重要な鍵となると考えられる。

2　食品群の理解に関する課題改善の方策とその効果

先に述べた実態調査の分析結果より明らかとなった食品群の理解に関する課題を改善するための方策を検討し、授業実践を試み、その効果を分析する。

（1） 改善の方策

表2-1-1に示すとおり、教材A「食品カードNEWフードマスター」（教育図書)、教材B「NEWフードマスターシール」（教育図書)、教材C献立作成の「ワークシート」（筆者作成)、教材D「6つの食品群（円型マグネットシート)」(GAKKEN)、教材E「ゲームで覚える食品分類カード」(GAKKEN)を用い、視覚的または体験的活動を重視した学習を取り入れ、個別、グループ、クラス全体（一斉）の学習を組み合わせ、授業①から⑥（食品群、食事構

表 2-1-1　授業の概要及び調査時期

← 実態調査（事前調査（4 月 11 日））
授業①栄養と五大栄養素、その働き　（5 月 16 日）
　　教材 A「食品カード NEW フードマスター」（一斉）
授業② -1 食品に含まれる栄養素　（5 月 23 日）
　　② -2 食品群の種類とその栄養的特徴
　　教材 A（一斉、個別）
授業③ -1 食事構成と食品群と料理　（5 月 30 日）
　　③ -2 食事構成に基づく栄養的バランスの取れた食事
　　教材 B「NEW フードマスターシール」（個別）
　　教材 A（一斉）
授業④栄養的バランスの取れた食事（献立作成）（6 月 6 日）
　　教材 C「ワークシート（献立作成）」（個別）
　　教材 D「6 つの食品群（円型マグネットシート）」（一斉）
中間テスト　← 直後事後調査(6 月 13 日）
授業⑤食事バランスガイド、食事摂取基準　（6 月 20 日）
　　＊中間テストの答え合わせ（一斉）
　　以下食品群に関する学習無し
　　↓　↓
授業⑥まとめ　（7 月 25 日）
　　教材 E「ゲームで覚える食品分類カード」（グループ）
前期末試験　（7 月 27 日）　←（調査分析無し）
夏休み
← 4 か月後事後調査（10 月 4 日）

成、献立作成、食事バランスガイドの授業）で、繰り返し食品群について指導した。先に述べた実態調査（表 2-1-1 の事前調査）で正解率の低かった食品、理解が曖昧と思われる食品については、意図的に取り上げ指導した。具体的には以下のとおりである。

授業①では、教材 A を使用し、五大栄養素とその働きを指導した。

授業②では、教材 A を使用し、食品群（6 つの食品群、3 色食品群）、主に含まれる栄養素、その体内での働き、食品の分類を指導した。間違えやすい第 1 群の油揚げ、しじみ等の貝類、イカ、たこ、エビ類、豆乳と牛乳の違い、第 2 群のチーズ、第 3 及び 4 群のきゅうり、ごぼう、なす、しいたけ等のキノコ類、ネギ、葉つきカブ、第 5 群の砂糖、こんにゃくを含むいも類、第 6 群のごまなどを意図的に強調して指導した。食品のフリップを食品群に分類し、黒板に貼る活動を通して、「食品」と「食品群」と「主に含まれる栄養素」と「その働き」を関連付けながら学習させる方法を採用した。授業③では、学生1人に1シートの教材Bを与え、各自の考えで食品のシールを食品群に分類しシートの適切な場所に貼らせる活動を行った。その後、教材Aを使用し答え合わせを行い知識を確実なものとした。

授業④では、食事構成と料理を関連付けながら一日の栄養的バランスの取れた食事を考えさせた。教材Cを用いて料理に使用されている食品を抜き書きさせ、6つの食品群に分類する活動を行った。食品の分類の方法については、教材Dを用いて説明した。食事構成と食品と食品群と食事の栄養的バランスを関連付けながら理解するよう仕向けた。

授業⑤では、中間テスト用紙を返却し、簡単に答え合わせを行った。間違えやすいごま、しじみ、イカ、なす、キャベツ等についてはもう一度確認し、再度復習した。

授業⑥では、授業の後半に、教材Eを用い、トランプのゲーム「神経衰弱」「ばば抜き」を取り入れ、知識の理解度を高めた。

（2） 改善の効果に関する調査の概要

対象は1の（2）で述べたとおりである。

調査は、表2-1-1に示すとおり、「子どもの食と栄養」の授業の中で授業直後の知識の理解に関する直後事後調査、記憶の維持に関する4か月後事後調査を自記質問紙法により実施した。調査内容は、食品群に関する知識である。

（3） 授業直後の食品群の理解

資料2-1-2（巻末参照）の問1について分析した。前述の1の（3）の1）のアで明らかとなった食品群の理解に関する課題、①第1群のしじみ、油揚げ、第2群のチーズ、牛乳、第4群のたけのこ、しいたけ、第5群の砂糖、いも類、第6群のごまについては、正しく分類できていない、②どの群においても、多くの学生が同じ誤りをしている、具体的には、第1群のしじみは誤って第２群に、油揚げは第６群に分類、第２群のチーズは第６群に、牛乳は第１群に分類、第４群のたけのこ、しいたけは第２群、第３群に分類、第５群の砂糖は第２群や第６群に分類、第６群のごまは第２群に分類している、③第３群と第４群の食品を混同している、④第３群と第４群ではほとんどの食品について無回答の学生が30%を超えている、を中心に報告する。紙面の都合上図は省略する。

第１群では、しじみ、油揚げはともに80%を超える正解率で多くの学生が正しく分類できていた。また、豆乳が70%の正解率で、約３割の学生が第２群に分類していた。ほとんどの食品について、ほぼ全員の学生が正しく分類できていた。また、無回答の学生がほとんどいなかった。

第２群では、チーズ、牛乳は80%を超える学生が正しく分類できていた。

第３群では、正解率が総じて高くなり、ほとんどの食品が80%をこえていた。ただ、アスパラガス、ねぎの正解率が50%前後で正解率が低かった。いずれも第４群に分類している学生が多く見られた。

第４群では、なす、キャベツ、きゅうりが約80%の正解率で他の食品はすべて90%を超える正解率であった。特にたけのこ、しいたけは約90%とほとんどの学生が正しく分類することができるようになっていた。

以上の第３群および第４群とも無回答がほとんど認められなかった。

第５群では、砂糖のみが、80%にわずか届かず、さつまいも、じゃがいもはとも80%を超える正解率となっていた。

第６群では、ごまが80%を越える正解率となり、その他の食品についてもほとんどが90%を越える学生が正しく分類できていた。

以上の結果から、食品群に関する知識の理解に著しい向上が見られ、前述の①～④の 課題が改善されたことが明らかとなった。

（4） 授業４か月後の食品群の理解

時間経過の後も知識が定着しているのかを調べるため、授業実践の４か月後、資料2-1-2（巻末参照）について調査し、先に述べた４つの課題に焦点を当て検討した。結果は、以下のとおりである。紙面の都合上図は省略する。

第1群では、しじみの正解率が約40%に減少し、半数を超える学生が第2群に分類していた。同様に油揚げ、豆乳は約60%に減少し、豆乳は、 約3割の学生が、誤って 第2群に分類していた。

第2群では、チーズ 、牛乳がいずれも約80%の正解率であり、不正解の学生のほとんどが第1群に分類していた。

第3群では、ほとんど無記入がなくなったが、全般的に正解率が下がり、間違った学生はほとんどが第4群に分類していた。

第4群では、たけのこを含めほとんどの食品が80%以上の正解率であった。しいたけは約70%に留まった。また、きゅうりは約60%と下がっていた。回答を誤った学生はほとんどが第3群に分類していた。

このように、第3群および第4群を混同する学生が再び認められた。

第5群では、さつまいも、じゃがいもがともに約70%の正解率であった。事前調査と同様、第3、4群に誤って分類していた。砂糖は、約70%の正解率に留まり、 誤って第6群に分類した学生が約20%いた。

第6群では、ごまは、80%を超える学生が正しく分類できていた。ごま油を連想させる指導が効果的であったと考えられる。他の食品についてはほとんどが90%を超える正解率であった。

以上の結果から、約4か月後では、時間経過とともに正しい知識が曖昧となり、誤って理解した知識が記憶に残り、再び4か月前と同じ誤りをする傾向にあることが明らかとなった。このことは、先に述べた、授業前の実態調査において、小・中・高等学校で学習した食品群に関する知識が身についていないことを物語っていると考える。

本授業では、教材A、B、C、D、Eを用い「食品」「食品群」「主に含まれる栄養素」「体内での主な働き」、あるいは「料理」「食事構成」「食事の栄養的バランス」を関係付けながら、食品群に関する知識を繰り返し学習させたが、授業後では効果があったものの、時間経過とともに効果が減少していることが明らかとなった。

したがって、「事実」レベルの知識は、関連づけ繰り返し学習することに加え、知識の整理という観点から学生の内に明確な知識構造を構築する、そしてそのための学習方法について検討する必要がある。また、知識構造を構築する知識の整理の仕方、すなわち、思考スキルを形成する観点から教材を再検討し、学習を組み立てる必要があると考える。

引用及び参考文献

1) 白井和歌子、「中村喜久江、家庭科における食教育の改善の方策および教材の検討」、教育学研究紀要、第 47 巻　第二部、2001、pp.295 ～ 296

2) 足立己幸、「料理選択型栄養教育の枠組みとしての核料理とその構成に関する研究」、民族衛生、第 50 巻　第 2 号、1984、pp.71 ～ 74

3) 中村喜久江、高屋幸子、「思考スキルの形成を目指した教材の活用 ― 食品群の理解に着目して ― 」日本教材学会第 24 回研究発表大会（福山大会）　2012.10.21　発表要旨

4) 中村喜久江、「子どもの食物選択力を形成する小学校家庭科学習の検討」、広島大学大学院教育学研究科紀要、第一部（学習開発関連領域）第 60 号、2011、pp.91 ～ 100

第 2 節　食物選択力形成に必要な知識に関する教材の検討

先に述べたように、「学習の次元」における次元 3 において重要な位置を占める、推論プロセスで用いる教材が必要である。食品群としての栄養素の種類とその摂取量、食品、料理を関連づけ、思考の手がかりとなる教材について検討を行う。

1　教材の開発とその位置づけ

第 1 章で述べたとおり、子どもは、新しい知識に出会った時、図 1-1-1 に示す、マルザーノらのいう「行動モデル」の「認知体系」において推論、比較等の分析的操作を行い、自分の内にすでに持っている知識構造との関係を分析し、知識の整理、関連づけを行う。そして、新たな知識構造を構築することが考えられる。さらに、日常生活の食事場面で必要な時にその再構築した知識構造から、適切な知識を取り出し、食事の栄養価を解釈し、あるいは推論する

事が考えられる。すなわち、再構築した新しい知識構造から適切な知識を検索し、その知識を手がかりにマルザーノらのいう「認知体系」(図1-1-1を参照)において、食事の解釈、推論、判断を行うようになると考えられる。

したがって、第1章第3節で述べた「学習の次元」の次元3にあたる学習として、比較や推論の手がかりとなる「基準となる料理」の栄養的特徴を理解し、その料理の栄養的特徴を手がかりに他の料理の栄養的特徴を推論し、比較する学習、これらの思考活動を行うことにより料理の栄養的特徴を弁別、あるいは一般化し料理に含まれる栄養的特徴（食品群）を整理し、関連づける学習が考えられる。この学習をとおして、弁別、一般化する方法で知識を構造化する思考スキルが育成され、新しい知識構造を構築することができると考える。

また、「学習の次元」の次元4の学習として、「基準となる料理」の栄養的特徴を手がかりに栄養的バランスの取れた食事モデルの栄養的特徴を調べる活動を行わせる。さらに、知識構造から適切な料理を取り出し、それを手がかりに、組み合わせる料理の栄養的特徴を推論し、栄養的バランスのとれた食事を判断する学習を行う。この学習をとおして、日常の食事場面において、食事の栄養的特徴を判断する思考スキルが育成されると考える。

そこで、「基準となる料理」の栄養的特徴を理解させ、さらに、それを手がかかりに、新しく出あう料理や食事の栄養的特徴の推論、比較等を行うための教材として、図2-2-1に示すような「料理－食品群充足率カード」を開発した。「料理－食品群充足率カード」は、料理の写真（表側）と栄養的特徴を表す色別の丸いシール（裏側）から構成されている。シールの色と個数は表2-2-1に示すように、食品群別摂取量の目安に対する充足率として算出し、1回の食事に必要な量をシール5個で認知させることとした。このように、赤群、黄群、緑群の食品群別摂取量の目安をシールの個数で置き換え、食品群の種類をシールの色で置き換える方法をとった。

教材として取り上げた料理は、子どもが共有している料理（食事）である給食から選定した。単一の食品を調理したもので、シールの個数を認知しやすい料理を「基準となる料理」、例えば、ごはん（黄群のシールが3個）、鰆のつけやき（赤群のシールが3個）等を黄群、赤群を多く含む料理として取り上げ

表側

裏側

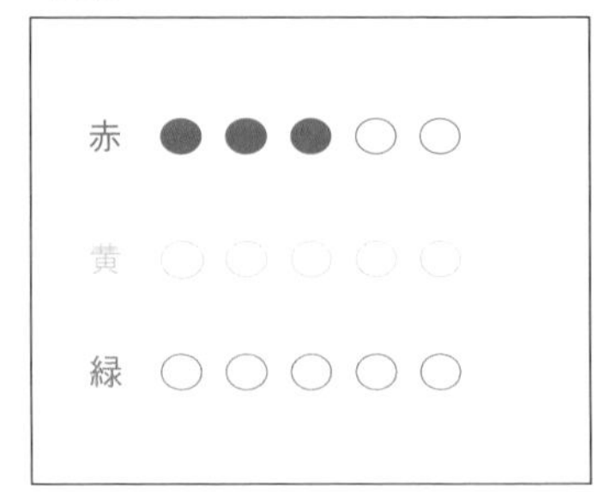

図 2-2-1 「料理－食品群充足率カード」（鰆のつけやき）

表 2-2-1 3つの食品群別摂取量の目安とシールの数

	シール1個 （1食の5分の1）	シール5個 （1食）
赤群 ●	15.5g	77.5g
黄群 ●	26.2g	131.0g
緑群 ●	26.2g	131.0g

※食品群別摂取量の目安は、広島市学校給食会の摂取基準（9～11歳）
に 基づき、H大学附属小学校独自の目安量を算出した。

た。

緑群については、給食で出される料理が例えば水菜のあえもの、デザートのオレンジ等、ほとんどがシール2個分であるため、シール2個分を摂取できる料理を「基準となる料理」として採用した。

また、その他栄養価が特徴的な料理、例えば、肉じゃが（赤群、黄群、緑群ともにシール2個分が摂取できる料理）を取り上げた。

このような教材を用いることにより、料理の栄養的特徴を推論したり、食事の栄養的バランスを判断する際、視覚的に手続き化された知識を操作し、思考することが可能となると考える。具体的には、本教材を用いることにより、例えば、「鰆のつけやき」を食べるとシール3個分の赤群が摂取でき、1回の食事で必要な量に少し足りないといった料理の栄養的特徴を理解し、さらに「鰆のつけやき」と同じように魚を使用した料理には「はまちのつけやき」が

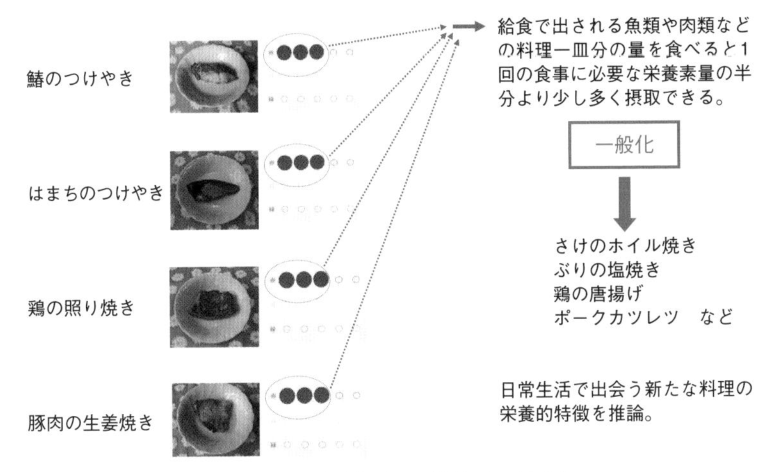

図2-2-2　知識体系の構築（一般化）

あり、この料理も同様の栄養的特徴（赤群のシール3個分）があることを推論する。次に、魚類と同じ赤群である肉類へと思考を進め「鶏の照り焼き」「豚肉の生姜焼き」の栄養的特徴を推論する。そして、給食で出される魚や肉料理を一皿食べると1回の食事で必要な赤群の量に少し足りないという一般化を行う。さらに、それを手がかりに、「さけのホイル焼き」「鶏の唐揚げ」等日常生活で出会う新たな料理の栄養的特徴を推論することが可能となる（図2-2-2）。あるいは、例えば、主菜の「鰆のつけやき」は赤群のシールが3個であるから、緑群のシールが2個の副菜の「小松菜のごまあえ」とは、栄養的特徴が異なる、という弁別が可能となる（図2-2-3）。

一方で、学習した新たな知識を整理し、構造化する（例えば、シール3個分の赤群を摂取できる、いわば料理の引き出しをつくる等）思考の仕方、すなわち思考スキルを育成することができると考える。

また、本教材を手がかりに給食の栄養的特徴を調べる活動をとおして、構造化した料理の栄養的特徴の中から、手がかりにできる料理を検索し、組み合わせる料理の栄養的特徴を推論（例えば、シール3個分の赤群を摂取できる料理の引き出しから「鰆のつけやき」を取り出し、それを基準にして、唐揚げは

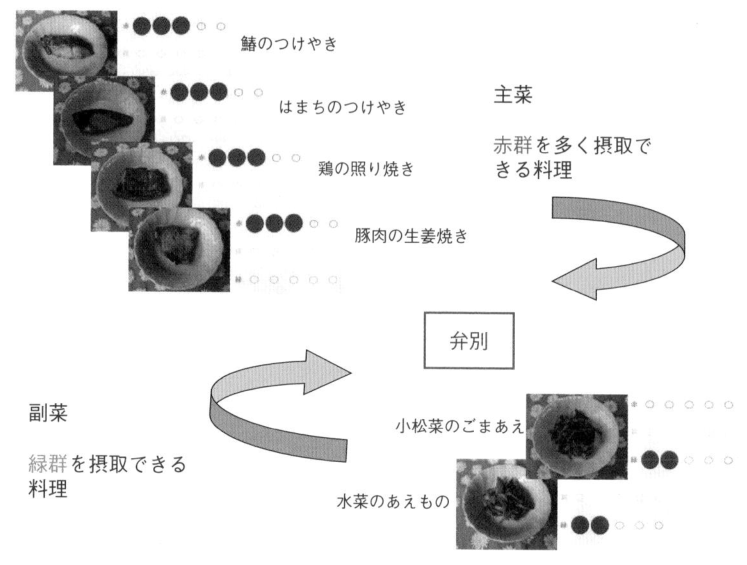

図 2-2-3　知識体系の構築（弁別）

シール３個分の赤群が摂取でき、必要な赤群の量に少し足りないことや緑群はまったく摂取できないこと等を推論）し、栄養的バランスのとれた料理の組み合わせを行うことが可能となる。

そして、自分の知識構造のどこから知識を取り出し、どのように推論し、組み合わせ、栄養的特徴を判断するのか、その思考の仕方、すなわち思考スキルを育成することができると考える。

本カードは、シールの色と個数で料理の栄養的特徴を認知させ、それを手がかりに、新しく出あう料理や食事の栄養的特徴の推論、比較等を行うための教材である。

したがって、この料理は赤群がシール３個分摂取できるというように、その栄養的特徴を数値で正確に捉えさせ覚えさせる事が第１の目的ではない。例えば、野菜の量についてうどんに使用されているねぎではシール１個分にも満たないが「この量はシール 0.1 個分であること」を教えるのではない。１食分としてどのくらいの野菜を食べる必要があるのか、１食分（シール５個分）をとるためには生野菜だけでは予想以上に多くの量を取る必要があること等を理解させるための教材である。

このように、給食で出される料理を教材化した本カードは栄養的バランスを判断する手がかりとしていわば、料理の栄養的特徴を推論する尺度として活用するための教材である（詳細については、引用文献及び参考文献の1））。

２　開発した教材の有用性

開発した教材の有用性について、実際に教材を製作、活用することを体験した小学校教員は、①「料理－食品群充足率カード」は給食の料理を活用して作成すること、②３つの食品群とその摂取量を充足率で取り上げること、さらに、③食品群の種類をシールの色で、その充足率をシールの個数で表すことについて有効であると考えていることが明らかとなった。また、授業で活用した場合、シールの色と個数で料理の栄養的特徴を認知させ、日常の食事の栄養的バランスを判断する能力を育成し、栄養的バランスの取れた料理の組み合わせを理解させる教材として有効であると考えていることが明らかとなった（詳細については、引用文献及び参考文献の2））。

以上のことから、開発した「料理－食品群充足率カード」を活用して授業を組み立てることが可能であると考える。

そこで、次に小学校において授業実践を試みた。

３　「料理－食品群充足率カード」を使用した学習の具体化とその有用性

（1）　学習の具体化

1）　指導目標

○日常の食事に関心を持ち、分量や栄養のバランスについて考えて食事をしようとする。

○料理の栄養の充足度を推測し、１食分の食事を整えることができる。

○食事の際に、栄養的に足りないものを補うことができる。

○食品の栄養的な特徴を知り、体内での働きによって3つの食品群に分類することができるとともに、栄養のバランスを考えて食事をすることの大切さがわかる。

2） 授業計画

第1次　バランスよく食べよう ……………………………………… (3時間)

第2次　マイカードを作ろう ………………………………………… (3時間)

第3次　1食分の食事を整えよう …………………………………… (1時間)

3） 授業の流れ

「第1次　バランスよく食べよう」では、まず、3つの食品群について学習した。その後、「料理－食品群充足率カード」(以下「カード」と略す) のシールの色と個数を手がかりに赤群、あるいは黄群、緑群を多く含む料理を推論する活動をとおして一皿の料理の栄養的特徴を認知させた。例えば、前述した図2-2-1の鰆のつけやきを提示し、鰆のつけやきはシール3個分の赤群を摂取できることを理解させた。1回の食事で必要な赤群の摂取目安量の半分より少し多いといった栄養的特徴を理解させ、赤群を多く含む料理として把握させる。次にゲーム形式でそれを手がかりとして、鰆のつけやきと同じ栄養的特徴の魚料理を推論させる。例えば、魚料理としてはまちのつけやきがあり、シール3個分の赤群が摂取できることを推論させる。さらに同様の方法で、魚類から同じ赤群の肉類へと思考を進め、鶏の照り焼き、豚肉の生姜焼きというように給食で出される魚類や肉類の一皿の料理の栄養的特徴を関連づける学習を行った。このようにして赤群の多い料理を推論させる活動を繰り返す。そして、給食で出される魚類や肉類の料理一皿分の量をたべると赤群は、1回の食事に必要な栄養素量の半分より少し多く (シール3個分) とれる、といった一般化を行わせた (前述の図2-2-2)。

一方、前述の図2-2-3に示すように、野菜を使っている水菜のあえものは緑群のみが摂取でき、赤群を多く (シール3個分) 摂取できる鰆のつけやき、豚肉の生姜焼き等とは栄養的特徴が異なるというように弁別させ、知識を整理させた。その後、「カード」を用いて、給食は赤群、緑群、黄群のそれぞれのシールが５個揃っていることを確認し、栄養的バランスの取れた食事モデルとして給食を認知させた。一方で、１食分の適量と関連させながら適切なシールの個数（栄養価）について考えさせた。すなわち、シール３個分は少し足りない、シール４～６個分はちょうどよい、シール７個分は少し多いことを把握させ、栄養的バランスの取れた食事を理解させた。さらに、主菜は赤群を多く含む等食事構成（主食、主菜、副菜等）と料理の栄養的特徴を関連づけて理解させた。そして、食事構成に基づき、給食をモデルとして、「カード」のシールの色と個数を手がかりに、料理の栄養的特徴を推論させながら、どのように考え、栄養的バランスの取れた料理の組み合わせを行うのかという思考の仕方を学習した。

その後、「カード」を手がかりに料理の栄養的特徴を推論し、１食分の食事を考える学習を行った。

最後に栄養的バランスの取れた料理の組み合わせを考える視点をまとめた。

（2） 調査の方法

「第１次　バランスよく食べよう」の授業終了後に調査を行った。

調査シートは、給食の料理の写真を組み合わせて作成した栄養的バランスの取れた献立（例えば、図 2-2-4）、緑群の少ない献立、赤群の多い献立、黄群の多い献立の写真を提示し、その栄養価を判断させた。さらに、判断理由を自由記述させ、KJ 法[3] を用いて解析した。各々の献立の栄養価は表 2-2-2 に示すとおりである。

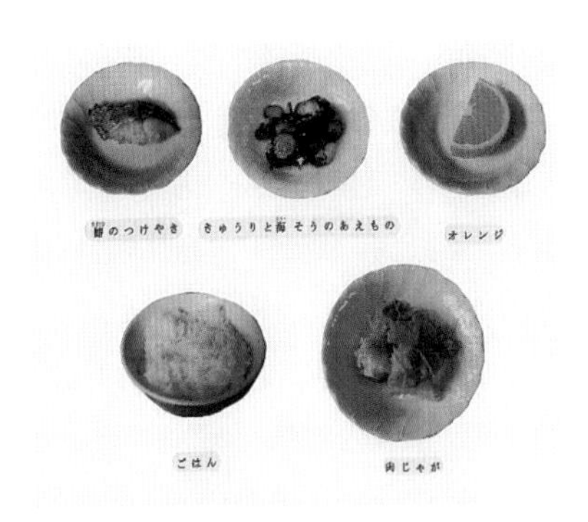

図 2-2-4　栄養的バランスの取れた献立（給食）

表 2-2-2　献立の食品群別シールの色と個数

献立	シールの数		
	赤群	黄群	緑群
献立 A	●●●●● ●●	●●●●●	●●●●●
献立 B	●●●●	●●●●●	●
献立 C	●●●●●	●●●●●	●●●●●
献立 D	●●●●● ●	●●●●● ●●	●●●●●

献立 A：ごはん、白身魚のてんぷら、味噌煮、切り干し大根含め煮、粉ふきいも、りんご
献立 B：チーズパン、エビフライ、さつまいものミルク煮、カリフラワーのマヨあえ
献立 C：ごはん、鰆のつけやき、肉じゃが、きゅうりと海そうのあえもの、 オレンジ
献立 D：栗ごはん、鶏の照り焼き、スウィートポテトサラダ、水菜のあえもの、みそ汁、オレンジ

（3） 結果および考察

紙面の都合上図は省略する。

1） 献立の栄養評価

献立の栄養的特徴を正解した子どもは献立 C（栄養的バランスの取れた献立）では、83.3%、献立 B（緑群の少ない献立）94.4%、献立 A（赤群の多い献立）63.9%、献立 D（黄群の多い献立）77.8%であった。特に献立 A の正解率が低くかった。不正解の子ども 36.1%のうち、半数以上が、黄群の多い献立を選んでいた。献立 D は、一番多いものは黄群（シール 7 個）であるが、次に多いのは赤群（シール 6 個）であり混乱したものと考えられる。

そこで、次に自由記述から、何を手がかりに献立の栄養価を判断したのかを解析した。

2） 自由記述から見る子どもの思考

献立の栄養価を判断した思考の仕方は、次の 6 つに分類された。すなわち、

ア　料理のシールの色と個数を手がかりに料理の栄養的特徴から判断

イ　シールの色ごとに料理を検索し、料理の栄養的特徴から判断

ウ　栄養的バランスの取れた食事モデルとしての給食を手がかりに判断

エ　食事構成を手がかりに判断

オ　食品を手がかりに判断

カ　特定の食品群を含む料理の個数を手がかりに判断

である。なお、不正解の子どもの中には、前述のアやイの判断を行っており、シールの色と個数を手がかりに考えることができていると推測される子どもが認められた。正確な量（個数）の把握ができていなことが原因で不正解となったと考えられた。

次に、一人ひとりの子どもに注目し、思考の仕方について個別に検討した。その結果、全員がカードのシールを手がかりに献立の栄養的特徴を判断していたが、その中で、4つのすべての献立についてカードのシールを手がかりに判断していた子どもは、86.1％であった。残りの子どもは、献立ごとに、カードのシール、料理に使用されている食品、食事構成のいずれかを判断の拠り所としていることがわかった。

以上のことから、料理の栄養的特徴（シールの色と個数）を手がかりに、献立の栄養的バランスを判断できていることが明らかとなった。したがって、本カードは、料理の栄養的特徴を手がかりに、献立の栄養的特徴を推論する教材として使用可能であると考える。また、料理や献立の栄養的特徴を推論する仕方、すなわち思考スキルの形成を促す教材としても使用が可能であると考える。一方で、不正解の子どもが、シールの色と個数を手がかりに思考しているが、間違って把握したシールの個数を判断の拠り所としていたことから、これらの子どもには、料理の栄養的特徴を理解し、整理するための時間の確保が必要であると考える（詳細については、引用文献及び参考文献の1））。

引用文献及び参考文献

1）　中村喜久江、「小学校段階における食事選択力に関わる思考的スキルの育成」、くらしき作陽大学・作陽音楽短期大学「研究紀要」、第42巻　第1号、2009、pp.27～42

2）　中村喜久江、「小学校家庭科における給食を活用した教材の有用性 ― 現場教師の評価か

ら―」、岡山大学教育学部研究集録、第128号、2005、pp.169～176
3） 川喜田二郎、『KJ法』、中央公論、1986
4） 中村喜久江、「思考的スキル育成の観点から構築する食物学習」、日本教科教育学会誌、第30巻 第1号、2007、pp.29～38
5） 中村喜久江、西敦子、「思考過程に注目した食物授業の設計―小学校段階で取り上げる1食分の食事について―」、日本家庭科教育学会第47回大会発表要旨、2004、p.37
6） 中村喜久江、西敦子、「『食べ物－食品』学習における教材の開発―マイカード及び実物大料理カード―」、日本家庭科教育学会中国地区会共同研究報告書「特色ある家庭科カリキュラム開発と授業研究」、2006、p.4

第3節　予備的授業実践における知識の獲得、構造化及び活用に関する課題

本節では第1節で使用した市販の教材「食品カードNEWフードマスター」及び第2節で開発した「料理－食品群充足率カード」に関する課題を改善した上で授業に導入し、食物選択力を形成する予備的授業実践を行う。そして、第1章第3節で設計した単元を具体化するための課題を明らかにする。

1　予備的授業実践の目的

以下の3点、すなわち、（検討1）食事の栄養的特徴を推論し、選択するための基礎的知識として、食品60品目の栄養的特徴を習得する過程の分析を行い知識の獲得について、（検討2）給食に出される料理25種類の栄養的特徴を習得する過程の分析を行い知識の構造化について、（検討3）料理の栄養的特徴を手がかりに食事の栄養的特徴を推論する過程の分析を行い知識の活用について、検討することにより学習方法及び教材について課題を明らかにする。

2　調査の方法

（1）調査対象

H大附属小学校5年生、37名（女子19名、男子18名）である。

（2）調査時期

授業および調査の実施時期は、2012年6月中旬から7月中旬である。

詳細は図2-3-1に示すとおりである。なお、実践校の事情により実際には＊のとおり授業計画を変更した。

（3）授業の概要

図2-3-1に示す 第1次は、先に述べた「学習の次元」の次元2を援用した「事実」としての知識の獲得に関する授業である。以上は、第1章第3節で設計した単元の授業1（表1-3-3-1参照)、授業2（表1-3-3-2参照）に当たる。同様に第2次及び第3次は次元3を援用した知識の構造化に関する授業である。なお、実践校の都合により、第3次第2時の栄養的バランスの取れた料理の組み合わせに関する学習は省略した。以上は、第1章第3節で設計した単元の授業3（表1-3-3-3参照)、授業4（表1-3-3-4参照)、授業5（表1-3-3-5参照）に当たる。第4次は次元4を援用した知識の活用に関する授業である。以上は、第1章第3節で設計した単元の授業6（表1-3-3-6参照）に当たる。

第1次から給食を栄養的バランスの取れた食事モデルとして使用し、学習した知識（食品、食品群、食事構成、食事）を関連づける学習場面を設定した。第1次第2時では、食品群の学習を教材「食品カードNEWフードマスター」を用いて図2-3-2に示す方法で行った。図に示すように、従来は、まず、すべての食品カードの中から1つの食品を取り出し、第1群から第6群の特徴を考えてその食品が当てはまる群に分類させ、次にまた1つの食品を取り出し、同様の方法で分類するという教材の使用の仕方であった。これを改善し、例えば、まず、すべての食品カードの中から第1群の特徴を持つ食品を集め第1群

6月22日…1回目の授業
プレテスト（食品群）、プレテスト（料理の栄養的特徴）、プレテスト（食事の栄養的特徴・量）
↓
6月22日…2回目の授業
第1次　栄養的バランスの取れた食事（2時間）
第1時　栄養的バランスと栄養素と食事構成（1時間）
内容：①この単元を学ぶ意味　＊途中
↓
6月29日…3回目の授業
第1次　栄養的バランスの取れた食事（2時間）
第1時　栄養的バランスと栄養素と食事構成（1時間）
＊6月22日2回目の授業の続き
内容：②栄養素、③栄養的バランスの意味、④食事構成と栄養的バランスの取れた食事
（給食の献立の写真）
↓
第2時　栄養的バランスと食品群・料理の栄養的特徴（1時間）
内容：①食品群、　＊途中
（食品カードNEWフードマスター）
↓
7月6日…4回目の授業
第2時　栄養的バランスと食品群・料理の栄養的特徴（1時間）
＊6月29日3回目の授業の続き
内容：②料理の栄養的特徴（質的）
①食品群と料理の栄養的特徴と栄養的バランスの取れた食事（質的）
（給食の献立の写真）

ポストテスト（食品群）
↓
7月6日…5回目の授業
第2次　料理の栄養的特徴と1食分の適量（1時間）
内容：①給食に出される一皿の料理の栄養的特徴
②１食分の適量　③栄養的バランスの取れた食事（量的）
（「料理－食品群充足率カード」）

ポストテスト（料理の栄養的特徴）
↓
7月13日…6回目の授業
第3次　複合的料理の栄養的特徴と栄養的バランスの取れた食事（2時間）
第1時　日常生活で食べる複合的料理の栄養的特徴（1時間）
内容：①日常生活でよく食べる複合的料理の栄養的特徴
＊第2時　栄養的バランスの取れた料理の組み合わせ（省略）
（「料理－食品群充足率カード」）
↓
7月20日…7回目の授業
第4次　家族にぴったりの食事（1時間）
内容：条件に適した食事

ポストテスト（食事の栄養的特徴・量）

図2-3-1　授業計画および調査時期

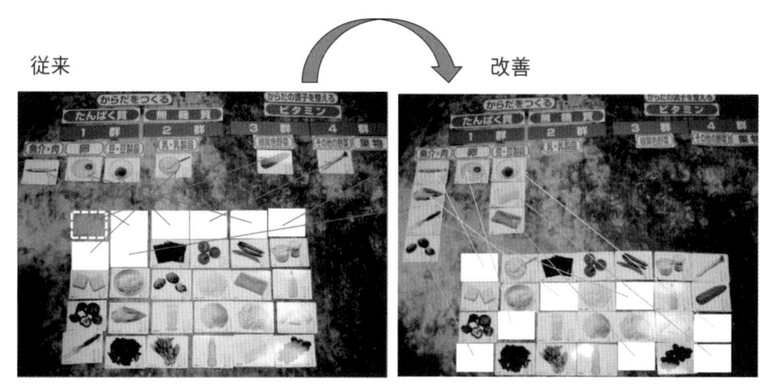

図2-3-2 「食品カードNEWフードマスター」の活用

に分類する、次に残りの食品カードの中から第2群の特徴を持つ食品を集め第2群に分類するというように、食品群ごとに特徴を整理する考え方で、子どもがすでに持っている知識構造に知識を統合できるような使用の仕方を採用した。

第2次では料理の栄養的特徴のシールの色により食品群の学び直しを行った。一方で、シールの個数により摂取量について学習し、新たな知識構造を構築することを考えた。

また、「基準となる料理」として赤群はさばの塩焼き、つくね、緑群は小松菜のごまあえ、オレンジ、黄群はごはん、リッチパンを選出し、例えば、図2-3-3に示すような「料理－食品群充足率カード」を作成した。

表側

さばの塩焼き

裏側

赤 ●●●○○

黄 ○○○○○

緑 ○○○○○

図2-3-3 「料理－食品群充足率カード（さばの塩焼き）」

第3次では、カレーなど多種類の食品群を含む複合的料理の栄養的特徴を推論する活動をとおして「基準となる料理」のシールの色と個数の学び直しを行った。第2節で述べた課題を改善するための、すなわち、「基準となる料理」のシールの色と個数について確認することを通して、シールの色と個数を確実に理解するための授業である。同時に複合的料理を例えばカレーは、一皿に主食、主菜、副菜が組み合わさっている料理と捉え、食事の栄養的特徴を推論する前段階として、「基準となる料理」を活用して食事の栄養的特徴を推論する考え方を指導する授業としても位置づけた。

第4次では、食事の栄養的特徴に関する条件にあった食事を「基準となる料理」を活用して判断させた。知識の活用のための授業である。

(4) 分析方法

前述した(検討1)については、図2-3-1に示す、知識の獲得(食品群の理解)に関するプレテスト(食品群)(6月22日実施)、ポストテスト(食品群)(7月6日実施)について分析した。テストは、資料2-3-1(プレ)(巻末参照)に示すように、60品目の食品一覧の中から最初に、赤群の食品のみを赤色のマーカーで塗った後、赤群の特徴を考え記入させた。次に緑群、黄群も同様の方法で回答させた。1つの食品と1つの食品群を対で記憶させるのではなく、食品群毎の特徴を理解した上で食品を食品群に分類できているか、さらに知識を一般化し、構造化できているかを調べるためにこのような方法で回答させた。それぞれの食品について正解率を出し、赤群は6つの食品群の第1群、第2群に分け、緑群は同様に第3群、第4群、黄群は第5群、第6群に分け分析した。

なお、資料2-3-1(ポスト)(巻末参照)に示すように、ポストテスト(食品群)では、知識の「一般化」について調べるために、未学習の食品として、かに、アジ、牡蠣、しらす干し、小松菜、もやし、はちみつ、そうめんの8種類の食品を加えて答えさせた。赤、緑、黄群の特徴についてはKJ法を用いて分析した。

(検討2)については、図2-3-1に示す、知識の構造化に関するプレテスト

（料理の栄養的特徴）（6月22日実施）、ポストテスト（料理の栄養的特徴）（7月6日実施）を分析した。資料2-3-2（プレ・ポスト）（巻末参照）に示すように、25種類の料理一覧の中から赤群が1食分に必要な量の半分より少し多く（シール3つ分）摂取できる料理を赤色のマーカーで塗った後、それらを選択した理由を記入させた。黄群も同様の方法で回答させた。緑群については、1食分に必要な量の半分より少し少なく（シール2つ分）摂取できる料理を緑色のマーカーで塗った後、それらを選択した理由を記入させた。最後に、赤群や緑群、黄群が複数含まれる料理を複数のマーカーで塗った後、それらを選択した理由を記入させた。それぞれの料理について正解率を出し、赤群、緑群、黄群、複数の食品群を含む料理に分け分析した。選択した理由についてはKJ法を用いて分析した。

（検討3）については、図2-3-1に示す、知識の活用に関するプレテスト（食事の栄養的特徴・量）（6月22日実施）及びポストテスト（食事の栄養的特徴・量）（7月20日実施）について分析した。

資料2-3-3（プレ・ポスト）（巻末参照）に示すように、プレテスト・ポストテスト（食事の栄養的特徴・量）については、4つの食事の栄養的特徴（量）を「多い」「ちょうどよい」「少ない」の中から選択する方法で判断させた。さらに、食事の栄養的特徴（量）について判断した理由をKJ法を用いて分析した。

3　知識の獲得、構造化、活用に関する結果及び考察

（1）「事実」としての知識の獲得、構造化

以下、図は紙面の都合上省略する。

1）授業前の食品群に関する理解

ア　食品の栄養的特徴（食品群）の理解

赤群のうち6つの食品群で第1群に分類される食品については、みそ、油揚げ、豆乳等豆製品が比較的正解率が低かった。中でも油揚げは黄群に半数以上の子どもが分類しており、油から黄群を連想したものと推測できる。

赤群のうち６つの食品群で第２群に分類される食品については、チーズ、わかめ、ヨーグルト、ひじきの正解率が低く、特にチーズは半数以上の子どもが黄群に分類していた。

全般的に赤群のうち６つの食品群で第２群に分類される食品について正解率が低い傾向にあった。

緑群のうち６つの食品群で第３群に分類される食品については、ほとんどの野菜を90%以上の子どもが正しく分類できていた。

緑群のうち６つの食品群で第４群に分類される食品については、みかん等の果物の正解率が比較的低かったが、それでも80%前後の子どもが正しく分類できていた。

黄群のうち６つの食品群で第５群に分類される食品については、いも類を除いてほとんどの子どもが正しく分類していた。さつまいもについては正しく分類できていたのは約半数で、じゃがいもは60%を少し切る値であった。

黄群のうち６つの食品群で第６群に分類される食品については、ドレッシング、ゴマの正解率が50%前後と低かった。

以上のことから、赤群については、６つの食品群で第１群に分類されるみそ等の豆製品（中でも油揚げ）、第２群に分類されるチーズ等の乳製品、海藻類、黄群については、第５群に分類されるいも類、第６群に分類される、ドレッシング、ごまの正解率が特に低いことが明らかとなった。また、卵、チーズ、みそ、バナナ等を黄群に分類しており、食品の色と食品群の色を混同しているのではないかと考えられた。第１群、第２群、第５群、第６群については、第１節の大学生を対象とした調査と同様の傾向が認められた。

イ　食品群の特徴

自由記述は①「赤、緑、黄群の体内での主な働き」、②「赤、緑、黄群に主に含まれる栄養素」、③「赤、緑、黄群に分類される食品」の大きく３つに解釈できた。①については、「健康にする」等曖昧なものが認められた。また、②では、それぞれの食品群について整理して栄養素をあげているものではなかった。③については間違って理解しているものが散見された。また、少数ではあるが、④「体内での主な働きと主に含まれる栄養素」について記述しているものも認められたが、整理されて理解されていないことが推測された。同様に、⑤「主に含まれる栄養素と分類される食品」について記述しいてあるものが認められたが「油みたいなもの」等曖昧な記述も認められた。なお、無記入が約20%認められた。

以上のように、大きく3つに解釈できたが、栄養素等の知識が整理されて理解されていない、曖昧、あるいは間違って理解されており、知識が整理され、獲得されていないことが推測できる。

2）授業後の食品群に関する理解

ア　食品の栄養的特徴（食品群）の理解

赤群のうち6つの食品群で第1群に分類される食品については、油揚げの正解率が特に低く、授業前より低い値であった。黄群に70%以上の子どもが分類しており、この点については、検討の余地が残された。

その他の食品については、すべて90%以上の正解率であった。

赤群のうち6つの食品群で第2群に分類される食品については、チーズのみが50%未満の正解率であり、約半数の子どもが黄群に誤って分類していた。また、ヨーグルトが比較的正解率が低く、35%余りが黄群に誤って分類していた。第2群のその他の食品については90%を超えるものや80%前後の正解率であった。

プレテストと同様に、全般的に赤群のうち6つの食品群で第2群に分類される食品について正解率が低い傾向にあった。

緑群のうち6つの食品群で第3群に分類される食品については、すべての野菜を90%以上の子どもが正しく分類できていた。

緑群のうち6つの食品群で第4群に分類される食品については、たけのこがわずかに90%に満たなかったが授業前に比較的正解率の低かった果物を含めすべて90%を超える正解率であった。

このように緑群についてはほとんどの子どもがすべての野菜、果物について正しく分類できていた。

黄群のうち6つの食品群で第5群に分類される食品については、いも類のさつまいもの正解率が一番低かったが、それでも約80%の子どもが正しく分類していた。他の食品についてはほとんどの子どもが正しく分類していた。

黄群のうち6つの食品群で第6群に分類される食品については、授業前に正解率の低かったドレッシングは、80%を超える正解率であった。しかし、ゴマの正解率はわずかに60%に届かなかった。

以上のことから、以下に述べる一部の食品を除いたすべての食品について80%～90%の子どもが正しく食品群に分類できており、「事実」レベルの知識の獲得が行われていると考える。一方、赤群については、油揚げ、チーズを理解ができていないことが明らかとなった。油揚げは豆腐を油で揚げたものであり、その主な材料は豆腐であること、同様に、チーズは牛乳が原料であること等授業の中で指導したが、原料についてさらに強く意識づけて指導しておく必要がある。また、ごまについても油脂を多く含むことを指導するための教材等検討する必要がある。

イ　未学習の食品の栄養的特徴（食品群）の理解

赤群の①かに、②アジ、③牡蠣、④しらす干し、緑群の⑤小松菜、⑥もやし、黄群の⑦はちみつ、⑧そうめんの8つの食品について、これまでに学習したそれぞれの食品群についての特徴から推論し正しく分類できるのではないかと仮説を立て調べた。

その結果、はちみつ（わずかに80%を超える）を除くすべての食品について90%を超える子どもが正しく分類できていた。

以上のことから、未学習の食品についてはほとんどの子どもが既習の食品群に関する知識を手がかりに正解していることが推測できる。

ウ　食品群の特徴

自由記述は①「赤、緑、黄群の体内での主な働き」、②「赤、緑、黄群に主に含まれる栄養素」、③「赤、緑、黄群に分類される食品」、さらに④「赤、緑、黄群の体内での主な働きと主に含まれる栄養素と分類される食品」を関連づけ、整理して書かれているものの4つに解釈できた。

授業前の調査で認められた曖昧さはなく、①については、それぞれの群について整理され体内での主な働きが記述されていた。②、③についても同様であった。④においては、体内での主な働き、栄養素、分類される食品を明確に整理して書いている子どもも認められた。

授業直後には、それぞれの食品群の特徴について体内での主な働き、主に含まれる栄養素、分類される食品の種類について子どもなりに整理し、それらを関連づけて理解できていたと考える。

以上の結果から、60品目中、ほとんどの食品について正しく理解できており、食品群に関する「事実」レベルの知識については、特徴を整理した上で知識を関連づけて獲得していることが推測される。そして、食品群の特徴を手がかりに正しく推論できており、食品群に関する知識を整理し、「一般化」できていると考える。したがって、食品群に関する知識については、知識構造が構築されていることが推測できる。一方、加工食品については、再度原料に遡って考えることを指導する方法を検討する必要がある。

3）授業前の料理の栄養的特徴に関する理解

ア　料理の栄養的特徴（食品群）の理解

赤群が1食分に必要な量の半分より少し多く摂取できる（以下、シール3つ分含むと略す)。料理（とりの照り焼き、さわらのつけ焼き、豚肉のしょうが焼き、つくね、さばの塩焼き）については、さわらのつけ焼き以外は80%を超える正解率であった。

次に、緑群が1食分に必要な量の半分より少し少ない（以下、シール2つ分含むと略す)。料理（水菜のあえもの、オレンジ、小松菜のごまあえ、ごぼうサラダ、酢の物、レモンあえ、キャベツのねり梅あえ、ゆずかつおあえ）については、酢の物、ゆずかつおあえを除きすべて80%を超える正解率であった。ゆずかつおあえについては、24.3%の子どもが赤群をシール3つ分含む料理として選択しており、料理名のかつおから推測したものと考える。

黄群が1食分に必要な量の半分より少し多く摂取できる（以下、シール3つ分含むと略す)。料理（ごはん）については、80%を超える正解率であった。また、黒糖パン、レーズンパンについては、黄群をシール2つ分含む料理であるが、いずれも80%を越える子どもが、同様に粉ふきいもについては約6割の子どもが黄群をシール3つ分含む料理として理解していた。なお、粉ふきいもについては、24.3%の子どもが緑群をシール2つ分含む料理として選択しており、いも類を緑群として理解していることが考えられる。

複数の食品群を含む料理（生揚げと野菜の和風炒め、アジのマリネ、わかめスープ、チンジャオロースー、ビビンバ、みそ煮、ささみのレモン煮、みそ汁）については、生揚げと野菜の和風炒めがかろうじて43.2%の正解率で残りの料理については、20%～10%と低い正解率であった。特にアジのマリネ、ささみのレモン煮は70%前後の子どもが赤群を含む料理として選択しており、アジ、ささみという主となる食材(食品)に注目し推測したものと考えられる。

イ　料理を選択した理由

選択の理由は、どの料理についても、食品群に関する知識から推論しており、すなわち、「①赤、緑、黄群の体内での主な働き」、「②赤、緑、黄群に主に含まれる栄養素」、「③赤、緑、黄群に分類される食品」の３つに解釈できた。いずれも量については、単に多い、少ないという捉え方をしていた。また、黄群をシール３つ分含む料理については「炭水化物や魚は栄養のもとだから等」曖昧な理由、赤群、緑群、黄群が複数含まれる料理については「イメージ、なんとなく等」漠然としている選択理由が見られた。なお、以上の中には海藻を緑群に、豆を黄群に分類する等食品群について誤って理解しそれをもとに判断しているものも認められた。

以上のように、料理の栄養的特徴については、食品群に関する知識から推論している子どもが認められるが、量については大まかな捉え方であり、誤って理解した知識に基づいて判断している子どももいることがわかった。

４）　授業後の料理の栄養的特徴に関する理解

ア　料理の栄養的特徴（食品群）の理解

赤群をシール３つ分含む料理（とりの照り焼き、さわらのつけ焼き等）については、とりの照り焼き、さばの塩焼きを97.3%の子どもが正解し、その他の料理は80%を超える正解率であった。

次に、緑群をシール２つ分含む料理（水菜のあえもの、オレンジ等）については、水菜のあえもの、オレンジ、ごぼうのサラダのみが80%を超える正解率であった。特に小松菜のごまあえ、酢の物、ゆずかつおあえの正解率が低かった。小松菜のごまあえについては、21.6%の子どもが複数食品群を含む料理と考えており、ごまあえという料理名から小松菜とごまに着目し推測したものと考える。

黄群をシール3つ分含む料理（ごはん）については、97.3%の正解率であった。

複数の食品群を含む料理（生揚げと野菜の和風炒め、アジのマリネ等）については、生揚げと野菜の和風炒め、ビビンバがかろうじて40%を超える正解率で残りの料理については、30%～10%と低い正解率であった。誤って赤群をシール3つ分含む料理として多くの子どもが選択した料理は、アジのマリネ、チンジャオロースー、みそ煮、ささみのレモン煮であった。アジ、牛肉、みそ、ささみという主となる食材（食品）に着目し推測したものと考えられる。一方、生揚げと野菜の和風炒め、わかめスープは緑群をシール2つ分含む料理として多くの子どもが選択しており、これらについても野菜といった食品に着目したものと考えられる。

以上のことから、授業後は、料理の栄養的特徴に関する理解が確実となる一方で、食品群についての理解が確実になったことから、料理名に上がっている食品に着目し料理の栄養的特徴を判断していることが考えられる。

したがって、料理の栄養的特徴については、「基準となる料理」のシールの色と個数は確実になっているが、それを手がかりに推論することができておらず、また「一般化」もできていないことが推測できる。

赤、黄群はシール3つ分、緑群はシール2つ分という「基準となる料理」について再考するとともに、「基準となる料理」を手がかりに複数の食品群を含む料理の栄養的特徴の推論の仕方（思考スキル）を指導する学習場面について再検討する必要がある。また、ごまあえのごま等シール1つ分に満たないものについての考え方を指導する必要がある。

イ　料理を選択した理由

料理を選択した理由については、どの料理についても授業で取り上げた「料理－食品群充足率カード」から判断している子どもが認められたが、「料理－食品群充足率カード」を手がかりに推論しているのではなく、その記憶から判断していることが推測された。また、授業前に認められた「①赤、緑、黄群の体内での主な働き」から判断している子ども、食品群に関する知識を誤っている子どもは認められなかった。

このように、食品群に関する知識が確実になったことから、これに基づいた質的な判断はできるようになったと考えられる。しかし、量については、「基準となる料理」を手がかりに推論しているのではなく、記憶したものに照らし合わせて判断していることが推測できる。

（2） 構造化した知識の検索、活用

1） 授業前の食事の栄養的特徴に関する量的判断

ア　食事の栄養的特徴に関する量的判断

黄群の多い食事、栄養的バランスの取れた食事、緑群の少ない食事、赤群の多い食事の中で、半数以上の子どもが正しく判断できたものは、黄群の多い食事の赤群、黄群、栄養的バランスの取れた食事の赤群、赤群の多い食事の赤群であり、栄養的バランスの取れた食事の赤群のみが73.0%で、他は約50%であった。緑群の少ない食事で緑群を正解した子どもはわずか29.7%であった。

イ　食事の栄養的特徴に関する量的判断の理由

4つの食事の栄養的特徴の量的判断の理由は以下の２つに集約できた。すなわち、黄群の多い食事では、「赤群は豚しゃぶサラダ、緑群はパイナップル、黄群は粉ふきいもとミートスパゲティ」等『①食品群に分類した料理や料理に使用されている食品から』判断、栄養的バランスの取れた食事では「魚が少なく、野菜はちょうどよく、ごはんもちょうどよいから」等『②単に使用されている食品から』判断している子どもが認められた。

また、緑群の少ない食事では、「量が少ないから」等漠然と判断をしてる子どもも認められた。

このように食品群に関する知識から判断していたが、量については大まかであり、質的判断にとどまっていた。

2）授業後の食事の栄養的特徴に関する量的判断

ア　食事の栄養的特徴に関する量的判断

黄群の多い食事、栄養的バランスの取れた食事、緑群の少ない食事、赤群の多い食事の中で、半数以上の子どもが正解したものは、栄養的バランスの取れた食事の赤群、緑群、黄群、緑群の少ない食事の緑群、赤群の多い食事の緑群、黄群であった。緑群の少ない食事で緑群を正解した子どもは授業前より約2倍の正解率であったが、56.8%にとどまった。

このように、栄養的バランスの取れた食事のみが量についても判断できていると考えるが、それでも赤、緑、黄とも正解率は60%にはとどかなかった。

イ　食事の栄養的特徴に関する量的判断の理由

4つの食事それぞれの栄養的特徴の量的判断の理由は以下の3つに集約できた。すなわち、「レモンあえ緑2、さばの塩焼き赤2、メロン緑2、ごはん黄3、みそ汁緑1」等『①料理毎に赤、緑、黄群のシールの色と個数を推論』して判断している子どもが認められた。しかし、この中には特定の料理のみシールの色と個数を手がかりとしており、「基準となる料理」のシールの色と個数の記憶から判断したと考えられる子どもが認められた。

次に、「レモンあえ、メロン、みそ汁で緑3、さばの塩焼き、みそ汁で赤2、ごはん、みそ汁で黄2」等『②料理や料理に使用されている食品に着目し、それらを食品群に分類しその個数』から判断している子どもが認められた。

また、黄群の多い食事では「豚しゃぶがあるから」、「肉があってめんが多い」等『③単に料理やそれに使用されている食品』から判断している子どもが認められた。

以上のことから、「基準となる料理」を手がかりに食事の栄養的特徴を推論することは可能であると考える。しかし、これらの中には、「基準となる料理」のシールの個数を確実に覚えていない、あるいはシール1つ分にならない量の把握ができていないため結果として食事の栄養的特徴の判断を誤るという課題が残った。この点については「基準となる料理」の選定、その学習方法、さらに「基準となる料理」をどのように活用し、推論するのかの推論の仕方を練習するための学習場面の検討が必要である。

第4節　開発課題の考察

第4節では、実態調査及び予備的授業実践の結果から開発課題について考察する。

1　食物選択力形成に関する知識と学習

（1）知識の獲得と構造化

食事構成（主食、主菜、副菜、汁物等その他）は、食物選択力を形成する上で、栄養的バランスの取れた料理の組み合わせを思考させる重要な鍵となる。

第1節において、大学生を対象とした実態調査の結果、主食、主菜、副菜の区別や、汁物やデザート等の位置づけが明確でない学生がいることが明らかとなった。すなわち、食事構成について、①料理一皿に主として使用されている肉類や野菜類等の食品の量を踏まえて指導する、②汁物は、主食、主菜、副菜以外に位置づけられることを指導する必要があることが課題として分析された。

そこで、日常的に目にしている主食、主菜、副菜、汁物、デザート（果物）が揃った給食の献立を教材化し、料理の栄養的特徴、すなわち、シールの色と個数で料理に使用される食品群の種類と量を理解させた上で、料理の栄養的特徴と食事構成を関連づけながら、視点を変え繰り返し学習できるよう授業を組み立てることが考えられる。このような授業により、料理の栄養的特徴が整理され、知識構造が構築される。と同時に、食事構成の主食、主菜、副菜、汁物、デザートが主に使用される食品、食品群、量を手がかりに整理され、課題が解決できると考える。

6つの食品群の理解については、第3節で計画した授業の第1次第2時において、既有の知識構造に統合され、知識構造の構築へ向かうような市販の教材の活用（図2-3-2）を試みた。その結果、以下に述べる一部の食品を除いたすべての食品について80%～90%の子どもが正しく食品群に分類できており、

「事実」レベルの知識（表1-1-1参照）の獲得が行われていると考えられた。ただ、赤群については、油揚げは、主な材料は豆腐であること、同様に、チーズは牛乳が原料であること等授業の中で指導したが、検討の余地が残された。

次に、食品群の特徴については、含有栄養素、その働き、分類される食品の種類を整理し、関連づけて理解しており、これら既有の食品群に関する知識を手がかりに、未学習の食品をほとんどの子どもが正しく判断していることが推測できた。

以上のとおり、食品群に関する「事実」レベルの知識（表1-1-1参照）については、学習した食品群の特徴を整理した上でそれらの知識を関連づけて獲得していることが推測された。そして、食品群の特徴を手がかりに正しく推論できており、食品群に関する知識を整理し、「一般化」（表1-1-1参照）できていると考えられた。したがって、食品群に関する知識については、知識構造が構築されていることが推測できる。ただ、加工食品については、原料に着目した学習を再度検討することが課題として残された。

（2）知識の検索、活用

「基準となる料理」を手がかりに推論し、食事の栄養的特徴を判断することについては、栄養的バランスの取れた食事のみが、半数を超える子どもに正しく判断されていた。しかし、赤群が多い食事、その他の栄養的特徴を持つ食事を含めて、総じて正しく判断できている子どもが少なかった。

そこで、どのように推論し、判断しているのかを分析した結果、以下の3点が明らかとなった。すなわち、

①　料理毎に赤、緑、黄群のシールの個数を推論して判断している子どもが認められた。

②　料理や料理に使用されている食品に着目し、それらを食品群に分類し、判断している子どもが認められた。

③　単に料理やそれに使用されている食品から判断している子どもが認められた。

①では、「基準となる料理」の栄養的特徴を手がかりに食事の栄養的特徴を

推論し、判断することは可能であると考えられる。しかし、「基準となる料理」のシールの色と個数の理解が不十分であるため食事の栄養的特徴の正確な判断ができていない子ども、また、シール１つ分にならない量を１つ分として推論している子どもが認められた。

これらの子どもについては、「基準となる料理」の栄養的特徴を理解させる方策について検討する必要がある。さらに、「基準となる料理」を使用して、その他の料理の栄養的特徴をシールの色と個数で推論でき、また、シール１つ分の量を明確に理解できる授業を再検討する必要がある。

一方、料理によっては、単に記憶したシールの色と個数に照らし合わせている、あるいは、「基準となる料理」の栄養的特徴は把握しているが、それを手がかりに栄養的特徴の推論ができていないことがわかった。このことは、「基準となる料理」をどのように使用し、推論するのかという活用の思考スキルを学ぶための授業に課題があることを意味している。これらの子どもについては、「基準となる料理」を使用し、給食で出される複合的料理のシールの色と個数を推論する方法を直接的に指導する場面を導入し、視点を変えながら、繰り返し「基準となる料理」に出あわせる授業の組み立てが考えられる。この授業により、どのように推論をするのかという活用の思考スキルを獲得できると考える。と同時に、この授業は、②、③の子どもについては、「基準となる料理」の栄養的特徴のうち特に、量的（シールの個数）な理解を強化する、と同時に食品群に関する知識の構造化及び料理の栄養的特徴についても構造化できるための学び直しの機会となる。この授業により、「基準となる料理」をシールの色と個数で整理し、知識構造が構築でき、その理解が深まり確実になると考える。

一方で、給食と照らし合わせ、栄養的バランスの取れた食事と判断した子どもがいた。推論する際に、給食（主食、主菜、副菜、汁物）は栄養的バランスの取れた食事モデルとして有効であると考えられる。

2　推論の手がかりとなる教材（思考スキルを形成する教材）

第２節で述べたように、推論の手がかりとなる教材として、給食の料理を使用し、「料理－食品群充足率カード」を開発した。本教材について、小学校の教師は、シールの色と個数で料理の栄養的特徴が認知でき、日常の食事の栄養的バランスを判断する能力を育成し、栄養的バランスの取れた料理の組み合わせを理解させる教材として有効であると考えていることが明らかとなった。さらに、小学校５年生を対象に授業を行った結果、シールの色と個数を手がかりに料理の栄養的特徴を整理でき、整理した知識（料理の栄養的特徴）を手がかりに、献立の栄養的バランスを判断できることが明らかとなった。

しかし、予備的授業実践では、料理の栄養的特徴に関する理解が確実となる一方で、食品群についての理解が確実になったことから、料理名に上がっている食品に着目し、その食品を食品群に分類し、料理の栄養的特徴を判断していることが考えられた。また、量については、「基準となる料理」を手がかりに推論しているのではなく、単に、授業で記憶したシールの個数に照らし合わせて判断していると考えられる子どもが一部認められた。

以上のことから、料理の栄養的特徴については、「基準となる料理」のシールの色は確実になっているが、シールの個数を手がかりに他の料理の栄養的特徴を推論することができていない、また「一般化」（表1-1-1参照）もできていない子どもがいることが推測できる。

したがって、赤、黄群はシール３つ分、緑群はシール２つ分という「基準となる料理」の選定について再考するとともに、「基準となる料理」を手がかりに推論する方法を直接的に指導するために、給食で出される複数の食品群を含む複合的料理の選定を検討する必要がある。

また、ごまあえのごま、チーズパンのチーズ等シール１つ分に満たないものについての考え方を明確に指導するための料理の選定が必要である。

さらに、「基準となる料理」の栄養的特徴を手かがりに推論し判断する活用の思考スキルを直接的に学ぶための教材として、給食で出される複合的料理、また、視点を変えながら、食事構成と関連づけ指導できる多様な給食の献立の教材化についても再検討する必要がある。

第3章
食物選択力を形成する授業モデル及び教材の開発

本章では、第2章で明らかとなった開発課題に基づき、食物選択力を形成する授業モデル及び教材の開発を行う。第1節では食物選択力に関わる知識とその学習方法について、第2章で明らかとなった開発課題の改善の方策を検討する。第2節では、第1節の学習方法の改善に関わる推論プロセスを重視した教材について検討する。第3節では、第1節、第2節を踏まえ、第1章第3節で構想した食物選択力を形成する授業を具体化し、授業モデルの開発を行う。

第1節　食物選択力形成過程における知識とその学習方法

1　知識の獲得とその学習方法

食物選択力形成のために必要な基礎知識として、栄養素、食品群、栄養的バランス、食事構成の概念がある。次に、栄養的バランスを判断する根拠となる科学的知識として、五大栄養素とその働き（例えば、たんぱく質は主に体の組織をつくる働きがある等)、食品群に主に含まれる栄養素（例えば、赤群は主としてたんぱく質及び無機質を含む等)、食品群と分類される食品(例えば、豚肉は赤群に分類される等)、食事構成（例えば、ごはんは主食である等）が上げられる。これは、第1章第1節で述べたマルザーノらのいう「情報」領域の「事実」に含まれる知識である（表1-1-1参照)。

これらの中で、食事構成については、これまでの家庭科において意図的に指導されていない知識である。そして、第2章で課題が抽出された。食事構成の揃った食事は、①栄養的バランスの取れた食事の基本的なパターンを明確に理解でき、②日常生活の食事場面と繋げ、実感を伴って、知識を理解でき、さらに③栄養素とその働き、食品群、料理、食事を関連づけて理解でき、日常生活で知識の活用を行う際に非常に重要である。

したがって、その学習として、子どもが共有し、日常的に目にしている給食（主食、主菜、副菜、汁物、デザートが揃っている）を使用して栄養素とその働き、食品群、料理、食事を関連付けながら食事構成を理解させる方法が考えられる。すなわち、主食、主菜、副菜、汁物、デザート（果物）が揃った給食の献立を教材化し、シールの色と個数で料理に使用される食品群の種類と量を理解させた上で、料理の栄養的特徴と食事構成を関連づけながら、視点を変え繰り返し学習できるよう授業を組み立てることが考えられる（以下「授業：食事構成」とする）。このような授業により、食事構成の主食、主菜、副菜、汁物、デザートが、主に使用される食品、食品群、量を手がかりに整理され、主食、主菜、副菜の区別や汁物の位置づけが明確でないという課題が解決できると考える。

また、この授業は、次の知識の構造化、活用で述べる課題の改善ともなると考える。この点については、次項2で述べる。

次に、食品群に関しては、第2章において、「事実」としての知識（表1-1-1参照）の獲得は行われていることが推測された。したがってこれらについては、予備的実践授業の改善は必要ないと考える。ただ、加工食品については学習方法に検討の余地が残され、原料と製品の関係が理解できるような視覚的教材等を用い原料に着目した学習を再度検討する必要がある。具体的には、大豆と豆腐、ごまと練りごまとごま油は比較的準備が容易であるため、教材として実物を使用することが考えられる。チーズについては、原料の牛乳から出発し、凝乳酵素レンネットを用い固める、その後熟成させるという簡単な加工過程を映像等により視覚的に提示することが考えられる。

次に、料理の栄養的特徴に関する「事実」としての知識（表1-1-1参照）、すなわち「基準となる料理」の栄養的特徴の内、食品群の種類（シールの色）については、食事の栄養的特徴を判断する際に、料理に使用される食品に着目し、それら知識をほとんど正確に検索、活用できていた。このことから食品群の種類は、正しく理解できていると推測できた。しかし、量、すなわち、シールの個数については理解できていない子どもが認められ、課題として残った。その中には、シール1つ分にならない量について理解できていない子どもも認められた。これらの子どもについては、「基準となる料理」の栄養的特徴の内、シールの個数（量）を理解させる方策について、また、シール1つ分の量を明確に理解できる授業を再検討する必要がある。例えば、「基準となる料理」を使用し、給食で出される複合的料理（複数の食品群を含む料理）や日常生活でよく食べると考えられる複合的料理のシールの色と個数を推論する学習場面を導入し、視点を変えながら、繰り返し「基準となる料理」に出あわせる授業の組み立てが考えられる（以下「授業：料理の栄養的特徴」とする）。これらの授業で、「基準となる料理」の栄養的特徴のうち特に、シールの個数（量）の理解を強化できると考える。

また、この授業は、次の知識の構造化、活用で述べる課題の改善ともなると考える。この点については、次項2で述べる。

2　知識の構造化とその学習方法

食品群の種類は栄養的バランスを判断する最も基礎となる知識であり、日常生活で出会う多様な未学習の食品について、学習した知識からその栄養的特徴を推測できることが重要となる。この点については、食品群ごとの特徴を整理し、「一般化」（表1-1-1参照）できており、知識構造が構築されていることが推測できた。したがって、この点については予備的実践授業における教材の使用の仕方等を改善する必要はないと考える。

次に、料理の栄養的特徴に関する「一般化」としての知識については、食品、食品群、料理、食事構成、必要摂取量を関連づけた以下の知識が挙げられる。

①　給食に出される一皿の主食（パンやごはん等の料理）を食べると黄群の

食品の１食分に必要な摂取量の半分より少し多く（シール３つ分）摂取できる。

② 給食に出される一皿の主菜（魚や肉等の料理）を食べると赤群の食品の１食分に必要な摂取量の半分より少し多く（シール３つ分）摂取できる。

③ 給食に出される一皿の副菜（野菜等の料理）を食べると緑群の食品の１食分に必要な摂取量の半分より少し少ない量（シール２つ分）が摂取できる。

④ 栄養的バランスの取れた食事は、主食（主に黄群）、主菜（主に赤群）、副菜（主に緑群）、汁物が揃った食事である。

「基準となる料理」の栄養的特徴については、シールの色と個数は確実になっていると考えられた。しかし、単に記憶していることが推測され、料理の栄養的特徴を整理し、関連づけて知識構造を構築していない子どもがいることが考えられた。このような子どもは、前述した「一般化」としての知識は理解できていないことが考えられる。したがって、前項１で述べた「授業：食事構成」を行うことで、料理の栄養的特徴が整理され、知識構造が構築される事も可能になると考える。

また、前項１で述べた「授業：料理の栄養的特徴」を行うことで、食品群に関する知識の構造化及び料理の栄養的特徴について構造化できるための学び直しの学習が可能となる。この授業により、「基準となる料理」をシールの色と個数で整理し、知識構造が構築でき、その理解が深まり確実になると考える。と同時にどのように推論をするのかという思考スキルを獲得できると考える。

また、赤、黄群はシール３つ分、緑群はシール２つ分という「基準となる料理」の選定について再考するとともに、食品、食品群、料理、食事構成、必要摂取量を関連づけ、「基準となる料理」を整理し、どのように推論するのかという思考スキルを指導する授業を組み立てる必要がある。そして、その授業で使用する食事構成の揃った給食の教材化が必要である。

3　知識の活用とその学習方法

食品群（種類すなわち質）に関する知識が確実になったことで、全般的に使用されている食品から、料理を食品群に分類して食事の栄養的特徴を判断していた。したがって、料理に使用される食品に着目し、食品群の知識をほとんど正確に検索、活用できていたと考えられた。しかし、料理の栄養的特徴の量（シールの個数）については、以下の3点により食事の栄養的特徴を判断できないことが考えられた。

① 「基準となる料理」の栄養的特徴（シールの色と個数）の特に量（シールの個数）の理解が不完全である。

②　料理名に含まれる食品名に着目し、その食品の使用量がシール1つ分にならないことを理解していない。

③　料理の栄養的特徴は理解しているが、「基準となる料理」のシールの個数を手がかりに推論することができていない、量については、単に記憶していることが推測でき、活用する仕方を理解していない、あるいは、「基準となる料理」を手がかりに複数の食品群を含む料理の栄養的特徴の推論の仕方を理解していない（思考スキルがない）。

したがって、これらの子どもについては、1で述べた「授業：料理の栄養的特徴」において「基準となる料理」を使用し、給食で出される複合的料理と日常生活でよく食べると考えられる複合的料理のシールの色と個数を推論する方法を直接的に指導する学習場面を導入し、視点を変えながら、繰り返し「基準となる料理」に出あわせ、栄養的特徴の推論を練習する授業の組み立てが考えられる。

以上述べてきた授業をマルザーノらの「学習の次元」で説明すると、図3-1-1に示すように、量（シールの個数）を確実に理解する（図3-1-1のアの部分）、と同時にこの授業により、「基準となる料理」をシールの色と個数で整理し、料理の栄養的特徴に関する知識構造が構築でき、単に記憶するにとどまらず、その理解が深まり確実になる。また、どのように料理の栄養的特徴（特にシールの個数）を手がかりに推論し、構造化するのかという構造化の思考スキルを獲得できる（図3-1-1のイの部分）と考える。と同時にその料理の栄養的特徴（特にシールの個数）を手がかりに、食事の栄養的バランス（栄養的特徴）を判断でき、また、どのように推論をするのかという活用の思考スキルを獲得できる（図3-1-1のウの部分）と考える。

また、シール1つ分に満たないものについての考え方を明確に指導するための学習が必要である。

一方で、給食と照らし合わせ、栄養的バランスの取れた食事と判断した子どもがいた。第2章第2節3（「料理－食品群充足率カード」を使用した学習の具体化とその有用性）においても同様の結果が認められ、推論する際に、給食（主食、主菜、副菜、汁物が揃った献立）は栄養的バランスの取れた食事モデルとして有効であると考えられる。

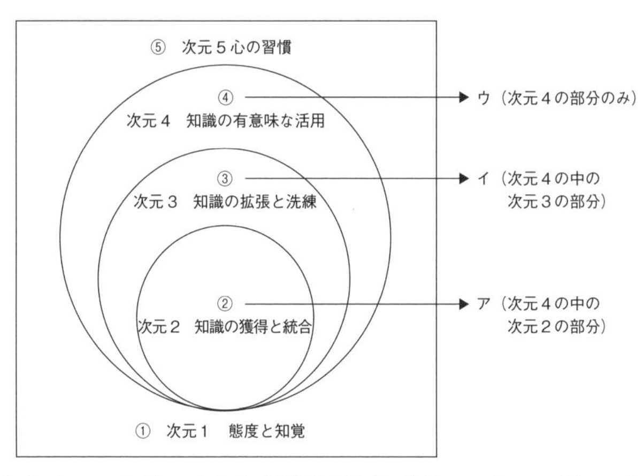

図3-1-1　マルザーノらの「学習の次元（Dimensions of learning）」

R.J.Marzano et al, *Dimensions of Learning: Teacher's Manual (2nd ed)*, McREL, Hawker Brownlow EDUCATION, 2009, p.7 より筆者作成

4　授業における教材の利用

以上述べてきた授業において利用する教材は、新しく出あう知識を単に食品群に分類するためではなく、また、単に「基準となる料理」をシールの色と個数で分類するためのものでもない。食品群や「基準となる料理」の栄養的特徴に関する知識を獲得し、「基準となる料理」の栄養的特徴をシールの色と個数から一般化し知識構造を構築するためのものである。また、「基準となる料理」のシールの色と個数を用いて食事の栄養的特徴を判断するために授業において利用するためのものである。一方で、以上述べてきた教材は、一般化による知識の構造化の思考スキル、知識構造から適切な知識を検索し、活用する思考スキルを獲得するために授業において利用する。

前述したように、これまでの学習は例えば、赤群はたんぱく質を主に含む、赤群は肉類である、といった「事実」レベルの知識（表1-1-1参照）を学習し、その後は個々の食品がどの群に分類されるのかに学習の焦点が移っていった。食品群の学び、献立の栄養評価等の学びにおいても使用食品の分類に力が注がれてきた。学び直しが期待されるその学習の中で、例えば赤群の特徴については、意識されず、豚肉は赤群、鶏肉は赤群という「事実」レベルの知識（表1-1-1参照）の学びに終始した。豚肉、鶏肉、牛肉等赤群は主にたんぱく質を含む肉類の食品から構成されているといったことについては、意識されないで学習が進むのが一般的であった。当然、これまでの教材はこれらの学習を機能させるために利用された。

教材自体のみならず、これらの教材の利用についても再考する必要がある。すなわち、今までのように食品1つひとつに着目して、例えば、60枚の食品絵カードを第1群～第6群のどれかに分類し、例えば豚肉は第1群、にんじんは、第3群というように、記憶させることに重点を置く利用の仕方ではなく、食品群に着目して、まず、第1群に分類される代表的な食品（さんま、鶏肉、みそ等）のみを集めさせ、それらに共通する特徴に気づかせ、理解させる。次にその特徴に基づき残りの食品（魚介類のいか・あさり、豆製品のとうふ、油揚げ等）を推論し分類する、というように食品群毎の特徴を明確にした上で、食品群ごとの知識構造、いわば引き出しを構築する方法、すなわち、思考スキルを学習させる方策が考えられる。全食品カードから食品群ごとに食品を探させる、という利用方法を採用する必要がある。

第２節　推論プロセスを重視する教材の開発

１　食物選択力を形成する基礎となる知識の獲得及び構造化に関する教材

新しく獲得する知識を既有の知識と統合し、知識構造を構築するために、その整理の拠り所となる料理すなわち、「基準となる料理」の栄養的特徴を理解させるための教材が必要である。そこで、「基準となる料理」を給食で出される料理から選定し、教材化した「料理－食品群充足率カード」（「基準となる料理」）を開発した。本教材は、３つの食品群の種類をシールの色で、その摂取量を充足率で置き換え、これをシールの個数で表している。第２章第１節で述べたように、この「料理－食品群充足率カード」については、小等学校の教師は有効であると考えており、小学校５年生を対象とした授業実践においても活用することに課題は認められなかった。

しかし、前節で述べたように、予備的授業実践においては、単一の食品を調理したもの以外については、推論の手がかりとして使用しにくい子どもがいることがわかった。給食の料理の組み合わせ（主食、主菜、副菜、汁物、デザート）及び料理の栄養的特徴に関する知識の構造化を考慮した上で「基準となる料理」を再検討する必要がある。さらに、この「基準となる料理」は、次に述べる複合的料理の栄養的特徴を推論する手がかりとなるもの、料理を組み合わせて栄養的バランスのとれた食事を整える時に推論の手がかりとなるものであることが必要である。以上を踏まえて、給食で出される複合的料理（主食、主菜、副菜等が一皿の料理に混在する、複数の食品群を含む料理）、日常生活でよく食べていると考えられる複合的料理を教材化した「料理－食品群充足率カード」（複合的料理）の作成が必要であると考える。給食で出される複合的料理としては、例えば、黄群のみのごはんに緑群の食品のグリンピースが組み合わさってできている「ピースごはん」等である。日常生活でよく食べていると考えられる複合的料理としては、例えば、黄群のごはん（米）、赤群の牛肉、緑群のにんじん、たまねぎ等の野菜が組み合わさった「カレーライス」等が考えられる。

一方で、これらの教材「料理－食品群充足率カード」（複合的料理）は、「基準となる料理」の栄養的特徴を手がかりに推論の仕方を直接的に学ぶための教材としても位置づけられる。この点については次項2で述べる。

また、チーズパンのチーズ等シール一つ分に満たない量についての考え方を明確に指導するための料理の選定の検討が必要である。

2　推論の方法及び食事の栄養的バランスを判断する教材

予備的授業実践では、単に授業で記憶したシールの個数を想起し、それに照らし合わせて判断していると考えられる子どもが認められる等、機械的な活用であり、「基準となる料理」のシールの個数を手がかりに料理の栄養的特徴または、食事の栄養的特徴を推論できていないことがわかった。

そこで、前項1で述べたように、「基準となる料理」のシールの個数（量）を手がかりに推論する方法（思考スキル）を直接的に学ぶための教材が必要である。すなわち、「基準となる料理」から容易に推論することができる、給食でだされる複合的料理、さらに日常生活でよく食べると考えられる複合的料理を選定し、それらの「料理－食品群充足率カード」（複合的料理）を作成する必要がある。

給食の料理の教材化は、日常的に子どもが目にする料理であるため、量についても実生活で具体化でき、日常生活でよく食べると考えられる複合的料理についても実感を伴ってそのシールの個数を推論できると考える。

また、これらの料理は、食事の栄養的バランスを推論できると同時に、料理を組み合わせて、栄養的バランスの取れた食事を考えることができる必要がある。

次に、料理の栄養的特徴を推論することと同時に、食品群（栄養素）、分類される食品、量、食事構成を関連付けながら知識を活用するための教材が必要である。そのための多様な給食の献立の教材化（ワークシート）が必要である。

以上の教材はいずれも推論をとおして、知識の獲得、構造化、活用を可能にするための教材である。また、これらの教材は、例えば、学習した知識を活用する能力を育成するために用いている時であっても同時に知識の獲得、構造化の学び直しのための教材としても位置づけられる。一方で、推論の仕方そのものすなわち、思考スキルを育成する教材としても位置づけられる。

この教材を用いた学習は、第1章第1節において取り上げた、マルザーノらが構想する「学習の次元」で説明すると、例えば、次元4で知識を有意味に活用すると同時に、新たな知識を獲得（次元2）したり、拡張（次元3）していることにもなる（図1-1-2マルザーノらの「学習の次元（Dimension of learning)」参照）ことを意味している。

第3節　食物選択力を形成する授業モデルの開発

授業モデルは、第1節及び第2節の検討結果に基づき第1章第3節で構想した授業1～授業6を具体化する。ただ、第1章第3節で述べたように、家庭科においては、子どもが、個々の家庭生活を創造発展するために知識を獲得し、活用することに重点が置かれる。言い換えると、個々の子どもの生活状況の中で、個々の子どもが獲得し、深めた知識の中から適切と判断した知識を検索し、活用することが要求される。したがって、知識をより深く理解するために知識を構造化し、活用することに主眼が置かれない。結果としてより深い理解に繋がるが、家庭科においては、あくまでも子ども固有の生活を造り上げていくために活用できることが重要となる。例えば、社会科においては、第1章第3節で述べたように、社会的事象を知識として獲得させ、理解を深める。

その獲得し深めた知識を活用し、社会的事象の原因や社会的解決方法を探求する。しかし個人の多様な状況の中で、個々の子ども特有の価値観に基づく解決ではなく、その課題を遂行するのではない。そのため、第1章第3節で示したマルザーノらの単元設計モデル1（知識に焦点を合わせたもの）およびモデル2（論点に焦点を合わせたもの）を組み合わせて設計する（表の1-3-1参照）。

すなわち、この単元設計の中では、次元4の学習（図1-1-2参照）は、有意味な課題を課すことで知識を獲得し、洗練してさらにより深く理解する事を目的としているが、知識を有意味に活用する目的で課題を解決するという重要な意図が含まれる。マルザーノらの単元設計モデルでは、課題を解決するために必要な知識を同定するのは授業を組み立てる授業者である。しかし、開発した授業モデルでは、課題解決のために学習した知識の中から必要な知識を検索し、同定するのは課題を解決しようとしている子ども自身である。当然この過程で、子どもは知識の理解を深めることにもなる。これは、マルザーノらの単元設計と異なり、家庭科教育の独自性である。

また、知識の獲得や構造化を繰り返し繰り返し学ぶ、すなわち、第1章第1節の図1-1-2に示したように一つの学習が、例えば次元3の学習を具体化した授業であってもそこでは、次元3特有の学習と次元2の学習とが展開するというような授業展開となる。このような授業展開は、これまでの家庭科で意図的に行われていない。

授業モデルの題材は「栄養的バランスの取れた食事」であり、題材の目的は「食事の栄養的バランスを理解し、目的にあった食事をどのように選択したらよいかを考えることができる」である。授業モデルは図3-3-1に示すとおり、第1次から第4次、計7時間で構成する。

1 「次元2」の学習の具体化

図3-3-1に示す第1次第1時は、第1章第3節で設計した「単元の授業1」（表1-3-3-1参照）に当たる。ここでは、学習意欲を喚起し、食事の栄養的バランスを判断する前提となる概念を学習する。マルザーノらの「学習の次元」

の次元2の学習を援用した「事実」としての知識（表1-1-1参照）を既有の知識に統合し、獲得する授業である。学習内容のうち、第1次第1時の「①この単元を学ぶ意味」は、マルザーノらの「学習の次元」を具体化する際に貫かれている前提であり、学習意欲を喚起し、学習効果を上げるための学びである。家庭科では、個々の子ども特有の価値観に基づき食生活を創造することから、子ども一人ひとり個別にこの単元の意味を考えさせる。また、②栄養素、③栄養的バランスの意味、④食事構成と栄養的バランスの取れた食事を同時に取り上げ、さらに、給食を栄養的バランスの取れた食事モデルとして使用し、学習した知識（栄養素、食事構成、食事）を関連づける学習場面を設定する。これら2点に関する学びは、これまでの家庭科における栄養教育のスタート時点では、展開されることはなかった。

次に、図3-3-1に示す第1次第2時は、主としてマルザーノらの「次元2」（図1-1-2参照）の学習であり、第1章第3節で設計した「単元の授業2」（表1-3-3-2参照）に当たる。ここでは、第1次第2時の①食品群、②料理の栄養的特徴（質的、すなわち、食品群の種類）、①と②を関連づけた上で栄養的バランスの取れた食事、すなわちマルザーノらのいう「事実」としての知識（表1-1-1参照）を既有の知識に統合し獲得する。食品群については、さらにその知識構造を構築させるための学習である（「次元3」の学習）。第2時においても、給食の栄養的バランスの取れた食事モデルを使用した食事場面で①食品群、②料理の栄養的特徴を学び直し、③食品群と料理の栄養的特徴と栄養的バランスの取れた食事（質的、すなわち、食品群の種類）に関する知識を学習する。

なお、食品群については、食事の栄養的バランスを判断する際最も基礎となる知識であるため、時間をかける必要がある。また。食品群の種類に基づき料理の栄養的特徴を考えることは、食事構成と関連付けながら食事の栄養的バランスを判断する際重要となる。したがって、第1章第3節の「単元の授業2」（表1-3-3-2参照）では取り上げていなかった食品群及び料理の栄養的特徴（食品群の種類）を取り上げることとした。

2 「次元3」の学習の具体化

図3-3-1に示す第2次は次元3（図1-1-2参照）を援用した知識の構造化に関する授業である。第1章第3節で設計した「単元の授業3」（表1-3-3-3参照）に当たる。

第2次では料理の栄養的特徴（質的）により、食品群の学び直しを行うが、第1の目的は、料理の栄養的特徴（食品群の種類と量）について学習し、料理の栄養的特徴及び食事1食分の適切な量に関する知識（「事実」としての知識）を獲得することである。さらに、料理の栄養的特徴（食品群の種類と量）について新たな知識構造を構築することを考えた。そして、最終的に学習した知識（食品群、料理、食事、食事構成）を関連付け一般化できることを想定した。学習した知識を関連付け一般化したものが第1章第3節で設計した「単元の授業3」（表1-3-3-3参照）の「核となる内容」である。例えば、①給食に出される一皿の主食（パンやごはん等の料理）を食べると黄群の食品の1食分に必要な摂取量の半分より少し多く（シール3つ分）摂取できる、②給食に出される一皿の主菜（魚や肉等の料理）を食べると赤群の食品の1食分に必要な摂取量の半分より少し多く（シール3つ分）摂取できる、③給食に出される一皿の副菜（野菜等の料理）を食べると緑群の食品の1食分に必要な摂取量の半分より少し少ない量（シール2つ分）が摂取できる、である

これまでの学習では、食卓に上る料理と、使用されている食品群の量を意識的に結びつけて扱っていなかった。例えば、黄群に分類できる食品は米、さつまいも、砂糖等というように単に暗記学習として取り上げ、記憶したその知識を想起することで食事に使用されている食品を取りだし、食品レベルで食事の栄養的バランスを評価するというように、料理レベルで食事の栄養的特徴を評価していなかった。本学習では、これらの課題の解決を試みた。具体的には、班に分かれ、表に料理の写真、裏に栄養価を記載したカードを机上に並べ、「基準となる料理」を尺度として料理の栄養的特徴を推論していくという推論プロセスを重視し、料理レベルで食品群と出会い直し、その理解をより確

かなものにし再構造化する。さらに料理の栄養的特徴と摂取量を関連づけさせる学習を行う。

図3-3-1に示す第3次の第1時は、第1章第3節で設計した「単元の授業4」(表1-3-3-4参照)を具体化したものである。ここでは、①給食で出される料理の栄養的特徴で、帰納的推論の手順を明確に指導する。これを学ぶことで知識の理解を深化させる。そして、②で「基準となる料理」を尺度として、日常生活で出会う食事の中の新しく出会う料理の栄養的特徴を比較し推論する方法を学ばせる。宣言的知識の中の「一般化」のレベル(表1-1-1参照)で核となる内容「給食で出される一皿の主菜(魚や肉類等の料理)を食べると赤群の食品の1食分に必要な摂取量の半分より少し多く(シール3つ分)摂取できる」等を日常生活で出会う料理へ拡張する。ここで行われる比較、推論は、知識を理解、整理し、より精緻な構造として再構造化するために行う。単に帰納的推論の手順を学ぶことが目的ではない。

以上の学習は、第1節で分析された課題である思考スキルを獲得する学習の改善として、給食の料理を利用して構造化の思考スキルを直接的に指導する授業場面でもある。

第1の目的ではないが以上の学習は、複合的料理の栄養的特徴を推論する活動をとおして「基準となる料理」のシールの色と個数の学び直しを行うという意味を持つ。したがって、第2節で述べた課題を改善する、すなわち、「基準となる料理」のシールの色と個数について確認することを通して、シールの色と個数を確実に理解するための学習ともなる。

第1章第3節で設計した「単元の授業4」(表1-3-3-4参照)では調理実習、お弁当等を教材として使用することを構想したが、予備的授業実践の経験から現場の都合上、実現が困難であったため、図3-3-1の第3次第1時では、給食で出される複合的料理、日常生活で出あう複合的料理を使用した。このことで、「複合的料理の栄養的特徴と食事構成を見直すことにより、『基準となる料理』を手がかりに食事を構成する料理の栄養的特徴を推論する思考スキルを形成し、料理の栄養的特徴に関する知識とその構造化をより精緻なものとする」という「単元の授業5」(表1-3-3-5参照)を包括することが可能となる。また、図3-3-1の第3次第1時は、「知識の有意味な活用」に向けて助走となる授業でもある。具体的には、特に、②日常生活でよく食べる複合的料理の栄養的特徴においては、一皿という狭い状況の中で、知識を活用すると同時に、複合的料理を例えばカレーは、一皿に主食、主菜、副菜が組み合わさっている料理と捉え、食事の栄養的特徴を推論する前段階として、「基準となる料理」を活用して食事の栄養的特徴を推論する考え方を指導する授業としても位置づけた。

この学習で、日常生活の多様な状況の中でこれまで学習した知識を有効に活用し、料理を組み合わせた食事の栄養的バランスを判断する下準備を行う。

この授業においても、主食、主菜、副菜等のうち2つ以上混在する多様な食品群を含む複合的料理により食品群、料理の栄養的特徴、食事構成について出会い直し、学ぶことになる。そして、「基準となる料理」を尺度として料理の栄養的特徴を推論していく活動をとおして食品群、料理、必要摂取量を関連づけ、その上で栄養的バランスのとれた食事を理解する。

なお、複合的料理としては、子どもがよく口にするカレーライス・広島風お好み焼き・丼もの（主食+主菜+副菜が混在）、シチュー（主菜+副菜が混在）等が考えられる。

3 「次元4」の学習の具体化

図3-3-1に示す第3次の第2時は、第1章第3節で設計した「単元の授業5」（表1-3-3-5参照）の一部（「基準となる料理」を手がかりに食事を構成する料理の栄養的特徴を推論する思考スキルを形成する）を具体化したものである。前述のとおり図3-3-1の第3次第1時で複合的料理の栄養的特徴と食事構成を関連づけて理解する学習を具体化したが、本授業においても、料理を組み合わせた食事という設定で料理の栄養的特徴を推論する活動をとおして「食事構成を見直し、『基準となる料理』を手がかりに食事を構成する料理の栄養的特徴を推論する思考スキルを形成し、料理の栄養的特徴に関する知識をより精緻なものにする」ことを繰り返し学習する。しかし第1の目的は、料理に着

目し、その栄養的特徴を推論することをとおして、それら料理を組み合わせた食事という視点から栄養的バランスの取れた食事に関する学習を行い、子どもが「基準となる料理」を手がかりに、自分の知識構造から知識を検索し、栄養的バランスの取れた食事を判断する課題遂行に必要な思考スキルを学習することである。

料理レベル、食事レベルで食品群、料理の栄養的特徴に関する知識の活用を行う学習である。この学習は同時に、知識の検索、活用の思考スキルを形成する学習ともなる。

予備的授業実践では、小学校の都合上省いたが、知識の検索、活用の思考スキルについて課題が残ったため本実践授業では特に時間を取って実施した。

次に、図3-3-1の第4次では、食事の栄養的特徴に関する条件を設定し、その条件に適した食事を、「基準となる料理」を活用して推論し、判断するという課題解決の学習を考えた。第4次は「次元4」（図1-1-2参照）を援用した知識の活用に関する授業である。第1章第3節で設計した「単元の授業6」（表1-3-3-6参照）に当たる。学習した知識を関連付けそれら知識を活用するための授業である。子どもが日常生活の文脈の中で知識を活用する有意味な課題であり、子どもが取り組む意義を感じる課題を取り上げ知識の活用の練習の場面を設定する。第1章第3節で述べたマルザーノらが設計した授業の目的は、学習した知識をさらに深く理解することであり、教師は、その視点から子どもが課題遂行に必要なディスカッションや助言を行う。しかし、前述したとおり、家庭科では、マルザーノらのいう仮説を立てて探求活動を行うのではなく、学習した知識や思考スキルを総動員して子どもの個々の生活課題を解決することが重要であり、この練習をするための授業として組み立てる。したがって、仮説の探求という視点ではなく、前述の視点から教師は、子どもが課題遂行に必要なディスカッションや助言を行う。

第１次　栄養的バランスの取れた食事
第１時　栄養的バランスと栄養素と食事構成（1時間）
内容：①この単元を学ぶ意味、②栄養素、③栄養的バランスの意味、
④食事構成と栄養的バランスの取れた食事
＊給食を活用したワークシート

↓

第２時　栄養的バランスと食品群・料理の栄養的特徴（2時間）
内容：①食品群、②料理の栄養的特徴（質的）、③食品群と料理の栄養的特徴と栄養的バランスの取れた食事（質的）
＊給食を活用したワークシート　＊食品カード

「事実」レベルの知識（食品群）の獲得「一般化」による知識の構造化
（知識の検索、活用（食事の栄養的特徴、食品群の種類））

↓

第２次　料理の栄養的特徴と１食分の適量（1時間）
内容：①給食に出される一皿の料理の栄養的特徴、②１食分の適量
③栄養的バランスの取れた食事（量的）
＊給食の複数の献立　＊「料理－食品群充足率カード」

「事実」レベルの知識（料理の栄養的特徴、食品群の種類と量）の獲得、
「一般化」による知識の構造化

↓

第３次　複合的料理の栄養的特徴と栄養的バランスの取れた食事
第１時　日常生活で食べる複合的料理の栄養的特徴（1時間）
内容：①給食で出される料理の栄養的特徴、②日常生活でよく食べる複合的料理の栄養的特徴
＊給食の料理のワークシート　＊実物大料理カード　＊「料理－食品群充足率カード」

知識の検索、活用（料理の栄養的特徴、食品群の種類と量）

↓

第２時　栄養的バランスの取れた料理の組み合わせ（1時間）
内容：①栄養的バランスの取れた給食の料理の組み合わせ
＊給食の複数の献立　＊「料理－食品群充足率カード」

知識の検索、活用（食事の栄養的特徴、食品群の種類と量）

↓

第４次　家族にぴったりの食事（1時間）
＊食事の栄養的バランスを判断する考え方の確認
＊ワークシート　＊「料理－食品群充足率カード」
内容：課題の解決　＊「料理－食品群充足率カード」無し

知識の検索、活用（条件に適した食事の栄養的特徴、食品群の種類と量）

図 3-3-1　授業モデル

4　授業モデルの独自性

序章で述べたように、知識はあっても日常生活でそれらを活用できていない。これを改善するために、これまでの学習と決定的に異なることは、第１に、マルザーノらの「学習の次元」（図 1-1-2 参照）で説明すると、１つの次

元 においては、次元特有の学習を行うと同時に他の次元の学び直しを行うという1つの次元の学習が他の次元の学習と包摂関係にある学習構造— 例えば、次元3の授業では次元2では担保できない学習が含まれているが次元2の学習も含まれているという構造— をとったことである。具体的には、第1の目的はそれぞれの授業で異なるが、食品群、食事構成、料理の栄養的特徴等の知識の獲得、構造化、活用に関して学び直しが繰り返し行われ、食品群、食事構成、料理の栄養的特徴、食事が関連づけられながら学習が展開する学習を組み立てていることである。

第2に直接的に思考スキルを育成する学習、また、知識の構造化、活用の学習で同時に思考スキルを育成する学習を意図的に組み立てたことである。言い換えると、これまでは主眼が置かれなかったが、学習した知識をどのような状況で、どのような考えで検索し、どのような考えで課題遂行のために活用するのかという視点を重視した学習を意図的に組み立てたことである。

第3に、小学校段階では「量」については学習しないことになっているが、食品の種類のみの知識では摂取不足、過剰摂取についての課題が改善されないため、「1食分の量」の概念を小学校段階で理解できる教材を開発し、さらに、その理解のための授業を組み立てたことである。

第4に、学習のスタートから、一貫してどの学習場面においても、日常的に出あう給食の献立を活用した栄養的バランスのとれた食事モデルを用い、栄養素、食事構成、食品群、料理の栄養的特徴（食品群の種類、量）を学習する方法をとったことである。言い換えると、どの学習場面においても、給食の献立や料理を教材として用い、日常生活と関連付けながら知識の獲得、構造化、活用に関する学習を展開していることである。

以上のことは、序章で述べた課題の改善である知識の活用の方法及び活用できる形で知識を理解できることに繋がると考える。

以上を図にまとめると図 3-3-2 になる

なお、図中の1～6は給食の献立を用いて、日常生活における食事を想定し、以下のような知識を意図的に関連づける学習が展開していることを意味している。

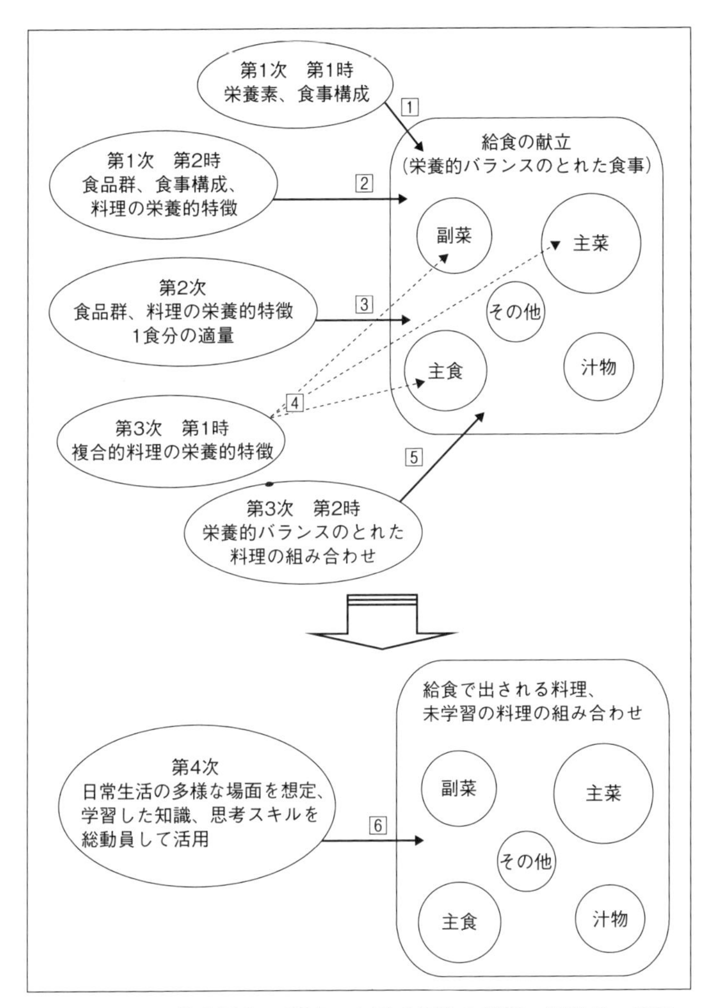

図3-3-2　日常生活との関連における知識の獲得、構造化、活用

1 食事構成、料理に使用されている食品、栄養的バランスのとれた食事

2 食品群の種類、料理の栄養的特徴、食事構成、栄養的バランスのとれた食事

3 食品群、料理の栄養的特徴、食事構成、1食分の適量、栄養的バランスのとれた食事

[4] 食品群、料理の栄養的特徴、食事構成

[5] 食品群、料理の栄養的特徴、食事構成、1食分の適量、栄養的バランスのとれた食事

[6] 食品群、料理の栄養的特徴、食事構成、1食分の適量、多様な食事

第4章
授業実践

本章では、第3章で開発した食物選択力を形成する授業モデルを具体化した授業実践の詳細な計画について検討する。第1節では授業の概要及び授業計画について、第2節では授業で使用する教材について検討する。

第1節　授業の概要

授業は表4-1-1（1）～（4）に示すとおり、第1次から第4次で構成し、合計7時間で計画した。

1　食物選択力を形成する基礎となる知識の獲得及び構造化

表4-1-1（1）に示す、第1次第1時において、まず、①この単元を学ぶ意味について考えさせた。将来の夢（例えばサッカー選手になる）を実現するために健康であることが必要であるという意味づけを行い、子どもの興味を個別に揺さぶり、学習意欲を喚起した。次に、②において、五大栄養素とその働きを学びこれを踏まえて、③において栄養的バランスの意味を理解させた。④において日常的に目にする給食の献立の料理に着目して、食事構成を学び、食事構成と関連付けながら栄養的バランスという概念を理解させた。

第1次第2時では、①第1時で用いた給食の献立を再度利用し、給食が栄養的バランスがとれているのかを確認するために食品群を学ぶという意味付けを行った。その後、知識構造の構築を実現するために、食品群ごとに市販の食品カードを用い食品群について学習した。油揚げ、チーズ、ごまについては一つひとつ取り出し指導した。続いて、②では、第1時の給食の献立の料理に着目し、その料理に使用されている食品に含まれる栄養素（食品群）を調べ、主食、主菜、副菜等の食事構成に基づき、料理の栄養的特徴の理解を図った。その上で、③において、栄養素とその働き、食品群及び料理の栄養的特徴、食事構成とを関連づけた上で食品群の種類から、給食の献立の栄養的バランスについて再度考えさせ理解を深めた。この時点では、量については触れず、食品群の種類（質的）の理解までとした。

以上の第1次では、「事実」レベルの知識（表1-1-1参照）として栄養素、栄養的バランス、食事構成及び食品群（以上キー概念）についての知識の獲得を目的とした。と同時に食品群を給食の献立の料理に使用されている食品に含まれる栄養素（食品群）というように具体的に、場面を変えて学ぶことで知識構造の構築を視野に入れた。

表4-1-1-（2）に示す第2次は、①において、給食で出される料理から選定した「基準となる料理」一皿の栄養的特徴を、「料理－食品群充足率カード」を用いて食品群の種類と量（シールの色と個数）で理解させた。そして、例えば、赤群のシール4個分のカードを全て重ねて山を作る等の指示を行い、知識構造の構築を促すよう仕向けた。さらに、意図的に、料理の栄養的特徴を食品群の種類と量（シールの色と個数）により整理し、食事構成と関連づけながら知識構造を構築することを指導した。例えば、給食で出される主菜の魚や肉類の料理を一皿食べると1食分に必要な量の半分より少し多い量（シール3～4つ分）の赤群が摂取できる等、学習した知識を関連付け一般化し、知識構造を構築することを指導した。

また、食品群の種類の理解については、第1次第2時で学習した食品群の知識を手がかりに料理の栄養的特徴として食品群の種類を推論するという知識の活用の意味もあるが、これは第1の目的ではなく、食品群についての学び直しの機会として設定する。

さらに、第2次の②1食分の量（シールの個数）については、再度給食の献立を使用して、「料理－食品群充足率カード」によって給食の栄養的特徴を確認する活動を通して適量を理解させた。この活動においては、「料理－食品群充足率カード」を使用する際に、知識構造をより確実にすることを考え、例えば、意図的に「緑群のシール2個分の山（グループ）からもやしのごま酢あえを取り出して」というような声かけをした。と同時に、食品群の種類と量から栄養的バランスの取れた食事を食事構成と関連付けながら再度理解させた。「料理－食品群充足率カード」（「基準となる料理」）を使用して給食で食べる料理の栄養的特徴を推論し、確認する活動を通して栄養素、食品群、料理の栄養的特徴、食事構成と食事の適量（充足率）に関する知識を統合した上で給食は栄養的バランスのとれた食事である事を理解させた。繰り返し繰り返し、栄養的バランスの概念と具体的な栄養的バランスのとれた食事を繋げ、その理解を精緻なものとした。

第2次では、「事実」レベルの知識として「基準となる料理」の栄養的特徴と1食分に必要な量を踏まえた栄養的バランスの取れた食事に関する知識の獲得が第1の目的である。さらに、「基準となる料理」の栄養的特徴（シールの色と個数）を手がかりに知識を関連づけて一般化し、知識構造を構築すること、またその一般化の仕方（思考スキル）を形成することを第2の目的とした。

表4-1-（3）に示す第3次第1時では、①において、「料理－食品群充足率カード」（「基準となる料理」）を使用して給食で出される複合的料理（複数の食品群を含み一皿に主菜と副菜等が混在した料理）の栄養的特徴をどのようにして推論するのかをワークシートを使用し直接的に指導した。さらに、②において、「実物大料理カード」を用いて子どもが日常生活でよく食べていると考えられる複合的料理の栄養的特徴を同様に推論させた。この学習場面で、シール1つ分にならない量（鮭のおにぎりの鮭、うどんやラーメンのねぎ）について理解させた。加えて「嵩」と「量」の関係について理解させた。例えば、生野菜と加熱野菜の料理（生野菜サラダ、お好み焼きの野菜）を用いて、また鮭のおにぎりを用いて料理に含まれる空気にも着目させた。以上のことは、日常生活で、目の前の料理の栄養的特徴を推論するときに重要となる。

第３次第２時では、給食の献立を用いて食事の栄養的特徴及び栄養的バランスの取れた料理の組み合わせを、「料理－食品群充足率カード」（「基準となる料理」）のシールの色と個数を手がかりに考えさせた。ここでは、複合的料理を組み合わせたバランスの取れた給食の献立を意図的に取り出し、食事構成と関連付けながら栄養的バランスのとれた料理の組み合わせを行う学習場面を設定し、視点を変えて栄養的バランスの取れた食事を理解させた。

以上は、料理レベル、食事レベルと学習場面を変え、「食品群」「料理の栄養的特徴」に関する知識の活用及び知識の検索、活用の思考スキルを形成することを第１の目的とする授業である。

表 4-1-1（4）に示す第４次では、給食で出されたことのない未学習の料理

表4-1-1（1）　栄養的バランスの取れた食事

＊斜体は、子どもの学習活動である。

第１次　栄養的バランスの取れた食事

第1時　栄養的バランスと栄養素と食事構成（1時間）

①この単元を学ぶ意味

・栄養的バランスの取れた食事を取る意味を考える。

②栄養素

・栄養素とその働きについて考え理解する。

③栄養的バランスの意味

・栄養的バランスの意味を理解する。

④食事構成と栄養的バランスの取れた食事

・どのような食事を食べるとよいのかを考える。　・食事構成を理解する。

・給食の主食、主菜、副菜、その他に使用されている食品の特徴を考える。

第2時　栄養的バランスと食品群・料理の栄養的特徴（2時間）

①食品群

・食品群の栄養的特徴を考える。　・食品群を理解する。

↓

②料理の栄養的特徴（質的）

③食品群と料理の栄養的特徴と栄養的バランスの取れた食事（質的）

・何を食べると健康な生活ができるか（何を食べると夢に一歩近づけるのか）を考える。

↓

表4-1-1（2）　料理の栄養的特徴と1食分の適量

第2次　料理の栄養的特徴と1食分の適量（1時間）

①給食に出される一皿の料理の栄養的特徴
・給食で食べる料理にはどんな栄養素（食品群）が、どれだけ含まれるのかを考える。
②1食分の適量
③栄養的バランスの取れた食事（量的）
・1食分の適量について理解する。（栄養素、食品群、料理の栄養的特徴、適量を関連づけて理解する）
＊繰り返し栄養的バランスのとれた食事に出会わせ、学び直させる。

↓

表4-1-1（3）　複合的料理の栄養的特徴と栄養的バランスの取れた食事

第3次　複合的料理の栄養的特徴と栄養的バランスの取れた食事

第1時　日常生活で食べる複合的料理の栄養的特徴（1時間）
①給食で出される料理の栄養的特徴
・給食で食べる料理の栄養的特徴を推論する方法を理解する。
②日常生活でよく食べる複合的料理の栄養的特徴
・日常生活でよく食べる複合的料理の栄養的特徴を推論する方法を理解する。
・日常生活でよく食べる複合的料理の栄養的特徴を班で話し合い推論する。

第2時　栄養的バランスの取れた料理の組み合わせ（1時間）
①栄養的バランスの取れた給食の料理の組み合わせ
・給食で食べる料理を組み合わせ、栄養的バランスの取れた食事を考える。
・給食で食べる料理を組み合わせ、1食分の必要量を理解する。

↓

表4-1-1（4）　家族にぴったりの食事

第4次　家族にぴったりの食事（1時間）

①食事の栄養的バランスの推論
・食事の栄養的バランスを判断する考え方を確認する。
①課題の解決
・大好きなお兄さんのための食事を考える。

を組み合わせた食事の栄養的バランスを判断する活動をとおして、「料理－食品群充足率カード」（「基準となる料理」）の活用の仕方を確認した後、本単元のまとめとして食品群に主に含まれる栄養素、その働き、分類される食品、それらを使用した料理、それぞれの食品群の１食分の適量に関する知識を活用して食事の栄養的特徴を判断する課題を設定した。

第４次では学習した知識を関連付けて、それら知識を活用することを第１の目的とした。

なお、給食を活用したワークシート、「基準となる料理」を含む「料理－食品群充足率カード」「実物大料理カード」については、次節の教材の作成で述べる。

第２節　推論の手がかりとなる教材、知識の活用を促す教材

１　推論の手がかりとなる教材

（1）「料理－食品群充足率カード」の選定

H大附属小学校の給食で出される料理（109種類）を検討した結果、魚等赤群の食品を１種類のみ調理したものはシールが４個分及び３個分（１食に必要な量はシール５つ分）が多かったため、赤群を摂取できる「基準となる料理」としては赤群のシール４個分の料理と３個分の料理を選定した。具体的には、シール４個分の料理は、さばの塩焼き、白身魚のフライ、シール３個分の料理は、チキンオムレツ、つくねである。同様に緑群を摂取できる「基準となる料理」は緑群のシール２個分の料理を選定した。具体的には、コールスローサラダ、もやしのごま酢あえ、はっさく、バナナ、りんごである。黄群を摂取できる「基準となる料理」は黄群のシール３個分の料理を選定した。具体的にはむぎごはんである。なお、黄群については、「パン」はシール２個分であるが、主食としてよく出されるため「基準となる料理」として選定した。具体的には、レーズンパンである。白身魚のフライ、コールスローサラダ、むぎごはんにつ

いては、図4-2-1に示すとおりである。

次に、「基準となる料理」で推論する方法を学ぶための料理として、豚肉のしょうが煮、ツナと春野菜のごま風味サラダ、さくらんぼ、ピースごはん、きなこパンを選定した。さくらんぼ以外は、複数の種類の食品群を含む、すなわち、食事構成が複数含まれる複合的料理である。

さらに、主食、主菜、副菜、汁物等その他の料理を組み合わせ栄養的バランスの取れた食事を考えることができるよう、食事構成に基づいた

図4-2-1　「基準となる料理」の教材化

表4-2-1　「料理－食品群充足率カード」として作成した料理

	基準となる料理	推論のための複合的料理	料理の組み合わせ
主食	むぎごはん、レーズンパン	ピースごはん、きなこパン	かやくうどん
主菜	さばの塩焼き、白身魚のフライ、チキンオムレツ、つくね	豚肉のしょうが煮	白身魚のマヨネーズ焼き、八宝菜、関東風すきやき
副菜	もやしのごま酢あえ コールスローサラダ	ツナと春野菜のごま風味サラダ	フレンチサラダ、筑前煮、トマト煮
汁物			とうふのみそ汁、とりごぼうスープ、カレービーンズ、豚汁、じゃがいものみそ汁、ジュリアンスープ
デザート（果物）	バナナ、りんご、はっさく	さくらんぼ	
デザート（その他）			かしわもち

表 4-2-2　3 つの食品群別摂取量の目安とシールの数

	シール 1 個 （1 食の 5 分の 1）	シール 5 個 （1 食）
赤群 ●	14.4g	72.0g
黄群 ●	25.8g	129.0g
緑群 ●	25.8g	117.3g

※食品群別摂取量の目安は、H 大学附属小学校独自の目安量を算出した。

料理を選定した。最終的には、給食で出される料理の中から表 4-2-1 に示す 30 種類の料理を教材化し、それぞれの「料理－食品群充足率カード」を作成した。

なお、それぞれの料理のシールの色と個数は資料 4-2-1（巻末参照）に示すとおりである。また、シールの個数を決定する基準は、表 4-2-2 に示すとおりである。

2　食事の栄養的バランス、推論の方法を学習する教材

第 1 次第 1 時で活用する給食の献立のワークシート（3）は図 4-2-2 に示すとおりである。この献立において、食事構成と栄養的バランスについて理解させる。また、栄養的バランスのとれた食事、食事構成、食品群を関連づけて理解させる目的がある。

第 2 次で使用する給食の献立は図 4-2-3 に示すとおりである。食品群の種類と量を関連づけて栄養的バランスを理解させるための教材である。また、食事（給食の献立）という場面で、「基準となる料理」を含めた給食で出される料理の栄養的特徴及び食事構成を学び直し知識を精緻なものにするために使用する教材である。

なお、栄養的バランスの取れた給食で出される料理の組み合わせは、10 パターンを検討し、子どもの自由な発想を促すための教材として考えた。これは第 3 次でも活用する。なお、第 3 次では、料理の栄養的特徴という知識を活用

ワークシート（3）　（　　）年（　　）組　氏名（　　　　　）

〈まとめ〉

①

②

③

④

図 4-2-2　給食の献立の栄養的特徴（ワークシート 3）

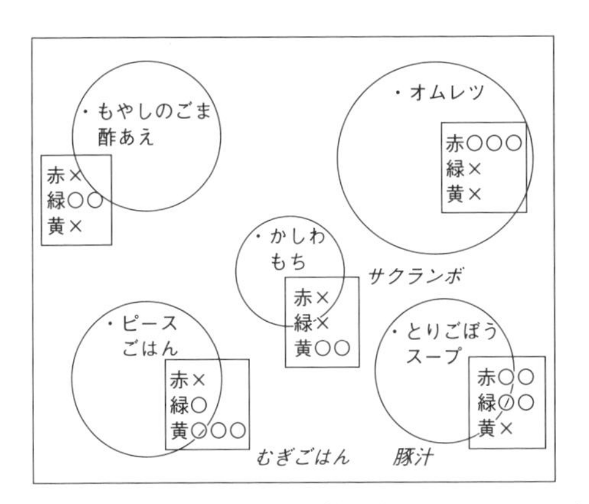

図 4-2-3　給食で出される料理の栄養的バランスの取れた組み合わせ

＊図中の赤は赤群、緑は緑群、黄は黄群を、×はシール 0 個、○はシールの個数を表す。以下同様である。

するための教材としての位置づけを第1の目的とした。

また、図4-2-3の献立は給食で出される料理を組み合わせた栄養的バランスのとれた食事のパターンの一つであるが、図中のオムレツは変更なし、ピースごはんをむぎごはんに変更、もやしのごま酢あえは変更なし、とりごぼうスープを豚汁に変更、かしわもちをサクランボに変更すると赤群のシールは5個、緑群のシールは5個、黄群のシールは4個となりこれも栄養的バランスのとれた食事の例となる。

第3次第1時で用いる給食の料理を使用したワークシート（4）（図4-2-4）は「料理－食品群充足率カード」（「基準となる料理」）を用いて複数の食品群の食品を使用した料理の栄養的特徴を推論する推論の仕方を直接的に指導するための教材である。

実物大料理カードは、「料理－食品群充足率カード」（「基準となる料理」）を用いて栄養的特徴を推論するための教材として、子どもが日常生活でよく食べ

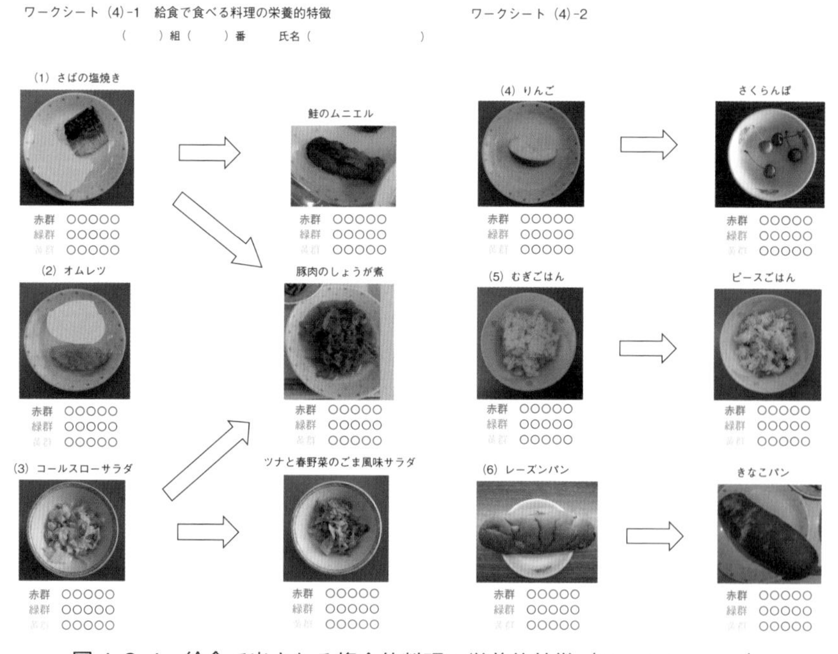

図4-2-4　給食で出される複合的料理の栄養的特徴（ワークシート4）

ると考えられる料理を選定し作成した。具体的には、カレーライス、お好み焼き、鮭のおにぎり、ラーメン、生野菜サラダである。一皿に主食、主菜、副菜が混在した料理としてカレーライスを、嵩と量の関係を理解させることを目的に、お好み焼き、鮭のおにぎり、生野菜サラダを、シール1つ分に満たない量を理解させることを目的に、鮭のおにぎりとラーメンを使用することとした。例えば、実物大料理カード（カレーライス）は図4-2-5に示すとおりである。

第3次第2時で用いるワークシート（5）は図4-2-6に示すとおりである。「基準となる料理」のシールの色と個数に関する知識を活用し、食事の栄養的

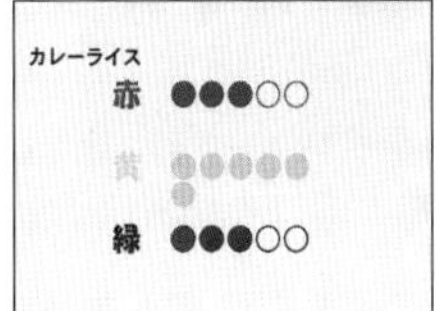

図4-2-5 実物大料理カード（カレーライス）

ワークシート（5） 栄養的バランスのよい食事を考えましょう。

（　　）組　（　　）番　氏名（　　　　　　）

＊赤・緑・黄群のシールの合計が、どの群も4個〜6個になるように料理を組み合わせましょう。

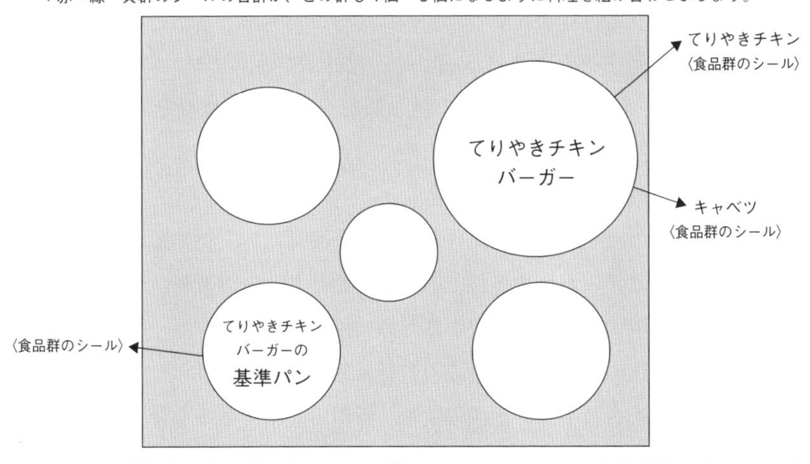

図4-2-6 「料理－食品群充足率カード」の組み合わせによる栄養的バランスのとれた食事（ワークシート5）

ワークシート（6） 食事に含まれる食品群のシールの個数を予想してみましょう

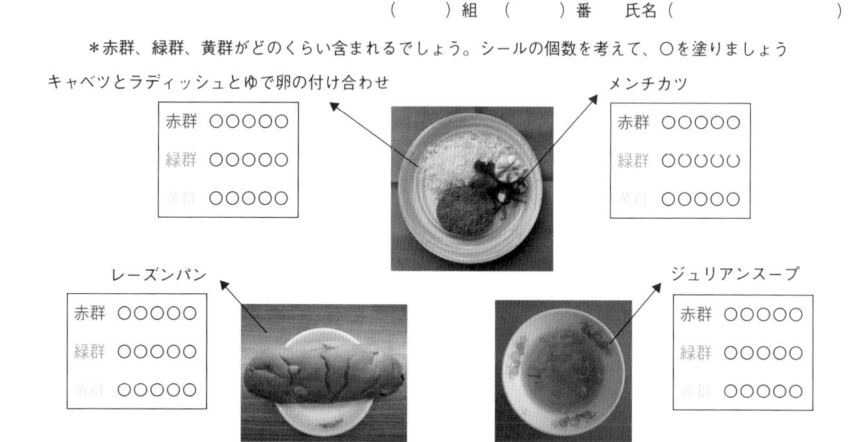

図 4-2-7　未学習の料理を組み合わせた献立の栄養的特徴（ワークシート 6）

バランスを判断する学習の視点を変えて、「料理－食品群充足率カード」を手がかりに栄養的バランスのとれた食事を整える、すなわち栄養的バランスの取れた料理の組み合わせを考えさせるための教材である。

第 4 次で使用するワークシート（6）は、図 4-2-7 に示すとおりである。未学習のメンチカツと付け合わせの一皿の料理を、複数の「基準となる料理」のシールの色と個数を手がかりに推論させる教材である。また、「基準となる料理」であるレーズンパンのシールの色と個数を再度学ぶ機会ともなる。そして、日常生活で多様な料理に出あった時に学習した「基準となる料理」等を活用できるための教材である。

以上の考案した教材はいずれも推論活動をとおして、知識の獲得、構造化、活用を可能にするための教材である。また、これらの教材は、例えば、学習した知識を活用する能力を育成するために用いている時であっても同時に知識の獲得、構造化の学び直しのための教材としても位置づけられる。一方で、知識の構造化の思考スキル、知識の検索、活用の思考スキルを育成する教材としても位置づけられる。

別の言い方をすれば、第 1 章第 1 節においてマルザーノらが構想する「学習の次元」において、例えば、次元4で知識を有意味に活用している時、新たな知識を獲得（次元2）したり、拡張し、深化し（次元3）ていることにもなる（図1-1-2マルザーノらの「学習の次元（Dimensions of learning）」）という包括的な学習が進んでいることを意味している。

参考文献

1） 白井和歌子、中村喜久江、「家庭科における食教育の改善の方策および教材の検討」、教育学研究紀要、第47巻　第二部、2002、pp.295～300
2） 白井和歌子、中村喜久江、「家庭科における食教育に関する教材の開発」、教育学研究紀要、第49巻、2004、pp.655～660
3） 山道裕子、中村喜久江、「食教育で活用するソフトウェア開発に関する基礎的研究」、教育学研究紀要、第49巻、2004、pp.649～654
4） 村上ちひろ、中村喜久江、「食品の栄養的特質に関する教材の開発 ― 料理の栄養価との関連に注目して ―」、教育学研究紀要、第50巻、2005、pp.512～517
5） 山道裕子、中村喜久江、「家庭科の食に関する授業で活用するソフトウェアの開発」、教育学研究紀要、第51巻、2006、pp.603～608
6） 村上ちひろ、中村喜久江、「食品の栄養的特質に関するソフト教材の開発」、教育学研究紀要、第52巻、2007、pp.568～573
7） 中村喜久江、「『食べ物ー食品』学習における教材の開発 ― マイカード及び実物大料理カード ―」、日本家庭科教育学会中国地区会　共同研究報告書、2006、pp.1～11
8） 中村喜久江、村上ちひろ、「食品、料理、食事の栄養的特質を繋ぐソフト教材の開発」、くらしき作陽大学・作陽短期大学「研究紀要」、第41巻　第1号、2008、pp.69～80

第5章
授業実践による食物選択力形成過程の分析と評価

本章では、前章で構想した授業計画に基づき授業を実践し、食物選択力形成過程の分析と評価を行う。食事の栄養的特徴を推論し、目的に合った食事を選択する過程を、①宣言的知識の中の「事実」(表1-1-1参照)に位置づける食品群(栄養素)及び料理の栄養的特徴に関する知識の獲得過程、②それらを「一般化」(表1-1-1参照)し知識構造を構築する過程、③構造化した知識を検索し、複数の食事の中から目的に合った食事を選択するために活用する過程の3つに分けて分析する。

第1節では調査の概要、第2節では①「事実」としての知識の獲得過程の分析、第3節では②「一般化」による知識の構造化の過程の分析、第4節では③構造化した知識の検索、活用過程の分析を行う。第5節では①、②、③の分析結果から、授業モデルにおける食物選択力形成過程について考察を行う。

第1節　調査の概要

第4章の第1節で設計した授業を、第2節で作成した教材を用いて実践した。

授業実践については、以下の要領で調査を行い検討した。なお、調査結果については、前述したとおり、それぞれの節で述べる。

（1） 調査時期及び調査対象

授業実践及び調査時期は、2013年6月下旬から7月中旬である。図5-1-1に示すとおり授業の前にプレテストを、それぞれの授業直後にポストテストを実施した。

調査対象は、H大附属小学校5年39名（男子19名、女子20名）である。

なお、分析する過程で対象者に番号を付けることとした。

（2） 調査の方法

授業者は、H大附属小学校デミール千代教諭であり、家庭科の授業時間の中で調査を行った。なお、事前事後調査及びビデオカメラの録画を分析対象とした。

（3） 調査票の位置づけ

プレテスト、ポストテストの内容については、資料5-1-1～5-1-6（巻末参照）に示すとおりである。

プレテスト4、ポストテスト4（資料5-1-1）は、「事実」としての食品群に関する知識の獲得、「一般化」による知識構造の構築に関する調査である。なおポストテストでは、食品群の特徴から知識を「一般化」し、それらを手がかりに未学習の食品について食品群の特徴に関する意味を構築できるのか（知識構造が構築されているか）について調べるため、赤群の食品として、牡蠣、ししゃも、きな粉、緑群の食品としてアスパラガス、しめじ、黄群の食品としてはちみつ、さつまいもの合計7つの食品を加えた。牡蠣、ししゃも、アスパラガス、しめじ、さつまいもについては予備的授業実践において間違え易いことが明らかとなった貝類、その他の野菜類、きのこ類、いも類から選出した。また、きな粉、はちみつは、加工食品であり原料に遡って考える必要のある食品である。

プレテスト5、ポストテスト5（資料5-1-2）は、「基準となる料理」の栄養的特徴について、「事実」レベルの知識の獲得、「一般化」による知識構造の構築に関して調べるためのテストである。

プレテスト１、３～８

第１次　栄養的バランスの取れた食事
第１時　栄養的バランスと栄養素と食事構成（１時間）
内容：①この単元を学ぶ意味、②栄養素、③栄養的バランスの意味、
④食事構成と栄養的バランスの取れた食事
＊給食を活用したワークシート（3）

↓

第２時　栄養的バランスと食品群・料理の栄養的特徴（２時間）
内容：①食品群、②料理の栄養的特徴（質的）、③食品群と料理の栄養的特徴と
栄養的バランスの取れた食事（質的）
＊給食を活用したワークシート（3）　＊食品カード

↓ 「事実」レベルの知識（食品群）の獲得 ⇒ ポストテスト４
「一般化」による知識の構造化 ⇒ ポストテスト４
知識の検索、活用（食事の栄養的特徴、質）⇒ ポストテスト３

第２次　料理の栄養的特徴と１食分の適量（１時間）
内容：①給食に出される一皿の料理の栄養的特徴、②１食分の適量
③栄養的バランスの取れた食事（量的）
＊給食の複数の献立　＊「料理カード」

↓ 「事実」レベルの知識（料理の栄養的特徴）の獲得 ⇒ ポストテスト５
「一般化」による知識の構造化 ⇒ ポストテスト５

第３次　複合的料理の栄養的特徴と栄養的バランスの取れた食事
第１時　日常生活で食べる複合的料理の栄養的特徴（１時間）
内容：①給食で出される料理の栄養的特徴、②日常生活でよく食べる複合的料理の
栄養的特徴
＊給食の料理を活用したワークシート（4）　＊実物大料理カード　＊「料理カード」

↓ 知識の検索、活用（料理の栄養的特徴、質・量）⇒ ポストテスト６

第２時　栄養的バランスの取れた料理の組み合わせ（１時間）
内容：①栄養的バランスの取れた給食の料理の組み合わせ
＊給食の複数の献立　ワークシート（5）　＊「料理カード」

↓ 知識の検索、活用（食事の栄養的特徴、質・量）⇒ ポストテスト７

第４次　家族にぴったりの食事（１時間）
＊食事の栄養的バランスを判断する考え方の確認
＊ワークシート（6）　＊「料理カード」
内容：課題の解決　＊「料理カード」無し
ポストテスト８

知識の検索、活用（条件に適した食事の栄養的特徴、質・量）⇒ ポストテスト８
＊「料理カード」は「料理－食品群充足率カード」の略である。

図 5-1-1　授業計画及び調査の時期

プレテスト6、ポストテスト6（資料5-1-3）は、複合的料理を用いて、「基準となる料理」の栄養的特徴（食品群の種類、量）に関する知識の検索、活用について調べるためのテストである。

プレテスト3、ポストテスト3（資料5-1-4）は、給食で出される料理を組み合わせた献立（食事）を用いて、食品群の種類に関する知識の検索、活用について調べるためのテストである。

プレテスト7、ポストテスト7（資料5-1-5）は、給食で出される料理を組み合わせた献立（食事）を用いて、「基準となる料理」の栄養的特徴（食品群の種類、量）に関する知識の検索、活用について調べるためのテストである。

プレテスト8、ポストテスト8（資料5-1-6）は、条件に適した食事を判断する課題を用いて、「基準となる料理」の栄養的特徴（食品群の種類、量）に関する知識の検索、活用について、調べるためのテストである。

第2節 「事実」としての知識の獲得過程の分析

食事の栄養的特徴を推論し、選択するための基礎的知識である食品及び料理の栄養的特徴を獲得する過程の分析を行った。分析対象の食品は、給食で出される食品及び日常生活でよく食べる代表的な食品47（ただし、ポストテストは54）品目である。料理については、給食に出される料理24種類である。

調査及び分析の方法は、次のとおりである。

食品の栄養的特徴に関する知識の獲得については、プレテスト4及びポストテスト4（資料5-1-1）に示す47（54）品目の食品一覧の中からまず、赤群の食品のみを赤色のマーカーで塗り、それら食品から、赤群の特徴を考え記入させた。次に、緑群、黄群の順序で同様の方法で回答させた。先に述べたとおりポストテスト4では、赤群、緑群、黄群の合計7つの食品を加えた。この結果については第3節で述べる。

それぞれの食品について、赤群は6つの食品群の第1群、第2群に分け、緑群は同様に第3群、第4群、黄群は第5群、第6群に分け正解率を出した。

そして、プレテストとポストテストのそれぞれの正解者数をχ^2検定し有意差を分析した。

次に、料理の栄養的特徴に関する知識の獲得については、プレテスト5及びポストテスト5（資料5-1-2）の24種類の料理一覧の中から赤群が1食分に必要な量の半分より少し多く摂取できる料理を赤色のマーカーで塗り、それらを選択した理由を記入させた。黄群も同様の方法で回答させた。緑群については、1食分に必要な量の半分より少し少なく摂取できる料理を緑色のマーカーで塗り、それらを選択した理由を記入させた。

それぞれの料理について正解率を出し、赤群、緑群、黄群の「基準となる料理」について分析した。

1　食品の栄養的特徴に関する知識の獲得

（1）授業前における食品の栄養的特徴（食品群）の理解

赤群のうち6つの食品群で第1群に分類される食品については、図5-2-1に示すとおり、豚肉、鶏肉は正解率が89.7%でわずかに90%に届かず、ソーセージは79.5%でわずかに80%に届かなかった。たまご、豆腐、みそ、あさり、豆乳、いかの正解率が特に低く、40%以下であった。中でもたまごは正解率が17.9%で、71.8%もの子どもが黄群に分類していた。

赤群のうち第2群に分類される食品については、図5-2-2に示すとおり、ひじきが5.1%、わかめが12.8%と正解率が特に低く、70%前後の子どもが緑群に分類していた。またチーズは28.2%が正解していたが、約70%の子どもが誤って黄群に分類していた。

全般的に赤群のうち6つの食品群で第2群に分類される食品について正解率が低い傾向にあった。

緑群のうち6つの食品群で第3群に分類される食品については、図5-2-3に示すとおり、ほうれん草、ピーマンが94.9%、ブロッコリーが92.3%の正解率であり、ほとんどの子どもが正しく分類できていた。にんじんは82.1%、トマトは79.5%の正解率で、約20%の子どもが赤群に分類していた。

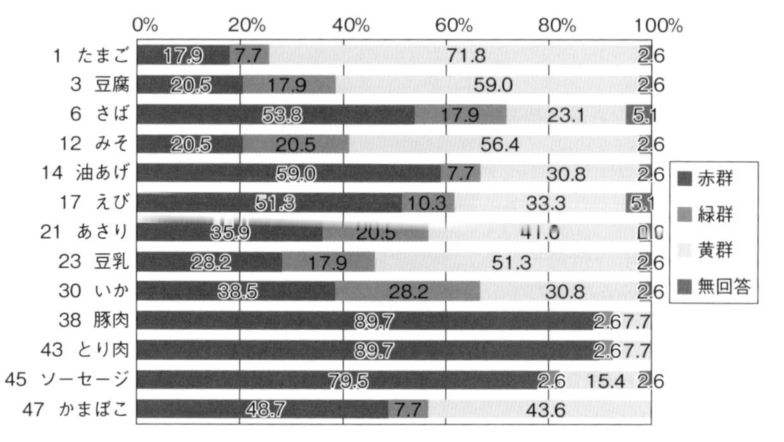

図 5-2-1　第 1 群（プレテスト 4）

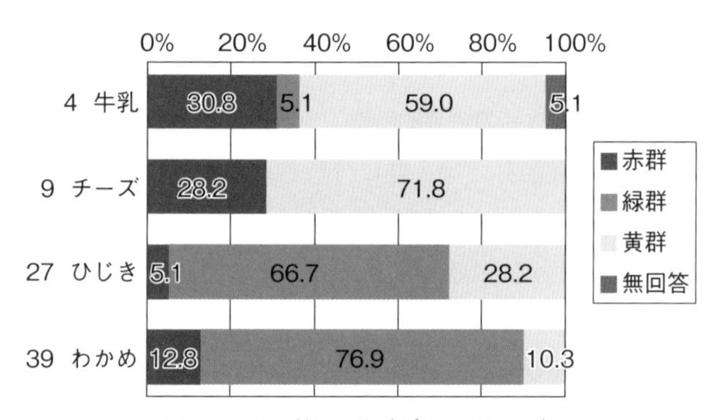

図 5-2-2　第 2 群（プレテスト 4）

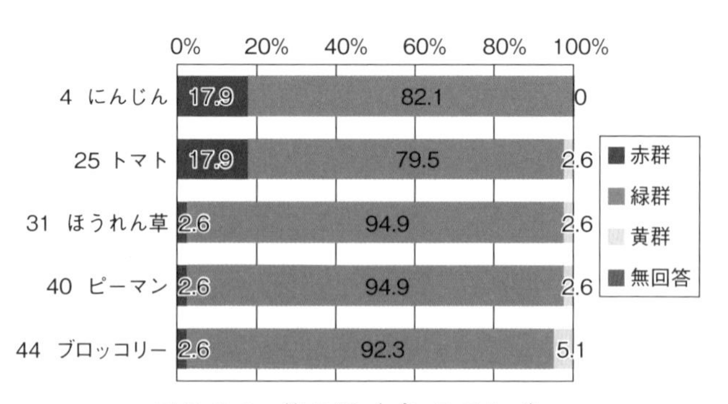

図 5-2-3　第 3 群（プレテスト 4）

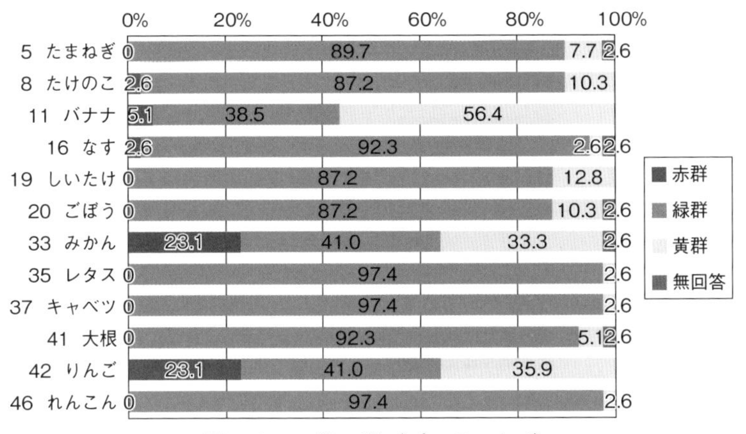

図 5-2-4　第４群（プレテスト４）

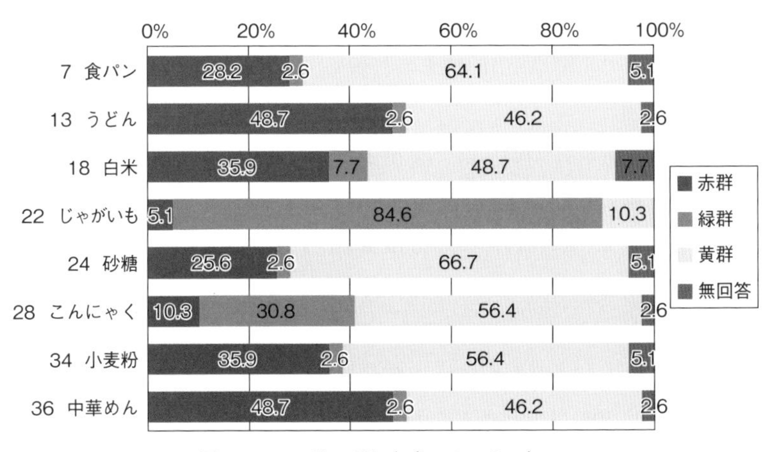

図 5-2-5　第５群（プレテスト４）

第４群については、図 5-2-4 に示すとおり、バナナが 38.5%、みかん、りんごが 41.0%の正解率で低く、バナナについては 56.4%もの子どもが黄群に分類していた。その他の食品については、90%前後の正解率であった。特にレタス、キャベツ、れんこんについては 97.4%の正解率であり、ほとんどの子どもが正しく分類できていた。

黄群のうち第５群については、図 5-2-5 に示すとおり、全般的に正解率が

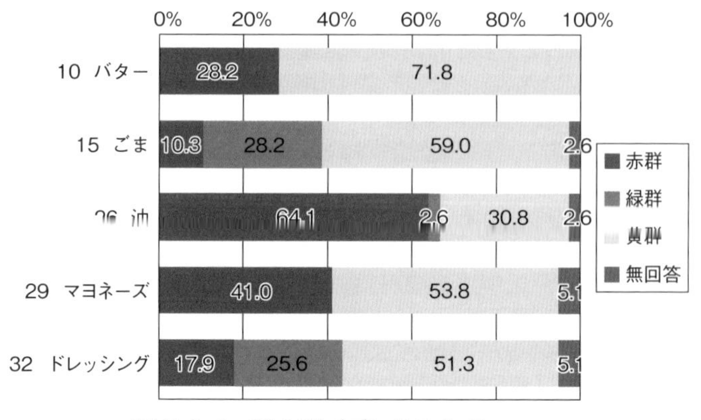

図 5-2-6 第 6 群（プレテスト 4）

低く、高いものでも食パンが 64.1%、砂糖が 66.7%と 70%に満たなかった。中でもじゃがいもの正解率が 10.3%と特に低く、84.6%もの子どもが緑群に分類していた。

黄群のうち第 6 群については、図 5-2-6 に示すとおり、油以外はすべて正解率が 50%を越え、特にバターは 71.8%の子どもが正しく分類していた。しかし油の正解率が 30.8%と特に低く、64.1%もの子どもが赤群に分類していた。

以上のことから、赤群については、たまご、豆腐、みそ、豆乳、チーズ、ひじき、わかめ、緑群については果物、黄群については、じゃがいも、油を正しく理解していない子どもが多いことがわかった。また、卵、チーズは 70%以上、バナナは 50%以上と多くの子どもが黄群に分類し、一方で、トマト、にんじんについては約 20%の子どもが赤群に分類しており、食品の色と食品群の名称である黄群または赤群の色を混同しているのではないかと考えられる。また、ひじき、わかめ、じゃがいもについては多くの子ども（70 ～ 80%）が緑群に分類しており、野菜と考えていることが推測された。

（2） 授業後における食品の栄養的特徴（食品群）の理解

赤群のうち 6 つの食品群で第 1 群に分類される食品については、図 5-2-7 に示すとおり、豚肉、鶏肉は授業前より約 90%の子どもが正解していたが、

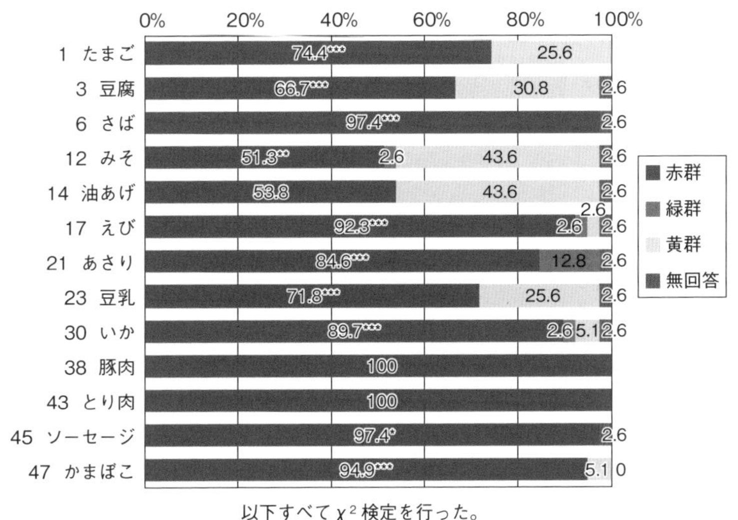

以下すべてχ²検定を行った。
(***：p＜0.001、**：p＜0.01、*：p＜0.05)

図5-2-7　第1群（ポストテスト4）

授業後は全員が正解していた。また、えび92.3%、かまぼこ94.9%、さば97.4%（以上は有意差p<0.001）、ソーセージは97.4%（p<0.05）でほとんどの子どもが正しく分類していた。あさりが84.6%、いかが89.7%（以上は有意差p<0.001）と80%以上の子どもが正解していた。しかし、みそは有意に正解率が上がったものの51.3%（p<0.01）、油揚げは有意差が無いものの逆に正解率が下がり、53.8%といずれも約半数の正解率であった。油揚げについては黄群と誤って回答した子どもが授業前より10%以上増加し43.6%にも上り、指導に課題が残った。

赤群のうち第2群に分類される食品については図5-2-8に示すとおり、ひじきは正解率が有意に上昇したものの48.7%（p<0.001）と低く、チーズは有意差が無いものの正解率が上昇したが43.6%と低かった。ひじきは誤って41.0%の子どもが緑群に、チーズは56.4%の子どもが黄群に分類していた。半数前後の子どもが授業前の誤りを修正できなかったことがわかる。

全般的に赤群のうち6つの食品群で第2群に分類される食品について正解

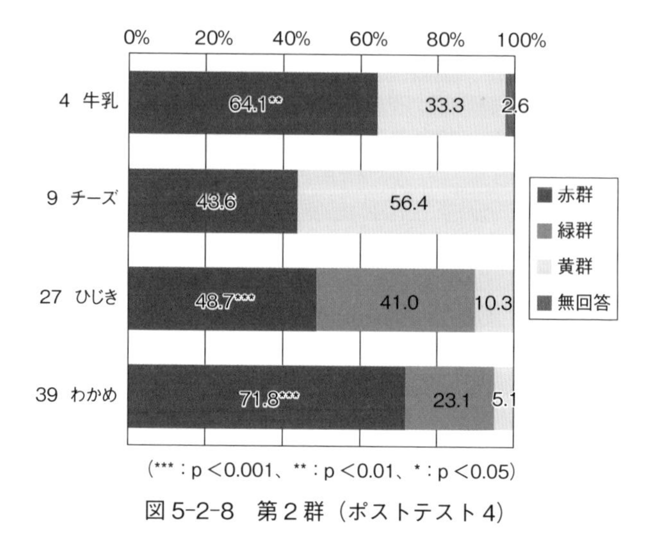

図 5-2-8　第２群（ポストテスト４）

率が低い傾向にあった。なお、以上述べた食品の他に有意に正解率が上昇した食品は、たまご、豆腐、豆乳、わかめ（以上は $p<0.001$）、牛乳（$p<0.01$）で授業により正しい知識が身についたと考えられる。

緑群のうち、第３群に分類される食品については、図 5-2-9 に示すとおり、すべての食品をほとんどの子どもが正しく分類できていた。中でもほうれん草、ピーマン、ブロッコリーは全員が正解していた。これらの食品については授業前より 90%以上の子どもが正解しており、有意差は認められなかった。また、にんじん、トマトも授業前に約 80%の子どもが正解しており、授業後も 90%を越える子どもが正しく分類できていた。そして、この２つの食品については、授業前は約 20%の子どもが赤群に誤って分類していたが、授業後は、にんじん 5.1%、トマト 2.6%とわずかであった。

緑群のうち、第４群に分類される食品については、図 5-2-10 に示すとおり、授業前、正解率の低かった果物を含めすべての食品を 80%以上の子どもが正しく分類できていた。中でも、なす、ごぼう、レタス、キャベツは授業前より 90%前後の子どもが正しく分類していたが、全員が正解していた。バナナ、みかん、りんごについては有意（$p<0.001$）に正解率が上がり、バナナ、

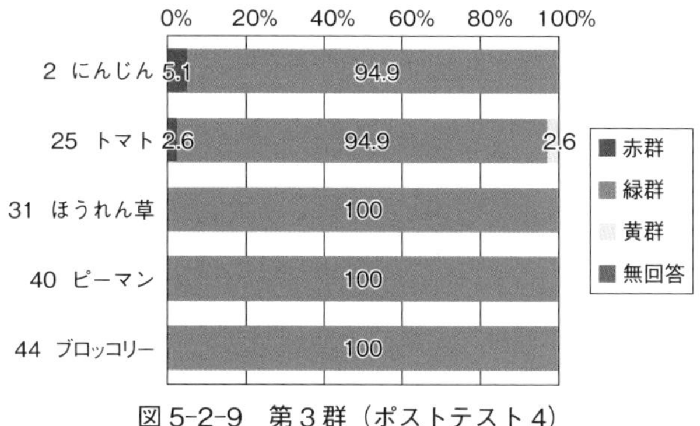

図5-2-9　第3群（ポストテスト4）

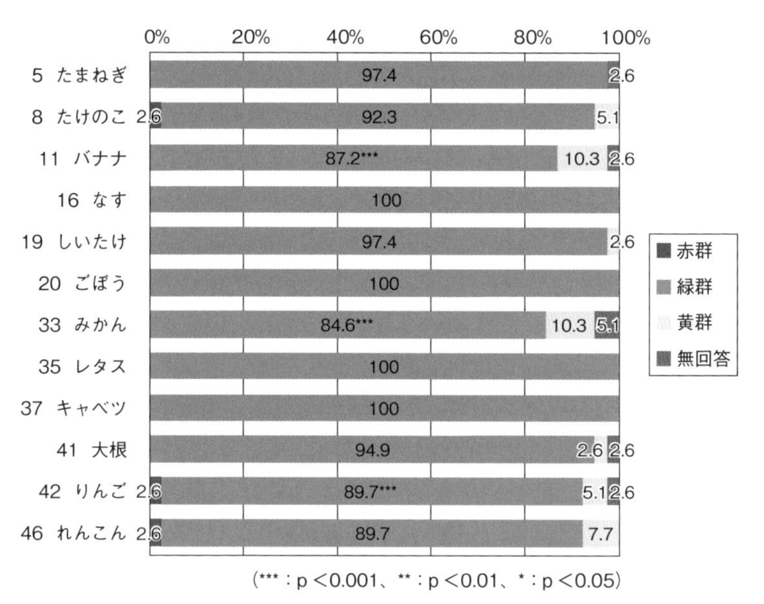

図5-2-10　第4群（ポストテスト4）

みかんを黄群に誤って分類している子どもは10.3%とわずかであった。緑群には、果物類が分類されるという特徴が明確になったことが推測できる。その他の食品については、授業前より90%前後の正解率であり、有意差は認められなかったがほとんどの食品で正解率が上がった。

このように緑群については、すべての食品についてほとんどの子どもが正しく分類できていた。

黄群のうち第5群に分類される食品については、図5-2-11に示すとおり、いも類以外の食品は80%前後の正解率であった。いも類は、こんにゃくが41.0%、じゃがいもが28.2%と低く、じゃがいもは71.8%の子どもが緑群に分類していた。70%を越える子どもが授業前の誤りを修正できていないことが考えられる。いも類以外の食品については、食パン（p＜0.05）、うどん、白米、小麦粉、中華めん（以上はp＜0.01）が有意に正解率が上がっていた。

黄群のうち第6群に分類される食品ついては、図5-2-12に示すとおり、ごまの正解率に、有意差は認められなかったが授業後は79.5%と増加し、約80%の子どもが正しく分類できていた。しかし、他の食品は正解率が増加したものの、総じて正解率が低く70%に満たなかった。誤った子どもはほとんどが赤群に分類していた。

以上のことから、後述する一部の食品を除いては、正解率が有意に上昇し、あるいは、有意差は認められないものの80%以上の正解率であり、ほとんどの子どもが食品の栄養的特徴について正しく理解出来ていることが明らかとなっ

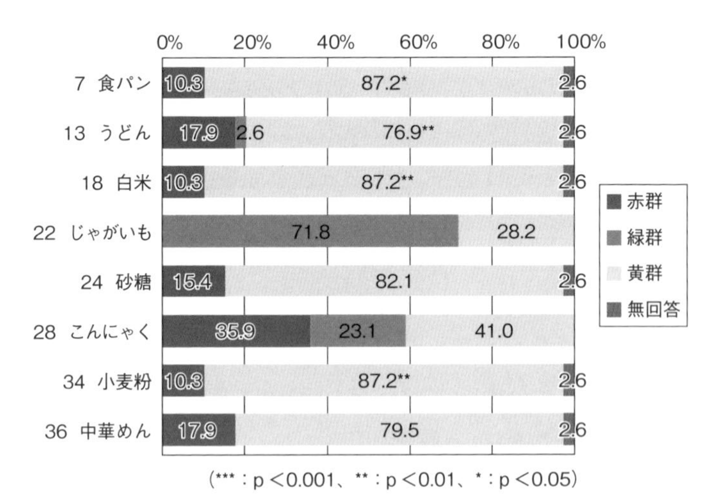

（***：p＜0.001、**：p＜0.01、*：p＜0.05）

図5-2-11　第5群（ポストテスト4）

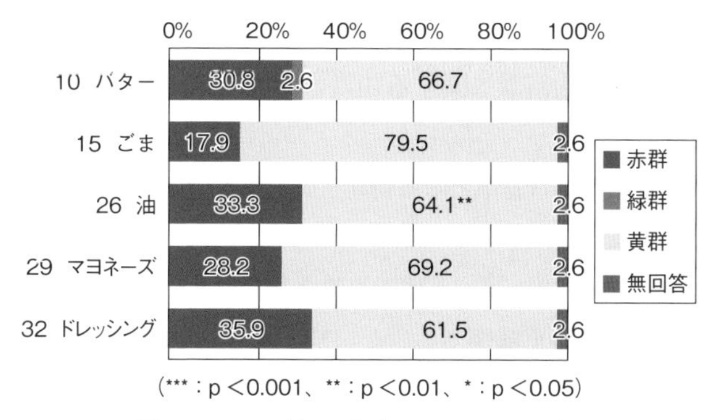

図5-2-12　第6群（ポストテスト4）

た。したがって、食品の栄養的特徴に関する知識が獲得できたと考える。

一部の食品、すなわち、赤群の油揚げについては4割を超える子どもが黄群であると回答しており食品名の油に着目して判断していることが考えられる。一方、赤群のみそ、ひじきは有意に正解率が上昇し、チーズは有意差はないが正解率が上昇したものの、みそのみがわずかに半数を超え、その他の食品は、半数以上の子どもが理解ができていないことが明らかとなった。ひじきは約4割が緑群と回答しており、野菜であると理解していることが考えられる。

また、黄群のじゃがいもは約7割が緑群と回答しており、同様のことが考えられる。以上の2点については授業前の誤りを修正できておらず、指導方法を再検討する必要がある。一方で、チーズについては50%以上の子どもが黄群と考えていることから、食品の色に着目して判断したことが推測できる。しかし、トマトやにんじんについては、赤群という回答が数%に減少しており、ほとんどの子どもが緑群と回答していた。このことについては、加工され原料がわかりにくいチーズと異なり、日常的に接し、野菜であることを認識していると推測できるにんじん、トマトは、緑群には野菜が分類されるという特徴と容易に関連づけることができたと考えられる。しかし、詳細については検討する必要がある。

視点を変えるならば、原料が外見からすぐに推測できないみそ、チーズ、こんにゃく等加工食品については指導に課題が残ったと考える。

2 料理の栄養的特徴に関する知識の獲得

（1） 授業前における「基準となる料理」の栄養的特徴（食品群）の理解

赤群が1食分に必要な量の半分より少し多く摂取できる「基準となる料理」（オムレツ、白身魚のフライ、さばの塩焼き）については図5-2-13に示すとおり、40%前後と低い正解率であった。特にオムレツについては、正解率が20.5%と低く、43.6%の子どもが誤って黄群を選択していた。

豚肉のしょうが焼きについては「基準となる料理」ではないが、79.5%の子どもが赤群が半分より少し多いと考えていた。

次に、緑群が1食分に必要な量の半分より少し少ない「基準となる料理」（コールスローサラダ、りんご、バナナ、グレープフルーツ）については、図5-2-13に示すとおり、コールスローサラダのみが76.9%であったがその他の料理については低い正解率であった。黄群が1食分に必要な量の半分より少し多く摂取できる「基準となる料理」（むぎごはん）ついては、正解率が35.9%と低かった。

総じて正解率が低く、また無回答が多かった。オムレツについては、多く

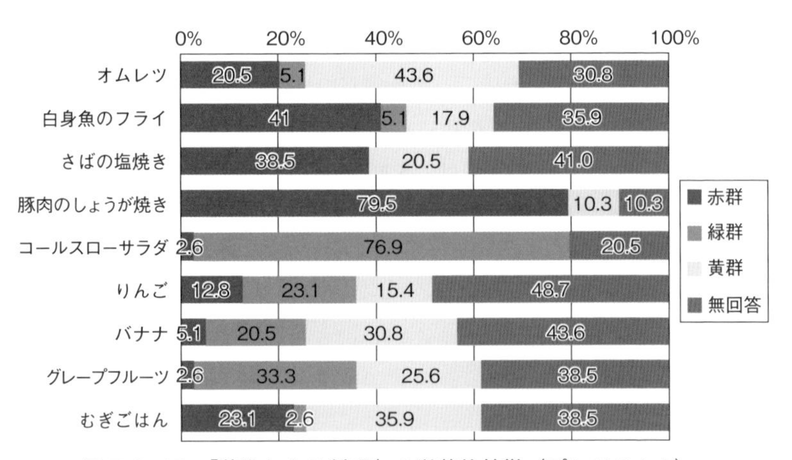

図5-2-13 「基準となる料理」の栄養的特徴（プレテスト5）

の子どもが使用食品である卵を黄群と判断していたことに関連すると考える。

また、りんご、バナナについては多くの子どもが果物を緑群に分類できていないことに関連すると考える。

（2）授業後における「基準となる料理」の栄養的特徴（食品群）の理解

赤群が1食分に必要な量の半分より少し多く摂取できる「基準となる料理」については図5-2-14に示すとおり、プレテストより総じて有意に正解率が上がっていたが、一番正解率の高い白身のフライでも59.0%にとどまった。ただ総じて無回答が非常に多かったが、回答した子どもについては不正解は数%にとどまり、ほとんどが正解していた。また、プレテストでは40%を越える子どもがオムレツは黄群を1食分に必要な量の半分より少し多く摂取できる料理と考えていたが、ポストテストではほとんど認められなかった。たまご（食品）を赤群と回答する子どもが有意に増加したことと関連すると考える。

豚肉のしょうが焼きは「基準となる料理」ではないが、赤群を1食分に必要な量の半分より少し多く摂取できる料理と考えている子どもは82.1%であった。

次に、緑群が1食分に必要な量の半分より少し少なく摂取できる「基準と

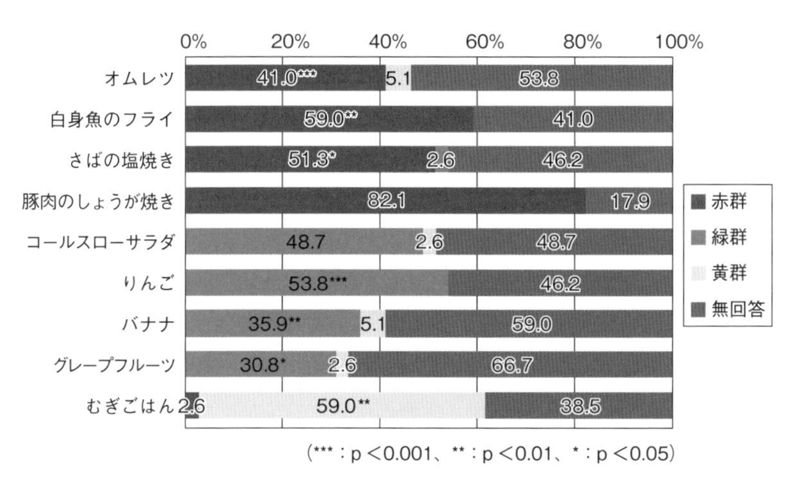

図5-2-14　「基準となる料理」の栄養的特徴（ポストテスト5）

なる料理」については、図 5-2-14 に示すとおり、りんご、バナナ、グレープフルーツについては有意に正解率が上昇したが、総じて無回答が非常に多かった。しかし、回答した子どもについてはほとんどが正解していた。また、コールスローサラダについては、正解率が減少し 48.7%であり、課題が残った。

黄群が 1 食分に必要な量の半分より少し多く摂取できる「基準となる料理」については、有意に正解率が上昇したものの 59.0%と低い正解率であった。無回答が非常に多かったが、回答した子どもはほとんどが正解していた。

以上のことから、無回答が多いため判断が困難ではあるが、「基準となる料理」について、回答した子どものほとんどが正しく回答していた。またコールスローサラダ以外は、有意に正解率が上昇しており、無回答を除く子どもについては「基準となる料理」の栄養的特徴に関する知識を獲得したと考えられる。

コールスローサラダについては、授業前は無回答が 20.5%であったのに対し、授業後は 48.7%に増加していた。今後検討する必要がある。

以上の食品及び「基準となる料理」の栄養的特徴について分析した結果から、食品の栄養的特徴に関する知識については、ほとんどの子どもが獲得していることが明らかとなった。したがって、第 4 章第 1 節で述べた授業計画の「第 1 次　栄養的バランスの取れた食事　第 2 時　栄養的バランスと食品群・料理の栄養的特徴（2 時間）」（表 4-1-1（1）参照）の前半の 1 時間の授業は有効であったと考える。

一方、「基準となる料理」の栄養的特徴については、回答した子どものほとんどはその栄養的特徴に関する知識を獲得しており、第 4 章第 1 節で述べた授業計画の「第 2 次　料理の栄養的特徴と 1 食分の適量（1 時間）」（表 4-1-1（2）参照）の授業は有効であったと考える。しかし、無回答の子どもについては検討の余地が残された。

これらの「第 1 次第 2 時」の前半の授業及び「第 2 次」の授業は、第 1 章第 3 節で述べたマルザーノらの「学習の次元」の「次元 2　知識の獲得と統合」の単元設計（表 1-3-2-1 参照）を援用して組み立てた授業であり、マルザーノらの構想した知識の獲得に関する学習が本実践授業において効果的であったと考える。

第3節 「一般化」による知識の構造化の過程の分析

食品群の特徴及び給食に出される料理の栄養的特徴を判断した理由を検討し栄養的特徴を「一般化」(表1-1-1参照) し構造化する過程の分析を行った。

前述したとおり、資料5-1-1に示すプレテスト4及びポストテスト4の赤群、緑群、黄群に分類される食品の特徴に関する自由記述を検討し、「事実」としての知識の整理、「一般化」による知識構造の構築に関して分析した。

また、ポストテスト4では、「事実」としての知識を手がかりに未学習の食品について、食品群の特徴に関する知識構造が構築されているかについて検討した。これらについては、それぞれの食品について正解率を出し分析した。

次に、資料5-1-2に示すプレテスト5及びポストテスト5で給食で出される料理(「基準となる料理」)の栄養的特徴に関する自由記述をKJ法[1]を用いて「一般化」による知識構造の構築に関して分析した。

1　食品群の特徴

(1) 授業前における食品群の特徴の整理

図5-3-1に示すとおり、「赤群は肉(筋肉)・骨・血になる」、「緑群は体の調子を整える」等『①赤、緑群の体内での主な働き』に集約できる記述、「赤群は肉(鳥)、魚、それを加工した食品、卵、乳製品、えび等魚介類」、「緑群はたまねぎ、ピーマン等野菜類(食物繊維)、りんご等果物、しいたけ等きのこ」、「黄群は白米、小麦粉等穀類、それを使った食品、油、バター、マヨネーズ」等『②赤、緑、黄群に分類される食品』に集約できる記述、「赤群は肉の物が多い・たんぱく質の物」というように『③赤群に主に含まれる栄養素と分類される食品』に関する記述、「赤群は肉、魚類で血や肉、骨を作るもの」と

いうように『④赤群の体内での主な働きと分類される食品』に関する記述が認められた。

一方、「赤群または緑群は体にいい」、「黄群は栄養がある」等どの群についても体内での主な働き等について漠然とした記述が認められた。また、「赤群は炭水化物」、「黄群は血になる物」、「じゃがいもは緑群」等主に含まれる栄養素やその働き、分類される食品について誤っている記述が認められた。中でも特徴的なものはどの群も「赤群は赤色の物」「緑群は緑色の物」「黄群は黄色の物」というように食品の色と食品群の名称である赤群、緑群、黄群の色を混同している記述があった。

以上のように自由記述は、①「赤、緑、の体内での主な働き」、②「赤、緑、黄群に分類される食品」、②と主に含まれる栄養素を関連づけている③「赤群に主に含まれる栄養素と分類される食品」、①と②を関連づけている④「赤群の体内での主な働きと分類される食品」の４つに解釈できた。

なおこれらを記述した子どもはいずれも若干名であり、記述の中には「曖昧なもの」「誤り」が多く認められ、ほとんどの子どもは食品群の特徴（食品群の体内での主な働き、主に含まれる栄養素、分類される食品）を整理し、関連づけて理解していないことが推測された。

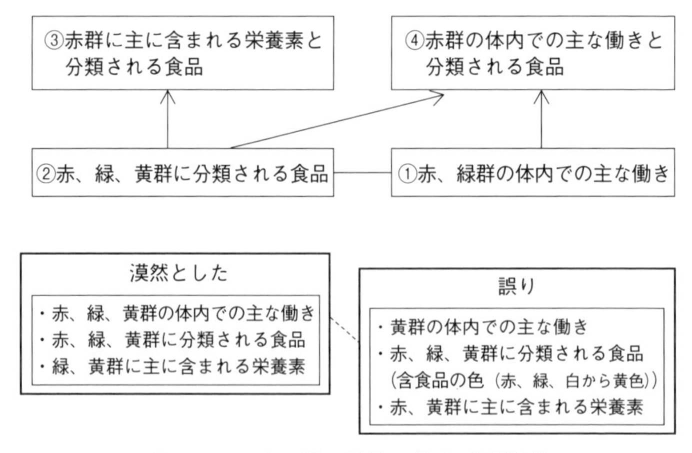

図 5-3-1　食品群の特徴の整理（授業前）

（2） 授業後における食品群の特徴の整理

図5-3-2に示すとおり、「赤群は血や骨や肉を作る」、「緑群は体の調子を整える」、「黄群はエネルギーになるもの」等『①赤、緑、黄群の体内での主な働き』に集約できる記述、「赤群は肉、魚介類、大豆、それを加工した食品、卵、乳製品、海藻等」、「緑群は野菜類、果物、きのこ類」、「黄群は白米、小麦粉等穀類、それを使った食品、いも、砂糖、ごま、油」等『②赤、緑、黄群に分類される食品』に集約できる記述が認められた。授業前の結果から、誤りやすいと考えられたきのこ類、いも類、ごま等正しく整理出来たと考えられる子どもが認められた。さらに、授業前には認められなかった「緑群は主にビタミン」が入っている等『⑤緑群に主に含まれる栄養素』に集約できる記述があった。

次に、「緑群は野菜、果物、ビタミンが含まれる」等『③緑群、黄群に主に含まれる栄養素と分類される食品を関連づけたもの』に集約できる記述、「赤群は肉、魚介類、卵、牛乳、海藻など体を作る」等『④赤、緑、黄群の体内での主な働きと分類される食品を関連づけたもの』に集約できる記述が認められた。さらに、授業前は認められなかった「黄群は炭水化物、エネルギーのもとになる」等『⑥黄群の体内での主な働きと主に含まれる栄養素を関連づけたもの』に集約できる記述、「赤群は体を作る、魚介類、肉など、たんぱく質、無機質」等『⑦赤群の体内での主な働きと主に含まれる栄養素と分類される食品を関連づけたもの』に集約できる記述が認められた。さらに、緑群、黄群については「黄群はエネルギーをつくる、主食、油など、主に炭水化物、脂質が含まれている」等『⑧⑦と食事構成までを関連づけているもの』も見られた。

一方、「黄群は体を元気にしたりする」、「緑群は健康になる」等食品群の体内での主な働きについて漠然とした記述、「黄群は主に炭水化物、無機質が入っている」等主に含まれる栄養素の中の１つの無機質、「赤群は油、肉、魚介類」等分類される食品の中の１つの油について誤っている記述が認められた。また、分類される食品については、「赤群はほとんどが赤い色」等食品の色と食品群の名称である赤群の色とを混同している子どもが認められたが若干名であり、授業前より減少していた。

また、体内での主な働きについては、「緑群は野菜、フルーツで骨を丈夫に

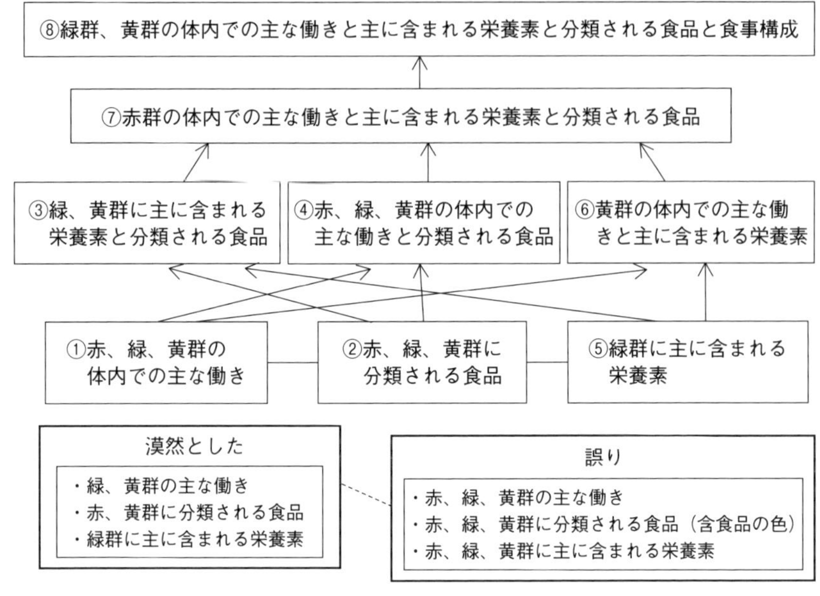

図 5-3-2　食品群の特徴の整理（授業後）

してくれる」等誤っている記述が認められた。しかし、教科書（櫻井純子他、わたしたちの家庭科　小学校5・6、開隆堂出版、2011、p.106）ではビタミン及び無機質を含む表示があるため、このことについては指導内容を再検討する必要がある。

このように、漠然とした記述や誤りはあるものの、授業前と異なり主に含まれる栄養素と働き等を関連づけるというように子どもなりに食品群に関する知識を整理しようとしていることが推測できる。

以上のことから、自由記述は以下の8つに解釈できる。授業前の結果（番号①～④）と番号を対応させるならば、①「赤、緑、黄群の体内での主な働き」、②「赤、緑、黄群に分類される食品」、⑤「緑群に主に含まれる栄養素」、②と⑤を関連づけている③「緑、黄群に主に含まれる栄養素と分類される食品」、①と②を関連づけている④「赤、緑、黄群の体内での主な働きと分類される食品」、①と⑤を関連づけている⑥「黄群の体内での主な働きと主に含まれる栄養素」、①と②と⑤を関連づけている⑦「赤群の体内での主な働きと主に含まれる栄養素と分類される食品」、さらに⑧「⑦に食事構成が関連づけられている」の8つである。⑤〜⑧については、授業後新しく認められた記述であり、特に⑦、⑧から、子どもが複数の特徴を関連づけて理解できていることが明らかとなった。このように、授業後には、それぞれの食品群の特徴について体内での主な働き、主に含まれる栄養素、分類される食品、食事構成について子どもなりに整理し、多様な視点から構造化し、それらを関連づけて理解していることが考えられた。したがって、授業後は学習した食品群に関する特徴（知識）を整理した上で関連づけて獲得、構造化できていることが明らかとなった。

（3）未学習の食品の栄養的特徴（食品群）の理解

前述したとおり、赤群の牡蠣、きな粉、ししゃも、緑群のアスパラガス、しめじ、黄群のはちみつ、さつまいもの7つの食品についてそれまでに学習したそれぞれの食品群の特徴から正しく分類できるかを調べた。

その結果、図5-3-3に示すとおり、赤群の中で第1群に分類される牡蠣は84.6%と高い正解率であった。しかし、きな粉は23.1%で74.4%の子どもが黄群に分類していた。第2節で述べたように豆製品については総じて正解率が低く、多くの子どもが誤って黄群に分類していたことと関連すると考える。このように、豆製品は総じて正解率が低かったことから、大豆からできているきな粉を含め、これらが赤群に分類される食品であることについての学習を強化させる必要がある。

赤群の中で第2群に分類されるししゃもは89.7%と高い正解率であった。

次に、緑群の中の第3群であるアスパラガスは97.4%と高い正解率であった。

緑群の中の第4群に分類されるしめじは84.6%の正解率であった。きのこ類は間違えやすい食品であるが、整理が明確にできているものと考えられる。

黄群の第5群に分類されるはちみつは79.5%が正解していた。しかし、さつまいもについては59.0%の正解率で、35.9%が緑群に分類していた。いも類については、じゃがいもの正解率が低く、やはり緑群に多くの子どもが分類して

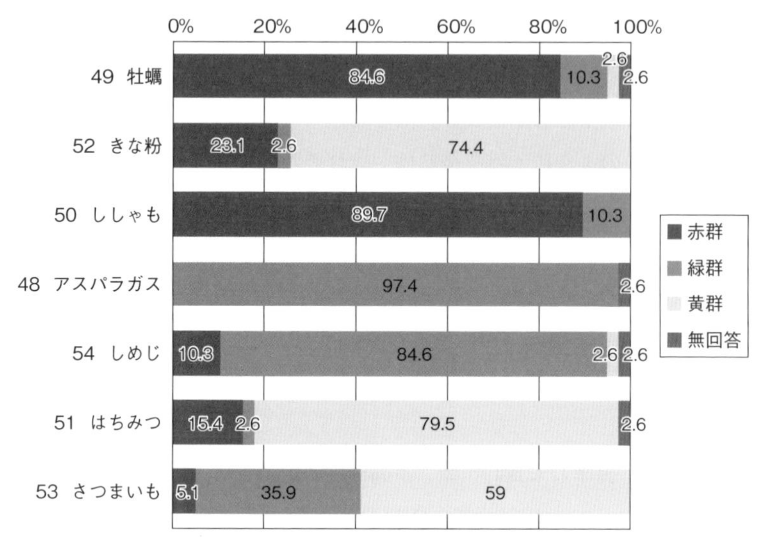

図 5-3-3 未学習の食品の分類（ポストテスト 4）

おり、手がかりとなる食品を理解できていないことから、多くの子どもが正しく分類できていないことが推測され、今後検討の余地が残された。

以上のことから、未学習の食品についてはほとんどの子どもが既習の知識を手がかりに正しく判断していることが推測できる。ただ、きな粉（豆製品）、さつまいも（いも類）については、再検討する必要がある。

以上、食品群の特徴に関する知識を整理した上で関連づけて獲得できていたこと、ほとんどの子どもが、未学習の食品の食品群の特徴をすでに自分の内にある食品群の特徴に関する知識と照合しそれらに統合することができていたことから、ほとんどの子どもが食品の栄養的特徴（食品群）に関する知識構造を構築することができ、思考スキルを獲得できたと考える。

したがって、第 4 章第 1 節で述べた授業計画の「第 1 次　栄養的バランスの取れた食事　第 2 時　栄養的バランスと食品群・料理の栄養的特徴（2 時間）」（表 4-1-1（1）参照）の前半の 1 時間の授業は有効であったと考える。

この授業はマルザーノらの「学習の次元」の「次元 3　知識の拡張と洗練」の単元設計（表 1-3-2-2 参照）をも視野に入れ組み立てた授業であり、マルザーノらの構想した知識の拡張と洗練に関する学習が本実践授業において効果的であったと考える。

2 「基準となる料理」の栄養的特徴

（1） 授業前における料理の栄養的特徴の整理

（1）赤群が1食分に必要な量の半分より少し多く摂取できる料理、（2）緑群が1食分に必要な量の半分より少し少なく摂取できる料理、（3）黄群が1食分に必要な量の半分より少し多く摂取できる料理に分けて検討したが、同様の結果が得られたためこれらをまとめて解析した。

図5-3-4に示すとおり、「全体が肉、魚だと普通より多いと思うから」、「ツナも入っているので野菜がちょっと少ないから」等『①料理一皿の中での使用されている食品の量の割合』から判断していると考えられる記述、「給食でで

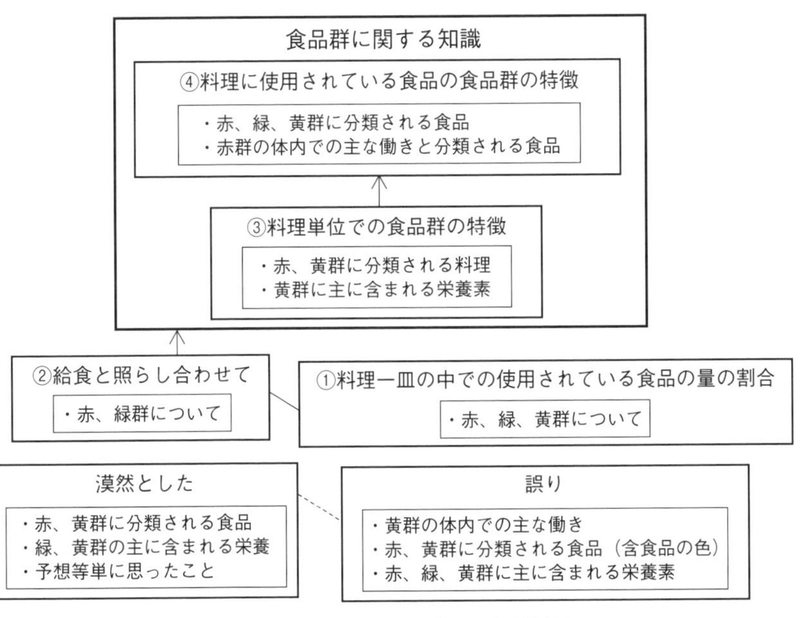

図5-3-4　料理の栄養的特徴の整理（授業前）

る量と同じくらいだから」というように『②給食と照らし合わせて』判断していると考えられる記述が認められた。

また、「豚肉のしょうが焼きは赤群が多いけどじゃがいものみそ汁はみそなどがあり赤群が少ないと思ったから」、「むぎごはん、きな粉パン、パンは炭水化物だから」等『③料理単位で食品群の特徴から判断』に集約できる記述、料理に使用されている食品に着目し、「肉類（豚）や魚類、きな粉が入っている」、「主に野菜や果物が多く入っているから」、「豚肉など血を作る食べ物がメインに使われている」等『④分類される食品または赤群に分類される食品とその体内での働き』に集約できる、食品群の特徴から判断したと考えられる記述が見られた。

しかし、「そのものが小さかったり少ししか入ってない物だと思ったから」等漠然とした記述、また「赤群は炭水化物のものだから」等含有栄養素、黄群は、「フルーツ、魚が入っているから」等分類される食品、「骨が強くなるから」等体内での主な働きについて誤りが見られた。

以上、料理の栄養的特徴を判断した理由は①「料理一皿の中での使用されている食品の量の割合」、②「給食と照らし合わせて」、③「料理単位での食品群の特徴」、④「料理に使用されている食品の食品群の特徴」の４つに解釈できた。また、その他として「漠然とした」もの、「誤り」が多く認められ、料理の栄養的特徴が食品群の特徴から整理できていないことが推測できた。

（2） 授業後における料理の栄養的特徴の整理

①赤群が１食分に必要な量の半分より少し多く摂取できる料理、②緑群が１食分に必要な量の半分より少し少なく摂取できる料理、③黄群が１食分に必要な量の半分より少し多く摂取できる料理に分けて検討したが、同様の結果が得られたためこれらをまとめて解析した。

図 5-3-5 に示すとおり、「豚肉のしょうが焼きは豚以外はショウガくらいしか入っていないし、フライも豚汁も八宝菜も主に赤が多いから」、「ご飯には黄群が含まれている」等『③料理単位での食品群の特徴』に集約できる記述、料理に使用されている食品に着目し、赤群は「魚介類や肉、卵などが入っている

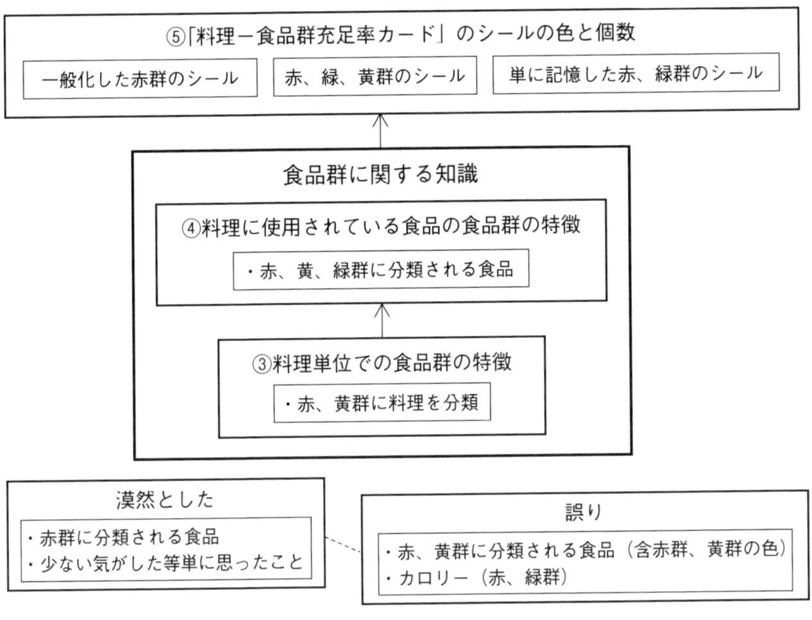

図 5-3-5　料理の栄養的特徴の整理（授業後）

から」、また「キャベツ、春野菜だけで緑群はけっこうあると思うから等『④料理に使用されている食品の食品群の特徴』に集約できる食品群の特徴から判断したと考えられる記述が認められた。また、「豚肉のショウガ焼きは、赤が３つ分とれるから。白身魚は赤が２つか３つ取れると思ったから」、「コールスローサラダは、緑が２つ分とれるから」等『⑤「料理－食品群充足率カード」のシールの色と個数』から判断に集約できる記述が認められた。その中には「魚介、肉の料理だからすべて４つ」と料理のシールの色と個数を一般化した上で、シールの色と個数から判断していると思われる記述が認められた。

また、シールの色と個数から判断しているが、「さばの塩焼きはさっきやったので○○○○だった。」と単に記憶から判断している記述も認められた。

一方で、「半分より少し多いから」、等漠然とした記述、黄群は「黄群の色をしているから（オムレツ、基準パン）」等誤った記述が認められた。

以上料理の栄養的特徴を判断した理由は、③「料理単位での食品群の特徴」、④「料理に使用されている食品の食品群の特徴」、⑤「『料理－食品群充足率カード』のシールの色と個数」の３つに解釈できた。授業前に見られたような漠然とした理由、誤りはほとんどなかった。

また、どの料理についても授業で使用した教材（「料理－食品群充足率カード」）のシールの色と個数から判断しているものが認められた。

そして、料理及び料理に使用されている食品に着目して食品群の特徴から判断している記述は、いずれも分類される食品に焦点化されており、これらが整理されていない状態での記述もなかった。

以上のことから、料理の栄養的特徴を食品群に関する知識の中で分類される食品から整理しようとしていることは明らかであり、ほとんどの子どもが「基準となる料理」を食品群の種類（シールの色）から構造化することができ、思考スキルも獲得できていたと考える。しかし、「基準となる料理」の栄養的特徴の中で食品群の量（シールの個数）から知識構造を構築できている子どもは一部であると考える。

したがって、第４章第１節で述べた授業計画の「第２次　料理の栄養的特徴と１食分の適量（1時間）」（表4-1-1（2）参照）の授業は、「基準となる料理」をシールの色から構造化することについてはほとんどの子どもに、シールの色と個数から構造化することについては一部の子どもに有効であったと考える。この授業はマルザーノらの「学習の次元」の「次元３　知識の拡張と洗練」の単元設計（表1-3-2-2参照）をも視野に入れ組み立ててあり、マルザーノらの構想した知識の拡張と洗練に関する学習が本実践授業において効果的であったと考える。しかし、前述した図5-3-5の⑤「『料理－食品群充足率カード』のシールの色と個数」から構造化していると考えられ、知識の拡張、洗練がより深められた子どもは一部であると考える。

引用文献及び参考文献

1）　川喜田二郎、『KJ法』、中央公論、1986

第4節　構造化した知識の検索、活用過程の分析

「基準となる料理」の栄養的特徴を手がかりに複合的料理の栄養的特徴及び食事の栄養的特徴（食品群の種類、以下質的とする。シールの個数、以下量的とする）を推論する過程の分析を行う。

本節では、プレテスト及びポストテスト3、6、7、8について分析する。

プレテスト6及びポストテスト6では、5種類の複合的料理の写真（資料5-1-3）を見て栄養的特徴（質・量的）を赤、緑、黄群それぞれについて「多い」「ちょうどよい」「少ない」の中から選択する方法で回答させた。さらに、それぞれの料理について判断した理由を記入させ、KJ法を用いて分析した。複合的料理のうち、授業で取り上げたものは、(1) カレーライス、(2) 広島風お好み焼き、(3)鮭入りおにぎり、未学習の料理は、(4)スパゲティミートソース、(5) ラーメンである。

プレテスト3及びポストテスト3では、4つの食事（(1) 栄養的バランスの取れた食事、(2) 黄群の多い食事、(3) 赤群の多い食事、(4) 緑群の少ない食事）の中から、それぞれの食事の栄養的特徴（質的）を判断させ、適切なものを選択する方法で回答させた。さらに、判断した理由を記入させ、KJ法を用いて分析した。

プレテスト7及びポストテスト7では、4つの食事（プレテスト3、ポストテスト3と同じ献立）の中から、食事の栄養的特徴（質・量的）を赤、緑、黄群それぞれについて「多い」「ちょうどよい」「少ない」の中からから選択する方法で回答させた。さらに、それぞれの食事について判断した理由を記入させ、KJ法を用いて分析した。

プレテスト8及びポストテスト8では、4つの食事（(1) 栄養的バランスの取れた食事、(2) 赤群が多く、緑群の少ない食事、(3) 黄群が多く、緑群が少ない食事、(4) 条件に適した食事）の栄養的特徴を判断させ、その中から条件に適した食事を選択させた。正解率を出し、さらに、判断した理由を記入させ、KJ法を用いて分析した。

最後に子ども一人ひとりについて、ワークシート（3)→ポストテスト4→ポストテスト5→ポストテスト3→ワークシート(4)→ポストテスト6→ワークシート（5)→ポストテスト7→ワークシート（6)→ポストテスト8を対象とし経時的に分析し食物選択力形成過程について分析した。

1　複合的料理の栄養的特徴（質・量的）

プレテスト6、ポストテスト6は食品群、「基準となる料理」の栄養的特徴（質・量的）に関する知識の検索、活用について調べるためのテストである。

（1）授業前における複合的料理の栄養的特徴（質・量的）に関する判断

1）カレーライス

図5-4-1に示すとおり、赤群は23.1%、緑群は15.4%の子どもが「少ない」と正しく答えていた。どちらの群とも約半数の子どもが「ちょうどよい」と誤った判断をしていた。次に黄群を「ちょうどよい」と正しく判断した子どもは48.7%で約半数であった。

2）広島風お好み焼き

図5-4-1に示すとおり、赤群は56.4%の子どもが「ちょうどよい」と正しく判断していたが、緑群は、「多い」と正しく判断した子どもはわずかに23.1%であった。また、黄群については、「少ない」と正しく答えている子どもはわずかに12.8%であった。

3）鮭入りおにぎり（1こ）

図5-4-1に示すとおり、赤群が「少ない」と正しく判断した子どもは41.0%、緑群が「少ない」と正しく判断していた子どもは84.6%、黄群が「少ない」と正しく判断していた子どもは20.5%であった。

4）スパゲティミートソース

図5-4-1に示すとおり、「少ない」と正しく判断した子どもは、赤群が23.1%、緑群が59.0%であった。黄群については、「ちょうどよい」と正しく答えた子どもは41.0%であった。

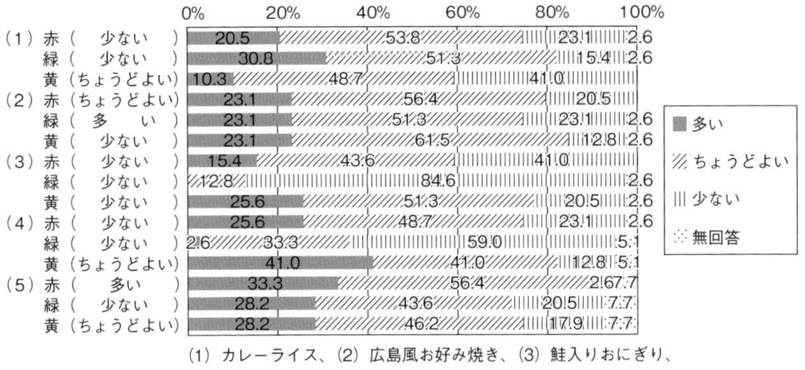

図5-4-1　複合的料理の栄養的特徴（プレテスト6）

5）ラーメン

図5-4-1に示すとおり、赤群は「多い」と正しく判断した子どもは、33.3%であった。緑群については、「少ない」と正しく判断した子どもは、20.5%であった。黄群は「ちょうどよい」と正しく判断した子どもは46.2%であった。

（2）授業後における複合的料理の栄養的特徴（質・量的）に関する判断

1）カレーライス

図5-4-2に示すとおり、赤群は59.0%（$p<0.01$）、緑群は46.2%（$p<0.01$）が「少ない」と正しく答えていた。また、黄群は「ちょうどよい」と61.5%の子どもが正しく判断していた。比較的正解率が低いもののどの群についてもプレテストより正解率は上がっており、赤群、黄群については有意差が認められた。

2）広島風お好み焼き

図5-4-2に示すとおり、赤群が「ちょうどよい」と正しく判断している子どもは79.5%、緑群が「多い」と正しく判断した子どもは97.4%（$p<0.001$）、黄が「少ない」と正しく判断した子どもは82.1%（$p<0.001$）であった。

このように、広島風お好み焼きについては、多くの子どもがそれぞれの食品群について正しく判断できていおり、特に緑群、黄群は有意差が認められ

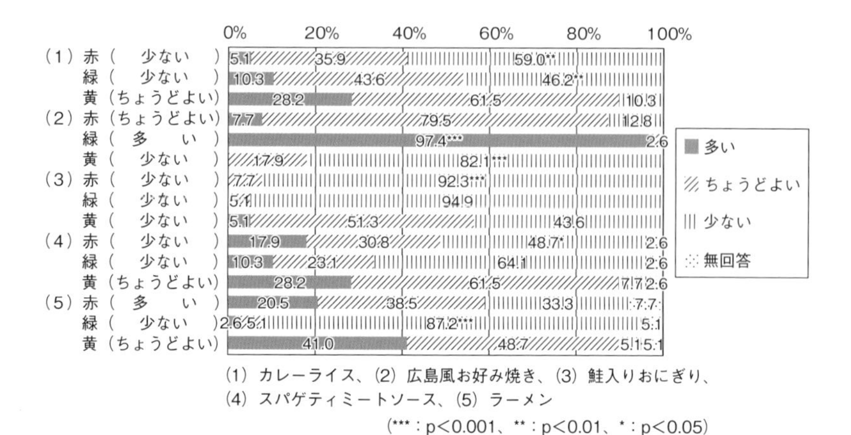

図 5-4-2　複合的料理の栄養的特徴（ポストテスト 6）

た。お好み焼きは広島で広く食されており、身近であり、関心が高いことが理由として考えられる。

3） 鮭入りおにぎり（1 こ）

図 5-4-2 に示すとおり、「少ない」と正しく判断している子どもは、赤群が 92.3%（$p<0.001$）、緑群が 94.9%とほとんどの子どもが正しく判断していた。黄群については正解率が上がったものの 43.6%と半数に満たなかった。約半数の子どもは「ちょうどよい」と判断していた。日常生活における量の感覚から、おにぎり 2 個は多く、1 個でちょうどよいと感じていることが考えられる。あるいは、日常生活で食べるご飯茶碗 1 杯分が約おにぎり 1 個分であることから推測し、日常生活の中でご飯茶碗 1 杯分がちょうどよいと感じていることから、ちょうどよいと判断したことが考えられる（ごはん茶碗 1 杯分は、1 食分に必要な量の半分より少し多い、すなわち、正しい答えは、少ない）。しかし、詳細については今後検討が必要である。赤群については有意差が認められた。

4） スパゲティミートソース

図 5-4-2 に示すとおり、「少ない」と正しく判断した子どもは、赤群で 48.7%（$p<0.05$）、緑群で 64.1%であった。黄群が「ちょうどよい」と正しく

判断した子どもは61.5%であった。比較的正解率が低いもののプレテスト６よりは上昇していた。赤群については有意差が認められた。

５）ラーメン

図5-4-2に示すとおり、赤群を「多い」と正しく判断した子どもは20.5%であり、「ちょうどよい」「少ない」と誤って判断した子どもが38.5%。33.3%とほぼ同数であった。緑群については、少ないと判断した子どもは87.2%（$p<0.001$）と高い正解率であった。黄群については、「ちょうどよい」と正しく答えた子どもは48.7%であった。残りの子どものほとんどが「多い」と誤って判断していた。緑群についてのみ有意差が認められた。

以上のことから、広島風お好み焼きは緑群が多いことを100%近い子どもが正しく判断できており授業で取り上げた食品の量と嵩についての判断が可能となったことが考えられる。一方、シール１つ分に満たないことを授業で取り上げた鮭入りおにぎりの鮭（赤群）の量については、90%を越える子どもが少ないことを判断できていること、未学習のラーメンのねぎ（緑群）が少ないことをほとんどの子どもが正しく判断できていたことから学習したシール１つ分にならない量を手がかりに推論し正しく判断できていることが考えられる。

また、カレーライス、鮭入りおにぎり（1こ）、スパゲティミートソースの赤群の量については有意に正解した子どもが増加していた。広島風お好み焼きは有意差がないものの80%近い子どもが正解しており、赤群については「基準となる料理」の量を手がかりに正しく推論できていることが推測できる。

（3）授業前における複合的料理の栄養的特徴（質・量的）を判断した理由

カレーライス、広島風お好み焼き、鮭入りおにぎり（1こ）、スパゲティミートソース、ラーメンに分けて検討したが、同様の結果が得られたためこれらをまとめて解析した。

図5-4-3に示すとおり、「野菜は少なく、お肉もご飯に比べると少なくご飯は適量」、「豚肉が多くキャベツもあり焼いているときに油を使うから」、「さけとお米がちょうど良く入っているが野菜や肉が少ない」、「肉はとくにないけどトマトもあったしめんもあった」、「チャーシューとめんとネギがたくさんある

から」等『①使用されている食品』から判断に集約できる記述、「赤群は肉しかないし緑群はにんじん・たまねぎ・じゃがいもがあるから・カレールウ・米はたぶん黄群だから」(ただしじゃがいもは黄群で誤り)、「赤はかつおぶしと豚肉がある、緑は野菜が少なく、黄はお好み焼き粉は多い」、「赤は中に鮭が入っているから、緑は野菜が入っていないから、黄はごはんだから」、「黄群はスパゲティ全部で多く、緑群はほとんどなく赤群はミートソースでちょうどよい」、「赤はお肉がけっこう入っているからで、緑はねぎが入っているけど少ないからで、黄色はほとんどがめんだから」等『②料理に使用されている食品の食品群の特徴』に集約できる記述が認められた。

一方、ごはんやめんを赤群に、かまぼこを黄群に分類する等の誤り、「ちょうどいいから」、「全てカン」、「写真の具を見て考えた」等漠然とした記述も認められた。

以上をまとめると図5-4-3に示すとおり、複合的料理の栄養的特徴を判断した理由は、①「食品(肉、野菜、米等)」、②「料理に使用されている食品の食品群の特徴」の2つに解釈できた。ほとんどの子どもは②料理に使用されている食品を食品群に分類して判断したり、①単に食品をあげて判断しており、すべて質的な判断であった。また食品群に着目しているものの漠然とした判断

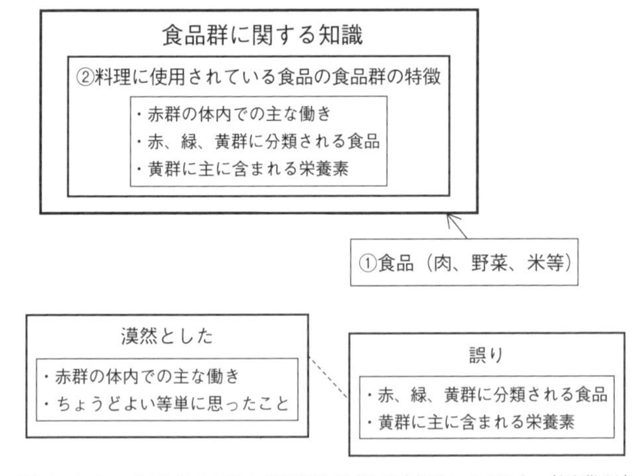

図5-4-3　複合的料理の栄養的特徴を判断した理由(授業前)

であったり、誤りが認められた。

（4）授業後における複合的料理の栄養的特徴（質・量的）を判断した理由

カレーライス、広島風お好み焼き、鮭入りおにぎり（1こ）、スパゲティミートソース、ラーメンに分けて検討したが、同様の結果が得られたためこれらをまとめて解析した。

図5-4-4に示すとおり、「ごはんやじゃがいもはいいけど肉や野菜はたりていない」、「肉はちょうどいいが野菜はとても多く油は少ない」、「鮭も野菜もすくないから」、「めん、ひき肉がはいっているから」、「肉はちょうどよくても野菜はほんの少ししか入っていないけれども油やめんは多い」等『①使用されている食品』から判断に集約できる記述、「赤は肉、緑は人参、玉ねぎ、黄はいも、米がはいっていて少し多めだからちょうどよい」、「赤群はたまごとかつおぶし、緑群はキャベツが多い、黄群は油もそんなに使わないしうどんも無いから」、「赤群はさけが入っているが量が少ないので少なく緑群は野菜・フルーツが入ってないので少なく黄群は茶碗1杯分のごはんをにぎっているからちょうどよい」、「ミートソースの肉は赤群、めんは黄群、緑群はないから」、「赤群はチャーシューで緑群はねぎで黄群はめんだから」等『②料理に使用されている食品の食品群の特徴』に集約できる記述が認められた。なお、鮭入りおにぎり（1こ）では、「黄群は茶碗1杯分のごはんをにぎっているからちょうどよい」という記述が見られた。このことは前述したように、日常生活における茶碗1杯分のご飯の量がちょうどよいと感じる感覚に基づき、おにぎりのごはんの量を推論していることが考えられる。日常生活の中での感覚的な食品群の摂取量と科学的な食品群の摂取量とのズレを明確に認識させておく必要があると考える。

次に、「緑群は野菜3つくらいで少ない、赤群は肉2つくらいで少ない、黄群は6つくらいちょうどよいから」、「緑群は10こあって多いけどほかは5こで（赤群）黄色は2つで少ないから」、「赤群さけ・緑群はゼロで黄群ごはんは3つしかないから」、「黄群は4つ位で緑群は0で赤群は2～3こ位だと思うから」、「黄群のめんは4つ位」等『③「料理－食品群充足率カード」のシールの色と個数』から判断に集約できる記述が認められた。これらの中には、「4～

6がちょうどよく赤、緑は3こで黄は6こだから」等1食分として適切な量（シール4～6個）を理解していると考えられる記述も見られた。

また、ラーメンでは、「緑群はねぎがあっても1つ分にならない」等シール一つ分にならない量の学習を想起していると考えられる記述も見られた。

一方で、「緑群はじゃがいも、人参などの野菜が多く含まれているから」「黄群はたまごしか入っていなくて」等誤った記述、「カン」「栄養がある」等漠然とした記述も見られた。

以上をまとめると、図5-4-4に示すように大きく①「食品（肉、野菜、米等)」、②「料理に使用されている食品の食品群の特徴」、③「『料理－食品群充足率カード』のシールの色と個数」の3つに解釈できた。③は、未学習のスパゲティミートソース、ラーメンについても認められ、授業後は複合的料理の栄養的特徴（食品群の種類と量）を「料理－食品群充足率カード」のシールの色と個数を手がかりに推論し判断できていたと考える。そして、本調査（ポストテスト6）はワークシート（4）で「基準となる料理」のシールの色と個数を手がかりに給食で出される料理のシールの色と個数を推論する仕方の練習の

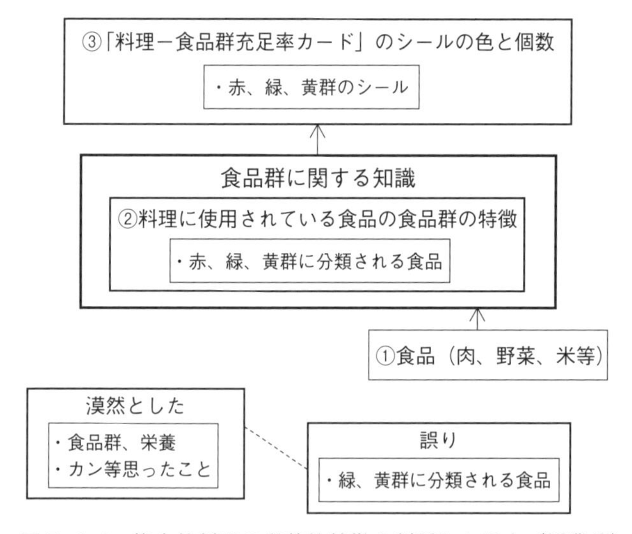

図5-4-4　複合的料理の栄養的特徴を判断した理由（授業後）

後に実施しており、この学習により「基準となる料理」の栄養的特徴（シールの色と個数）に関する知識を検索し、活用する思考スキルが育成されたと考える。

したがって、第４章第１節で述べた授業計画の「第３次　複合的料理の栄養的特徴と栄養的バランスの取れた食事　第１時　日常生活で食べる複合的料理の栄養的特徴（1時間）」（表4-1-1（3）参照）の授業は、複合的料理の栄養的特徴（質・量的）を「基準となる料理」のシールの色と個数を手がかりに推論すること、その思考スキルの獲得について有効であったと考える。

この授業はマルザーノらの「学習の次元」の「次元４　知識の有意味な活用」の単元設計（表1-3-2-3参照）をも視野に入れ組み立ててあり、マルザーノらの構想した知識の活用の学習が本授業実践においても効果的であったと考える。

2　食事の栄養的特徴（質的）

プレテスト3、ポストテスト3は食品群の栄養的特徴に関する知識を検索、活用し食事の栄養的特徴（質的）が判断出来るのかについて調べるためのテストである。

（1）食事の栄養的特徴に関する質的判断

プレテスト3では、図5-4-5に示すとおり、栄養的バランスの取れた食事を76.9%の子どもが正しく判断していたが、その他の食事については正しく判断した子どもは40%にも満たなかった。

ポストテスト3では、図5-4-6に示すとおり、栄養的バランスの取れた食事を84.6%、赤群の多い食事を87.2%（有意差 $p<0.001$）の子どもが正しく判断していた。

全般的に正解率が上がったもの黄群の多い食事、緑群の少ない食事は有意差が認められず、50%前後の正解率であった。

そこで次に、食事の栄養的特徴（質的）を判断した理由を分析した。

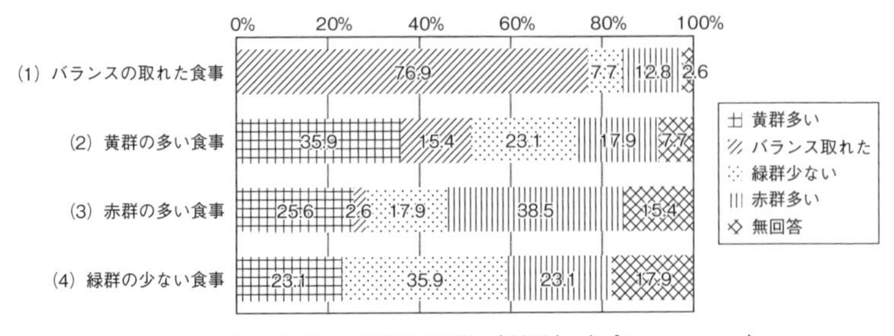

図 5-4-5　食事の栄養的特徴（質的）（プレテスト 3）

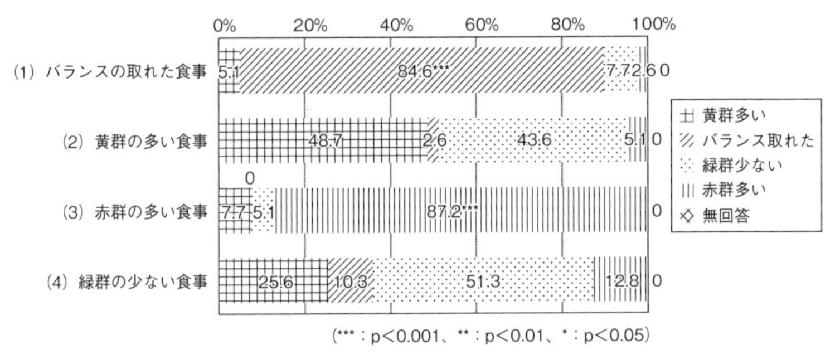

図 5-4-6　食事の栄養的特徴（質的）（ポストテスト 3）

（2） 授業前における食事の栄養的特徴（質的）を判断した理由

①栄養的バランスの取れた食事（むぎごはん、さばの塩焼き、キャベツのごまドレッシング、じゃがいものみそ汁（たまねぎ、油揚げ、りんご）、②黄群の多い食事（むぎごはん、じゃがいものそぼろ煮、グレープフルーツ、かやくうどん）、③赤群の多い食事(むぎごはん、白身魚のフライ、ミニフィッシュ、筑前煮、豚汁)、④緑群の少ない食事(基準パン、オムレツ、野菜のトマト煮、かしわもち）に分けて検討したが、同様の結果が得られたためこれらをまとめて解析した。

図 5-4-7 に示すとおり、「魚、野菜、フルーツ、むぎごはん、みそ汁などがある」、「白身フライ、ミニフィッシュ、豚汁があって、魚や肉が入っているから」、「野菜のトマト煮しかないから」、「野菜、米、魚、果物というふうにちゃんとバランスが取れている」等『①料理や②食品』から判断に集約できる記述

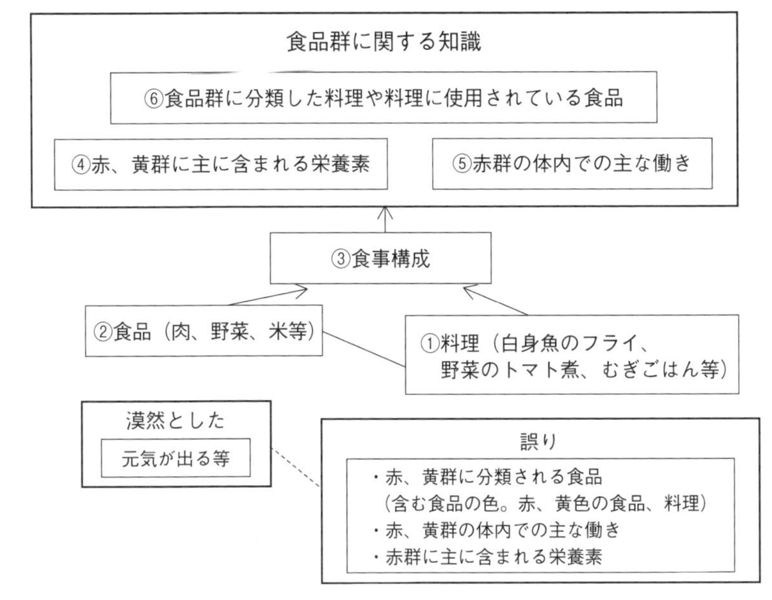

図 5-4-7　食事の質的栄養的特徴を判断した理由（授業前）

が見られた。また、「白身魚のフライや筑前煮など主なおかずがたくさんあるから」等『③食事構成』から判断に集約できる記述、「ごはん、うどんと炭水化物（？）が2つあるから」等『④主に含まれる栄養素』に集約できる記述、「肉になるもの、血になるもの、骨になるものがちゃんと入っているから」等『⑤体内での主な働き』に集約できる記述が見られた。また、「赤群のさばと黄群のむぎごはんなどすべてがそろっているから」、「ア・イ・エには豚汁などの中に緑群が入っているけどウはトマトと野菜ぐらいしかないから」、等『⑥食品群に分類した料理や料理に使用されている食品』から判断に集約できる記述が見られた。全般的に栄養素や料理、食品が混在しており、整理されていないことが考えられた。そして、「むぎごはんと豚汁はパンより元気がでるから」等漠然とした記述、黄群が多いのは、「オムレツにはたまごをつかうから」等食品の色（黄色）と食品群の名称（黄群）を混同していると考えられる記述、「赤といえば炭水化物だったと思います」等誤りのある記述が認められた。

以上をまとめると、図5-4-7に示すとおり、①「料理（白身魚のフライ、野菜のトマト煮、むぎごはん等)」、②「食品（肉、野菜、米等)」、③「食事構成」、④「赤、黄群に主に含まれる栄養素」、⑤「赤群の体内での主な働き」、⑥「食品群に分類した料理や料理に使用されている食品」の６つに解釈できた。⑥のように食品や料理（名）に着目し食品群の知識を活用し推論していると考えられるものがあったが、①、②については、明確な根拠がなく判断しているものも認められ、③のように単に食事構成と照らし合わせて判断していると考えられるものが認められた。全般的に知識が整理されておらず、明確に判断されていないことが推測できた。

（3） 授業後における食事の栄養的特徴（質的）を判断した理由

①栄養的バランスの取れた食事、②黄群の多い食事、③赤群の多い食事、④緑群の少ない食事に分けて検討したが、同様の結果が得られたためこれらをまとめて解析した。

図 5-4-8 に示すとおり、「ミニフィッシュ、白身魚のフライ、豚汁があるから」、「米、めんが入っているから」、「肉も魚も野菜もちゃんと入っているから」等『①料理や②食品』から判断に集約される記述、「主食、主菜、副菜、汁物がきちっと入っているから」「主食がごはんとうどんの２つもあるから」等『③食事構成』から判断に集約できる記述、「うどんとごはんが２つ入っているから」、「魚、肉が 3、４種類入っているから」、等『⑦料理や料理に使用されている食品の個数』から判断に集約できる記述が認められた。また、「キャベツの緑群とさばの赤群とむぎごはん・ごまの黄群があるから」、「ミニフィッシュや豚汁など赤群が多いから」等『⑥食品群に分類した料理や料理に使用されている食品』から判断に集約できる記述が認められた。さらに、「むぎごはんやかやくうどんなどめん、米など黄群が２つ取り入れられているから」、「ミニフィッシュや白身魚や豚汁の赤群が３つもあるから」、等『⑧料理や料理に使用されている食品を食品群に分類し、その個数 』から判断している記述が認められた。

一方、「キャベツやさばの塩焼きなど栄養にいいと思うから」等漠然とした記述、「オムレツやかしわもち、基準パンが黄群だから」というようにオムレ

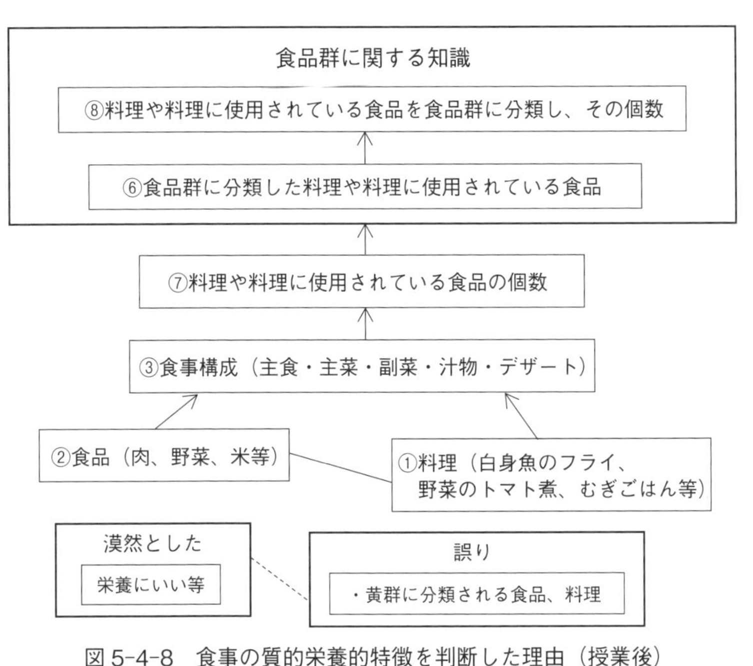

図 5-4-8　食事の質的栄養的特徴を判断した理由（授業後）

ツを黄群と誤った記述が認められた。

以上を整理すると図 5-4-8 に示すとおり、①「料理（白身魚のフライ、野菜のトマト煮、むぎごはん等）」、②「食品（肉、野菜、米等）」、③「食事構成（主食、主菜、副菜、汁物、デザート）」、⑥「食品群に分類した料理や料理に使用されている食品」、⑦「料理や料理に使用されている食品の個数」、⑧「料理や料理に使用されている食品を食品群に分類し、その個数」の 6 つに解釈できた。⑥また、新たに⑧の料理に使用されている食品または料理単位で食品群に分類して判断した記述が認められ、学習した食品群の種類に関する知識を活用できていると考える。また、その食品や料理の個数から判断している記述が新たに認めら、漠然とした段階と考えられるが、量の概念が意識に上っているのではないかと推測される。

このように、授業後においても①、②、③の記述が認められたが、③については、授業前のように食事構成の一部からではなく、主食、主菜、副菜、汁物等すべてから判断している記述が見られた。また、食品や料理に使用されている食品を食品群に分類して判断している子どもが多く認められ、食品群の種類に関する知識を検索し、活用でき、そのための思考スキルを獲得できていたと考える。そして、卵を黄群に誤って分類していることからオムレツを黄群に分類していると推測される子どもが認められたが、この子どもについても「卵は黄群」という知識を手がかりにオムレツの栄養的特徴（黄群を摂取できる）を推論し食事の栄養的特徴（質的）を判断していることが推測され、思考スキルは獲得できていると考える。

したがって、第4章第1節で述べた授業計画の「第1次　栄養的バランスの取れた食事　第2時　栄養的バランスと食品群・料理の栄養的特徴（2時間）」（表4-1-1（1）参照）の後半の1時間の授業は、食事の栄養的特徴（質的）を食品群の特徴に関する知識を活用し推論すること、また、その思考スキルを獲得することについて有効であったと考える。この授業は第1の目的ではないが、マルザーノらの「学習の次元」の「次元4　知識の有意味な活用」の単元設計（表1-3-2-3参照）をも視野に入れ組み立ててあり、マルザーノらが構想した知識を活用する学習が本授業実践においても効果的であったと考える。

3　食事の栄養的特徴（質・量的）

（1）授業前における食事の栄養的特徴に関する質・量的判断

1）黄群の多い食事（赤群：ちょうどよい、緑群：ちょうどよい、黄群：多い）

図5-4-9に示すとおり、黄群が「多い」と正しく判断した子どもが41.0%であった。また、赤群で28.2%、緑群で59.0%の子どもが「ちょうどよい」と正しく判断していた。

2）栄養的バランスの取れた食事（赤群、緑群、黄群：ちょうどよい）

図5-4-9に示すとおり「ちょうどよい」と正しく判断した子どもは、赤群が66.7%、緑群、黄群ともに74.4%であった。

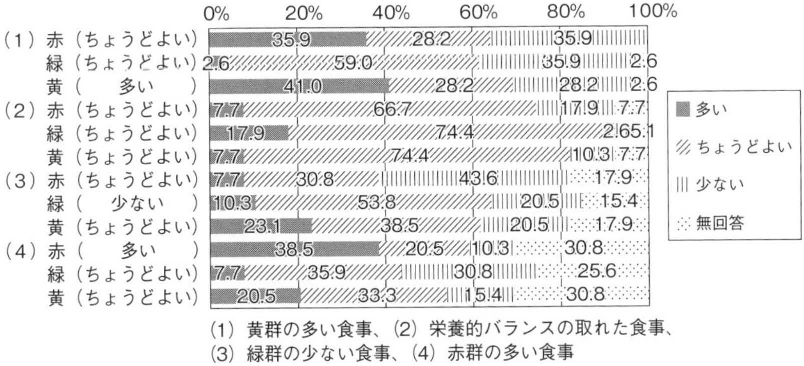

図 5-4-9　食事の栄養的特徴（質・量的）（プレテスト7）

3） 緑群の少ない食事（赤群：ちょうどよい、緑群：少ない、黄群：ちょうどよい）

図 5-4-9 に示すとおり緑群が「少ない」と正しく判断した子どもは、20.5%であった。また、「ちょうどよい」と正しく判断した子どもは赤群で 30.8%、黄群で 38.5%であった。

4） 赤群の多い食事（赤群：多い、緑群：ちょうどよい、黄群：ちょうどよい）

図 5-4-9 に示すとおり赤群が「多い」と正しく判断した子どもは、38.5%であった。また、「ちょうどよい」と正しく判断した子どもは緑群で 35.9%、黄群で 33.3%であった。

（2） 授業後における食事の栄養的特徴に関する質・量的判断

1） 黄群の多い食事

図 5-4-10 に示すとおり黄群が「多い」と正しく判断した子どもが 38.5%であった。56.4%が「ちょうどよい」と誤った判断をしていた。また、赤群で 41.0%、緑群で 43.6%の子どもが「ちょうどよい」と正しく判断していた。どの群についても有意差は認められなかった。

2） 栄養的バランスの取れた食事

図 5-4-10 に示すとおり「ちょうどよい」と正しく判断した子どもは、赤群が 82.1%、緑群が 76.9%、黄群が 84.6%であった。栄養的バランスの取れた食

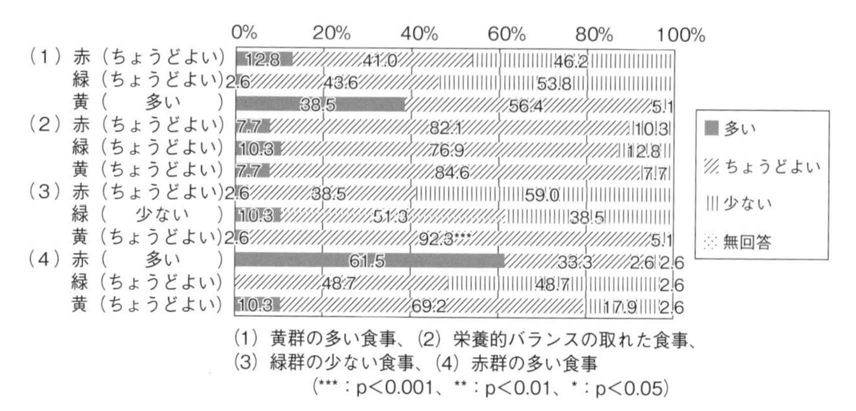

図 5-4-10　食事の栄養的特徴（質・量的）（ポストテスト 7）

事については、前述したように食事の栄養的特徴に関する質的判断において80%を越える子どもが正しく判断しており、質・量ともに多くの子どもが正しく判断できるものと考える。

3）　緑群の少ない食事

図 5-4-10 に示すとおり緑群が「少ない」と正しく判断した子どもは、38.5%であり授業前より増加したものの 40%にも満たなかった。半数以上が、「ちょうどよい」と誤って判断していた。また、「ちょうどよい」と正しく判断した子どもは赤群で 38.5%、黄群で 92.3%（$p<0.001$）であった。黄群のみ有意差が認められた。

4）　赤群の多い食事

図 5-4-10 に示すとおり赤群が「多い」と正しく判断した子どもは、61.5%であった。また、「ちょうどよい」と正しく判断した子どもは緑群で 48.7%、黄群で 69.2%であった。いずれの群の正解率も低く有意差は認められなかった。

以上のことから、授業後は栄養的バランスの取れた食事については、多くの（80%前後）の子どもが食品群の種類とその量を正しく判断できることが明らかとなった。

このことについては、従来の学習で欠如していた「明確な栄養的バランスの取れた食事のイメージを確立する」ための能力の育成ができたことを示唆していると考える。

しかし、黄群の多い食事の黄群、緑群の少ない食事の緑群については約40%の子どもしか正しく判断できていなかった。また赤群が多い食事の赤群については正しく判断した子どもは半数を超えたものの約60%であった。そこで次に判断した理由を分析した。

（3）授業前における食事の栄養的特徴（質・量的）を判断した理由

①黄群の多い食事（むぎごはん、じゃがいものそぼろ煮、グレープフルーツ、かやくうどん）、②栄養的バランスの取れた食事（むぎごはん、さばの塩焼き、キャベツのごまドレッシング、じゃがいものみそ汁（たまねぎ、油揚げ）、りんご）、③緑群の少ない食事（基準パン、オムレツ、野菜のトマト煮、かしわもち）、④赤群の多い食事（むぎごはん、白身魚のフライ、ミニフィッシュ、筑前煮、豚汁）に分けて検討したが、同様の結果が得られたためこれらをまとめて解析した。

図5-4-11に示すとおり、「そぼろ煮、むぎごはん、かやくうどんなどがあるから」、「野菜は野菜のトマト煮しかなく、肉、野菜はあまり入ってないから」、「白身魚のフライとミニフィッシュに魚が入っていて肉はあまり入っていなくて野菜は筑前煮にちょっと入っているだけだから」等『①料理や②食品』から判断に集約できる記述、「ごはん、野菜、魚、汁、果物のこの5つがちゃんとあるから」、「赤群、緑群は給食ぐらいだけどむぎごはんにうどんは多いと思う」等『③給食（主食、主菜、副菜、汁物、デザート）と照らしあわせて』判断した記述が見られた。

また、「むぎごはんとかやくうどんは主食が2つもあり野菜が少ししかない」等『④食事構成』から判断に集約できる記述、「炭水化物のめんや米が2つもあるから」、「むぎごはん、かやくうどんは炭水化物だと思うから」等『⑤食品や料理に主に含まれる栄養素』から判断に集約できる記述が見られた。そして、「赤群はかやくうどんの肉位でほとんどなく、緑群はグレープフルーツとそぼろ煮の野菜でちょうど良く、黄群はむぎごはんなどで多い」、「赤群はさば

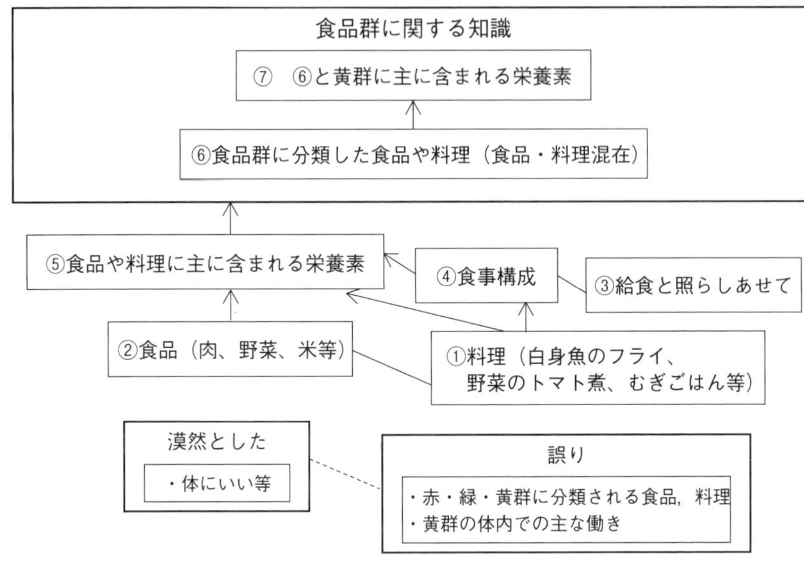

図 5-4-11　食事の栄養的特徴を判断した理由（授業前）

だけで黄群はごはんだけでどちらも少なく、緑群はキャベツとリンゴとたまねぎでちょうどよい」等『⑥食品群に分類した食品や料理』から判断に集約できる記述が認められた。その中には「赤群はそぼろが肉で緑群は野菜があまり入っていなくて黄群の炭水化物はうどんとごはんで多いから」等『⑦黄群についてのみではあるが、⑥と主に含まれる栄養素』と繋げて判断している記述が認められた。

しかし、「魚もあって栄養にいい」、等漠然とした記述、「緑群はじゃがいも」「黄群はグレープフルーツ」等食品群の分類の誤りが認められた。

以上を整理すると、図 5-4-11 に示すとおり①「料理（白身魚のフライ、野菜のトマト煮、むぎごはん等）」、②「食品（肉、野菜、米等）」、③「給食と照らしあわせて」、④「食事構成」、⑤「食品や料理に主に含まれる栄養素」、⑥「食品群に分類した食品や料理（食品、料理混在）」、⑦「⑥と黄群に主に含まれる栄養素」の 8 つに解釈できた。全般的に食品や料理、食品群等が整理されておらず、また漠然とした記述であった。

（4） 授業後における食事の栄養的特徴（質・量的）を判断した理由

①黄群の多い食事、②栄養的バランスの取れた食事、③緑群の少ない食事、④赤群の多い食事に分けて検討したが、同様の結果が得られたためこれらをまとめて解析した。

図5-4-12に示すとおり、「むぎごはんだけでは足りないけどじゃがいものみそ汁でたりる」、「野菜や肉、魚類が少ないから」等『①料理や②食品』から判断に集約できる記述が認められた。また、「緑群は副菜だけにしか入っていないから」等『④食事構成』から判断に集約できる記述が認められた。そして、「赤群はオムレツだけ、緑群は野菜のとまと煮で黄群はパン、かしわもちでちょっと少ない」、「赤群はさば、緑群はキャベツがあるがちょっと少ない、黄群はごはん、じゃがいも」等『⑥食品群に分類した食品や料理』から判断に集約できる記述、さらに、「赤群はそぼろ、緑群は何もない（かやく）、黄群は炭水化物（むぎごはんとうどん）」というように『⑦⑥と黄群は主に含まれる栄養素』と繋げて判断、あるいは「赤群は肉がバランスよく入っている、緑群

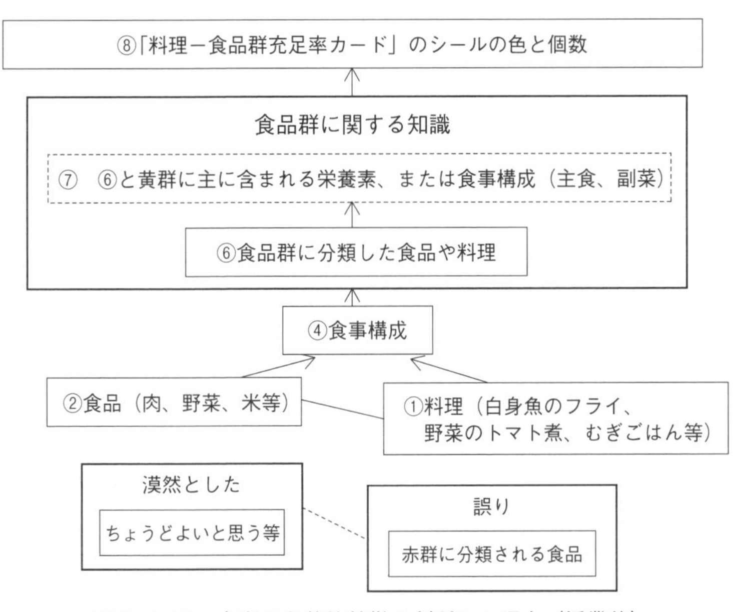

図5-4-12　食事の栄養的特徴を判断した理由（授業後）

はフルーツはあるが量が少ない、黄群はめんなどの主食が多い」等『⑦⑥と食事構成』と繋げて判断に集約できる記述が認められた。また、「さばが4で油揚げが1でちょうどいい、緑群はキャベツが3でリンゴが2だから、黄群は砂糖で1」、「ミニフィッシュで2、豚汁、フライで4つずつだから、緑群は筑前煮、豚汁の野菜、黄群はごはん3、砂糖1」等『⑧「料理－食品群充足率カード」のシールの色と個数』から判断に集約できる記述が認められた。これらの子どもの調査票には、食事ごとに料理の赤、緑、黄群のシールの個数が記入されていた。

一方、「4～6こがちょうどよくて全てが4～6こだったから」等、適量がシール4～6個と理解しているものの、漠然とした記述も認められた。また、「じゃがいもやうどんは赤群に入るから」等誤った食品群への分類も認められた。

以上を整理すると、①「料理（白身魚のフライ、野菜のトマト煮、むぎごはん等）」、②「食品（肉、野菜、米等）」、④「食事構成」、⑥「食品群に分類した食品や料理」、⑦「⑥と黄群に主に含まれる栄養素、または食事構成（主食、副菜）」、⑧「『料理－食品群充足率カード』のシールの色と個数」の6つに解釈できた。

このように、授業後は「料理－食品群充足率カード」のシールの色と個数を手がかりに推論できる子どもが認められた。（2）、（3）、（4）の食事についてはシールの色も含め間違った記述がなく、シールの色についてはほとんどの子どもが適切に検索し活用していると考えられる。一方、シールの個数については、調査票にメモをしている料理や食事全体の赤、緑、黄群のシールの個数に間違いが認められ、個数については正確に把握していないことが考えられた。このことは、「基準となる料理」（ポストテスト5）の栄養的特徴について無回答が非常に多かったことと関連していると考える。

このように量（シールの個数）については、把握が不十分と考えられるが、それを手がかりに推論することが可能であり、これらの子どもは、知識を検索し、活用する思考スキルを獲得できていると考える。

したがって、第4章第1節で述べた授業計画の「第3次　複合的料理の栄養的特徴と栄養的バランスの取れた食事　第2時　栄養的バランスの取れた料理の組み合わせ（1時間））」（表4-1-1（3）参照）の授業は、食事の栄養的特徴（質・量的）を推論するために「基準となる料理」の栄養的特徴に関する知識を活用すること、その思考スキルを獲得することについて有効であったと考える。この授業はマルザーノらの「学習の次元」の「次元4　知識の有意味な活用」の単元設計（表1-3-2-3参照）を援用し組み立ててあり、マルザーノらが構想した知識の活用に関する学習は本授業実践においても効果的であったと考える。

4　条件に適した食事の栄養的特徴（質・量的）

条件を設定し、資料5-1-6に示す4パターンの食事―①栄養的バランスの取れた食事（赤群、緑群、黄群各シール5個分）、②赤群が私の必要な量の2倍、緑群の少ない食事（赤群がシール12個分、緑群がシール3個分、黄群がシール6個分）、③黄群が多く、緑群が少ない食事（赤群がシール6個分、緑群がシール3個分、黄群がシール10個分）、④条件に適した食事、すなわち赤群が私の必要な量の2倍、緑群、黄群が必要な量の食事（赤群がシール10個分、緑群がシール5個分、黄群がシール5個分）―の中から条件に適した食事を選択させることにより、食品群、「基準となる料理」に関する知識の検索と活用について分析した。

なお、小学校5年生に必要な量は各食品群ともシール4～6個分である。

選択する食事の条件は以下のとおりである。

条件1　筋肉を作るもととなる食品群は、私（小学校5年生）が必要な量の2倍

条件2　その他の食品群は私が必要な量と同じ

条件3　ほうれん草のゴマあえは嫌い、その他のほうれん草の料理は食べられる

（1） 条件に適した食事の判断

図5-4-13に示すとおり授業前は、条件を満たす食事を正しく判断した子どもは66.7%であった。ところが、授業後は、59.0%と低下していた。

また、授業前と比べ全体的にバランスの取れた食事を選択した子どもが増加していた。

そこで、自由記述から、食事の栄養的特徴をどのように考え、判断したのかについて分析した。その結果、

① 食事構成と関連づけて判断、

② 料理単位で食品群に分類し、曖昧にたくさんや2倍の量等で判断、

③ 料理や料理に使用されている食品を食品群に分類し、その個数で判断、

④ 「料理－食品群充足率カード」のシールの色と個数を手がかりに判断、

⑤ 他の食事と関連付けて（比較して）栄養的特徴を捉え判断、

の5つに整理できた。

この中には、体内での主な働き、食品群や食事構成について正しく理解し、関連づけて判断しているが、与えられた条件を正確に把握できておらず、栄養的バランスの取れた食事として「条件に適した食事」を選択している子どもが認められた。また、ほうれん草のごまあえという副次的な観点に着目して判断している子どもが認められた。一方で、シールの色または個数を手がかりに推論しようとしている子どもは64.1%いた。このように子どもなりに思考し、料理や食事の栄養的特徴を判断していることが推測できるが、生活の中で学習した知識を活用できるためには、条件を1つひとつ吟味し、それらが関連付けられることが重要となる。言い換えるなら、学習した①食品群（栄養素）

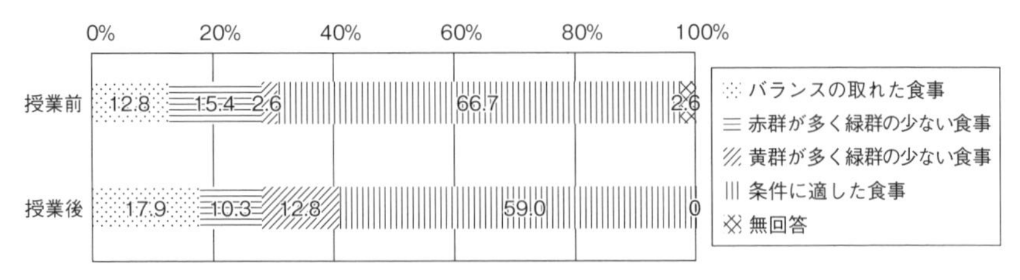

図5-4-13 条件に適した食事の栄養的特徴に関する判断

の体内での働き、②赤、黄、緑群の食品群、③それらの群に分類される食品、④それら食品を使用した料理、⑤赤群の量、⑥緑、黄群の量が関連づけられていることが重要である。そこで、次に以下の観点から自由記述を点数化し分析した。

レベル1（1点）

①体内での働き（筋肉をつくる）と②、③、④、⑤のどれか1つが関連づけられている。

レベル2（2点）

①と②、③、④、⑤のうち2つがそれぞれ関連づけられている。

レベル3（3点）

①と②、③、④、⑤のうち3つがそれぞれ関連づけられている。

レベル4（4点）

①と②、③、④、⑤すべてがそれぞれ関連づけられている。

レベル5（5点）

①と②、③、④、⑤、⑥すべてがそれぞれ関連づけられている。

なお、以上のいずれの関連付けもできていないもをレベル0（0点）とした。

その結果、図5-4-14に示すとおり、授業前は0点が51.3%と半数を越えていたが、授業後は、30.8%と著しく減少していた。一方、授業前は5点がわずか5.1%であったが、授業後は15.4%と約3倍に増加していた。

また、3点以上の子どもは授業前は、20.5%であったが、授業後は51.3%で

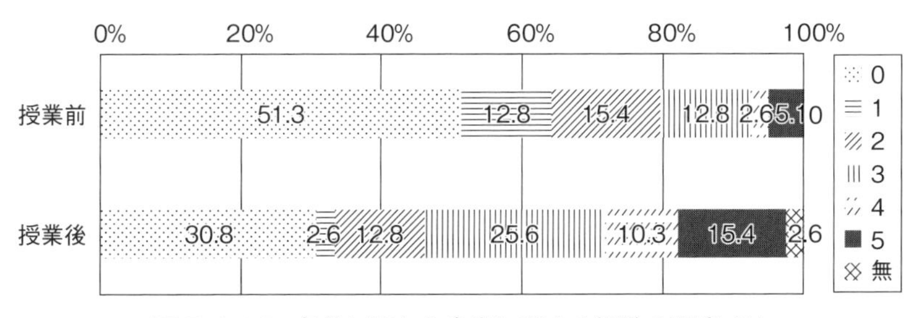

図5-4-14　条件に適した食事に関する知識の関連づけ

あった。このように、半数以上の子どもが、①栄養素の体内での働きと②食品群や③食品、④料理、⑤、⑥の量を３つ以上関連づけて、食事の栄養的特徴を判断する際に活用していることがわかった。３点以上関連づけて活用する子どもが有意（$p<0.001$）に増加していた。一方で、正解した子どもの中では、レベル３以上が69.1％であったが、不正解の子どもの中では31.2％であった。このように知識の関連付けができることは、食事の栄養的特徴を判断する上で重要となると考える。

5　食事の栄養的特徴を判断した子どもの思考過程

次に、一人ひとりの子どもに着目して、学習の流れに沿って経時的にその思考過程を分析した。なお、学習の流れに沿って実施したワークシート及びテストの意図は以下とおりである。

ワークシート（3）：食品群の種類（シールの色）の学習
ポストテスト４：食品群の種類（シールの色）、それらの構造化
ポストテスト５：「基準となる料理」の食品群の種類及び量（シールの色及び個数）、それらの構造化
ポストテスト３：食事の栄養的特徴（シールの色）
ワークシート（4）：給食で出される料理のシールの色と個数（推論・活用の仕方）の学習
ポストテスト６：複合的料理（既学習・未学習の料理）のシールの色と個数（推論・活用）
ワークシート（5）：給食で出される料理の組み合わせ、栄養的バランスの取れた食事（推論・活用の仕方）の学習
ポストテスト７：給食で出される料理の組み合わせ、栄養的バランスの取れた食事等（推論・活用）
ワークシート（6）：未学習の料理を含む食事、栄養的バランスの取れた食事（推論・活用の仕方）の学習
ポストテスト８：条件に適した食事（推論・活用・関連付け）

ポストテスト4から食品群の種類（シールの色）に関する知識の獲得（A）、及びその構造化（B）について、ポストテスト5から「基準となる料理」の食品群の種類と量（シールの色と個数）に関する知識の獲得（C）、及びその構造化（D）、ポストテスト3から食事の栄養的特徴の食品群の種類（シールの色）に関する推論（以下質的推論とする。）（E）、ポストテスト6から「複合的料理」の栄養的特徴の食品群の種類と量（シールの色と個数）に関する推論（以下量的推論とする）（F）及び量（G）、ポストテスト7から食事の栄養的特徴の食品群の種類と量（シールの色と個数）に関する推論（以下量的推論とする）（F）及び量（G）、ポストテスト8から量的推論（H－1）及び知識の関連付け（H－2）について分析した。

結果は表5-4-1、表5-4-2、表5-4-3に示すとおりである。

なお、表の「○」、「△」、「×」はそれぞれのポストテストの課題の正解率を算出し、以下のとおり決定した。

A　食品群の種類に関する知識の獲得については、ポストテスト4で

・食品の分類を80%以上正しく分類できている時　○

・同様に70～79%正しく分類できている時　△

・同様に70%未満を　×

B　食品群の構造化については、ポストテスト4で

・赤、緑、黄群すべての特徴が正しく記述されており、かつ未学習の食品を80%以上正しく分類できている時　○

・赤、緑、黄群すべての特徴が正しく記述されており、かつ未学習の食品を70～79%正しく分類できている時　△

・上記以外を　×

C「基準となる料理」の食品群の種類と量については、ポストテスト5で

・「基準となる料理」を80%以上正しく選択できている時　○

・同様に70～79%正しく選択できている時　△

・同様に70%未満を　×

D「基準となる料理」の構造化については、ポストテスト5で

・選択した理由がシールの色と個数を手がかりに考えられている時　○

・同様にすべてがシールの色を手がかりに考えられている時　△

・上記以外を　×

E　質的推論については、ポストテスト3で

・食事の選択理由がすべてシールの色を手がかりに考えられている時　○

・ポストテスト3で「×」であっても、ポストテスト6、7の理由がシールの色を手がかりに考えられている時　○

(学習が進む中で獲得したと考えられるため○とした)

・上記以外の時　×

F　量的推論については、ポストテスト6、7で

・ポストテスト6、7の理由がシールの色と個数を手がかりに考えられている時　○

・ポストテスト6までの理由がシールの色と個数を手がかりに考えられている時　△

・上記以外の時　×

G　複合的料理及び食事の量については、ポストテスト6、7で

・ポストテスト7（食事）で80%以上正解している時　○

・ポストテスト6（複合的料理）で80%以上正解している時　△

・上記以外を　×

H－1　食事の栄養的特徴の推論については、ポストテスト8で

・シールの色で推論している時　質的推論

・シールの色と個数で推論している時　量的推論

・そのいずれもできていない時　×

H－2　知識の関連付けについては、ポストテスト8で

・前述したとおりの意味で、レベル0～5で示した。

(1) 条件に適した食事を判断した子どもの思考過程

1) 条件に適した食事を正しく判断した子どもの思考過程

ア　知識の獲得、その構造化、総合的視点からの活用

表5-4-1に示すとおり、g37はポストテスト4及び5で食品群の分類、「基

準となる料理」の量の把握、それらの構造化、ポストテスト3で質的推論、ポストテスト6、7で量的推論ができていた。量の把握については、ポストテスト6で複合的料理までできていた。そして、ポストテスト8では、まず、(1) 栄養的バランスの取れた食事、(2) 赤群が多く緑群の少ない食事、(3) 黄群が多く緑群の少ない食事、(4) 条件に適した食事について、赤群のみに着目して、未学習（唐揚げ、えびフライ、トンカツスパゲティぞえ、ポテトサラダ、ハンバーグ目玉焼きのせ、ほうれん草とハムの炒め物、ヨーグルト）の料理も含め、シールの色と個数を手がかりにその栄養的特徴を推論し、次に、赤群が条件に合う、(4) の食事の緑群、黄群のシールの色と個数を推論し、その量を確認した上で、(4) が条件に適した食事であることを判断していた。ポストテスト8における知識の関連付けはレベル5であった。このように、知識を獲得、構造化し、想定された食事場面で、適切な知識を検索、活用し総合的に食事の栄養的特徴を推論し判断できていた。

イ　知識の獲得、その構造化、総合的視点からの活用（一部不十分）

表5-4-1に示すとおりg01、g11、g12、g27、g30、g33、b24、b31はポストテスト4で食品群の分類ができており、その構造化については、g30は不十

表5-4-1　条件に適した食事を判断した子どもの思考過程（1）

	g37	g01	g11	g12	g27	g30	g33	b24	b31	g13	g28	b03	b04	b06
A　食品の分類	○	○	○	○	○	△	○	○	○	△	×	△	○	○
B　食品群の構造化	○	○	△	△	△	×	△	○	△	×	△	○	○	○
C「基準となる料理」の量	○	△	×	×	×	×	×	○	○	×	×	×	×	×
D「基準となる料理」の量の構造化	○	×	○	○	○	○	△	△	△	×	×	×	×	△
E　質的推論	○	○	○	○	○	○	○	○	○	○	○	○	○	○
F　量的推論	○	×	○	○	○	○	○	○	○	○	○	○	○	○
G　量の把握	△	×	△	×	×	×	×	×	×	×	×	○	×	×
H-1　推論の仕方	量的推論	質的推論	量的推論	質的推論	質的推論	量的推論	量的推論	質的推論	質的推論	質的推論	質的推論	質的推論	質的推論	質的推論
H-2　知識の関連付け	レベル5	レベル5	レベル5	レベル5	レベル3	レベル5	レベル5	レベル4	レベル3	レベル4	レベル3	レベル3	レベル3	レベル3
H-3　回答した食事	条件に適した	条件に適した	条件に適した	条件に適した	条件に適した	条件に適した	条件に適した	条件に適した	条件に適した	条件に適した	条件に適した	条件に適した	条件に適した	条件に適した

分であったが他の子どもはほぼできていた。「基準となる料理」の量の把握はg01、b24、b31はほぼできていた。その構造化は、g01以外は、すべての子どもがほぼできていた。ただg33、b24、b31が質的であった。一方ポストテスト3においては全員が質的推論ができていた。g01はポストテスト6、7、8において量的推論ができていないが、ワークシート（4）給食で食べる複合的料理の栄養的特徴、ワークシート（5）「料理－食品群充足率カード」の組み合わせによる栄養的バランスの取れた食事、ワークシート（6）未学習の料理を組み合わせた献立の栄養的特徴において、例えばメンチカツの栄養的特徴を赤群のシールの個数3（正しくは4）、緑群のシールの個数1、黄群のシールの個数2（正しくは1）と個数に誤りがあるもののシールの色と個数を手がかりに推論できており、全員が料理または食事ごとに量的推論ができると考える。量の把握についてはポストテスト7では70％未満の正解率であり十分ではないがg11、g30、g33は、ポストテスト8でもシールの色と個数を手がかりに量的推論を行い条件に適した食事を判断できていた。

ポストテスト8の知識の関連付けについては、b24はレベル4、g27、b31はレベル3であったが、それ以外の子どもはすべてレベル5であり知識を関連づけて総合的に食事の栄養的特徴を推論し判断できていた。なお、g11は、ポストテスト7から、うどんを黄群に正しく分類できるようになっていた。同様にg01、g12及びb24は学習が進む中で食品の分類の誤りを訂正することができていた。

以上の8名は、未学習の食品の分類も正しく、知識を構造化でき、学習が進む中で学び直しを行い、整理した食品群に関する知識から、推論の手がかりとなる食品群を検索し、また「基準となる料理」のシールの色と個数を手がかりに食事の栄養的特徴を推論できていた。さらに知識を活用する場面で知識の関連付けもできており、総合的に食事の栄養的特徴を推論し判断することができていた。

以上のことから、ア、イの子どもについては条件に適した食事を判断できた理由は、知識の獲得とその構造化、関連付け、総合的視点からの活用ができ、思考スキルが獲得できたためであると考える。

ウ　学び直しによる知識の獲得、構造化、活用

表5-4-1に示すとおり、g13、g28、b03、b04、b06の中でb04、b06以外の子どもは、ポストテスト4の食品の分類は不十分であったが、g13は、ポストテスト6から油を黄群に分類でき、g28は、ポストテスト3からむぎごはん、うどんを黄群に分類、b03は、ポストテスト7からじゃがいもを黄群に、オムレツ（卵）を赤群に分類しており、誤って獲得した知識を訂正できていた。また、b04は食品の分類が80%以上できていたが、ポストテスト6からオムレツ（卵）を赤群に、同様にb06はポストテスト7からじゃがいもを黄群に正しく分類しており、5名の子どもすべてが学習が進む中で学び直しを行っていた。そして、全員がポストテスト8では、質的推論を行っていたが、ポストテスト7ではシールの個数を手がかりに量的推論をすることができていた。食事の量の把握については、b03のみがポストテスト7において食事の量を80%以上正しく推論できていた。ポストテスト8における知識の関連づけは、g13がレベル4であったが他の子どもはレベル3であった。

以上の5名は、学習の初期の段階では知識の獲得が不十分であったが、学習が進む中で学び直しを行い、十分な知識の獲得、構造化ができたことが推測できる。また、「基準となる料理」のシールの色と個数を手がかりに食事の栄養的特徴を推論できていた。

以上のことから、学び直しによる知識の獲得、構造化、活用、その思考スキルの獲得ができたことが条件に適した食事を判断できた理由であると考える。

エ　知識の獲得、構造化、活用（不十分）、他の要因

表5-4-2に示すとおり、g05、g25、g35は、g05を除いて食品の分類はできていた。その構造化についてはg35を除いてできていた。しかし、3名とも「基準となる料理」の量の把握、その構造化はできていなかった。ポストテスト3では質的推論ができていたが、ポストテスト6、7では量的推論、食事の量については推論できていなかった。しかし、3名ともワークシート（4)、(5)、(6）において、例えばg05はメンチカツの赤群のシールの個数を4、緑群のシールの個数を0（正解は1)、黄群のシールの個数を1と誤りはあるものの推論しており、量的推論も可能であると考える。

なお、g35 は、ポストテスト 7 から、オムレツ（卵）を赤群に分類できており、学習が進む中で学び直しを行っていた。ポストテスト 8 における知識の関連づけは g05 はレベル 2 と低く他の子どもはレベル 3 であった。

以上、3 名は知識の学び直しを行っている子どもも認められたが、知識の関連付けは完全ではなかった。また、量的推論が可能であり、思考スキルは獲得できていることが推測されるが、ポストテスト 8 では質的推論により食事の栄養的特徴を判断していた。このように、知識の獲得、構造化、その活用が完全ではなく、感覚的等他の要因が加わり条件に適した食事を判断していると考える。

オ　知識の獲得、活用

表 5-4-2 に示すとおり、b26、b34 は、食品の分類はほぼできていた。しかし、その構造化、「基準となる料理」の量の把握はできておらず、その構造化も質的であった。ポストテスト 3 では質的推論、ポストテスト 6、7 では量的推論ができていたが食事の量の把握はできていなかった。ポストテスト 8 では「ほうれん草の料理」等特定の料理に着目しており、知識の関連付けがレベル

表 5-4-2　条件に適した食事を判断した子どもの思考過程（2）

	g05	g25	g35	b26	b34	b23	b02	g21	b20
A　食品の分類	×	○	○	△	△	×	○	△	○
B　食品群の構造化	○	○	×	×	×	×	△	○	○
C「基準となる料理」の量	×	×	×	×	×	×	○	○	×
D「基準となる料理」の量の構造化	×	×	×	×	△	×	△	×	○
E　質的推論	○	○	○	○	○	×	○	○	○
F　量的推論	×	×	×	○	○	×	無記	○	○
G　量の把握	×	×	×	×	×	△	×	△	△
H-1　推論の仕方	質的推論	×	質的推論	×	×	×	無記	×	×
H-2　知識の関連付け	レベル 2	レベル 3	レベル 3	レベル 0	レベル 0	レベル 0	無記	レベル 0	レベル 0
H-3　回答した食事	条件に適した	条件に適した	条件に適した	条件に適した	条件に適した	条件に適した	条件に適した	条件に適した	条件に適した

0でまったくできておらず、質的推論も認められなかった。

以上2名については、知識の獲得、その活用はできており、思考スキルも獲得できていると考えられるが、課題の条件を的確に理解しておらず、また知識の関連づけもできていなかった。条件に適した食事を判断できた理由は推測することが難しい。

カ　知識の活用（一部）

表5-4-2に示すとおり、b23は食品の分類、「基準となる料理」の量の把握、それらの構造化、ポストテスト3の食事の質的推論はすべてできていないなかった。ただポストテスト6における複合的料理の量の把握はできていた。量を推論した理由については「カン」と記述していたが、ワークシート（4）、（5）、（6）において、例えばメンチカツの赤群のシールの個数を4、緑群のシールの個数を1、黄群のシールの個数を2（正しくは1）と誤りはあるものの推論しており、量的推論は可能であると考える。

しかし、ポストテスト5の「基準となる料理の」特徴は「当てずっぽう」、ポストテスト7の考えた理由は記述無し、同様にポストテスト8は「適当」と記してあり明確な分析ができない。

キ　知識の獲得、構造化、活用（一部）

表5-4-2に示すとおり、b02はポストテスト4で食品の分類、ポストテスト5で「基準となる料理」の量の把握についてはできており、それらの構造化についてもほぼできていた。ポストテスト3の食事の質的推論はできていた。ワークシート（4）、（5）、（6）において例えばメンチカツの赤群のシールの個数を3（正しくは4）、緑群のシールの個数を0（正しくは1）、黄群のシールの個数を1と誤りは認められるものの推論しており量的推論は可能であると考える。しかし、ポストテスト6、7、8の理由についての記述がないため思考過程について分析できない。

このように、「カ」、「キ」2名の子どもについては、知識を活用し推論していると考えられ、思考スキルも獲得していると推測できるが、どのように考えたのかについて記述が明確でなかった。考えはあるものの明確に表現（記述）できなかったのか、感覚的に判断したのか、また、偶然に正解したのか判断が難しい。ただ、理解していても実際に言葉でどこまで考えを表出できるのかについては本調査では明確にできない。自由記述で思考について分析することの限界であると考える。詳細については検討の余地が残された。

ク　問題の意図の間違い、偶然

表5-4-2に示すとおり、g21、b20の中で、g21は食品群の分類はほぼでき、その構造化、「基準となる料理」の量の把握はできていた。しかし「基準となる料理」の量の構造化はできていなかった。ポストテスト3の食事についての質的推論はできており、ポストテスト6の複合的料理はシールの色と個数を手がかりに推論し量を把握していた。ポストテスト7でも量的推論をしていたが、ポストテスト8では「食品群4～6、食事構成（主食、主菜、副菜、汁物、デザート）がよい」を食事の栄養的特徴を推論した理由に挙げていた。

また、b20は、食品の分類、その構造化、「基準となる料理」の構造化ができていた。ただ「基準となる料理」の量の把握についてはできていなかった。g21と同様に、ポストテスト3の食事についての質的推論はできており、ポストテスト6の複合的料理はシールの色と個数を手がかりに推論し、量を把握していた。ポストテスト7でも量的推論をしていたが、ポストテスト8では「食事構成もいい、食品群もたぶん4～6個、」を理由に挙げていた。これらの子どもは知識の獲得とその構造化、シールの色と個数を手がかりに推論することは可能であり、思考スキルも獲得していると考えるが、問題の意味を取り違えており（選択した理由は栄養的バランスの取れた食事）、偶然に正解したものと考える。

以上を整理すると、①知識の獲得とその構造化、関連付け、総合的視点からの活用ができ、思考スキルを獲得し、シールの色と個数を手がかりに食事の栄養的特徴を推論できる（ア）、②学び直しを行う中、知識の獲得とその構造化、関連付け、活用ができ、思考スキルを獲得し、シールの色と個数を手がかりに食事の栄養的特徴を推論できる（イ、ウ）、③知識の獲得、構造化、その活用が完全ではなく、思考スキルは獲得していると考えられるが、感覚的等他の要因が加わっている（エ）、この3点から条件に適した食事を判断していると考えられる。

オ、カ、キについては、なぜ正解に至ったのかの理由を分析することには限界がある。また、クについては、問題の意味を取り違えておりこれらについては今後検討する必要がある。

2）条件に適した食事を誤って判断した子どもの思考過程

ア　総合的視点の欠如

表5-4-3に示すとおり、b14は食品の分類と構造化はできてたが、「基準となる料理」の量とその構造化はできていなかった。ポストテスト3では正しく質的推論を行っており、ポストテスト6から量的推論また、量の把握もできていた。このことから、「基準となる料理」に関する知識の獲得、その構造化の学び直しを行っており、思考スキルも獲得していると考えられる。しかし、ポストテスト8では（2）の食事を誤って選択している。この（2）の食事は確かに赤群が条件に適しているが緑群は少ない。ポストテスト8の関連づけがレベル4であり、知識の関連づけはほぼできていたが、緑群は少ない、黄群はちょうどよいという他の食品群については判断するに至っていないことが考えられた。このように赤群のみに着目し総合的視点から食事の栄養的特徴を判断していないことが誤った判断を下した理由であると考える。

イ　量の捉え方の違い

表5-4-3に示すとおりb18は、ポストテスト4で食品の分類については

表5-4-3　条件に適した食事を誤って判断した子どもの思考過程

	b14	b18	b15	b36	g38	b19	g29	g08	b32	g07	g10	g17	g39	b16	b22	b09
A　食品の分類	△	○	○	○	○	○	○	○	○	○	○	○	○	△	○	×
B　食品群の構造化	○	△	×	○	×	○	×	○	×	×	×	○	×	○	×	×
C「基準となる料理」の量	×	×	○	×	○	○	×	×	×	×	△	×	×	×	×	×
D「基準となる料理」の量の構造化	×	×	×	○	×	×	×	×	×	×	×	×	×	×	×	×
E　質的推論	○	×	○	○	○	○	○	○	○	○	○	○	○	○	○	×
F　量的推論	○	○	○	○	○	×	×	×	×	×	×	×	×	×	×	×
G　量の把握	○	×	△	△	△	×	×	×	×	×	×	×	×	×	×	×
H-1　推論の仕方	質的推論	量的推論	質的推論	×	×	質的推論	質的推論	質的推論	質的推論	×	質的推論	質的推論	×	×	×	×
H-2　知識の関連付け	レベル4	レベル4	レベル3	レベル3	レベル0	レベル2	レベル3	レベル2	レベル2	レベル0	レベル0	レベル0	レベル0	レベル0	レベル0	レベル1
H-3　回答した食事	赤群多緑群少	赤群多緑群少	黄群多緑群少	バランスよい	バランスよい	黄群多緑群少	バランスよい	黄群多緑群少	バランスよい	赤群多緑群少	黄群多緑群少	黄群多緑群少	バランスよい	バランスよい	バランスよい	赤群多緑群少

80%以上の正解率であったが、ポストテスト3において、さばを赤群に、パンを黄群に正しく分類し、知識の誤りを学習が進む中で訂正し、より完全な知識の獲得ができていた。また、ポストテスト3においては質的推論が完全にできていなかったが、ポストテスト7でシールの色と個数から食事の栄養的特徴を推論し、量的推論ができていた。したがって、思考スキルの獲得ができていると考えられる。しかし、ポストテスト8では(2)の食事を条件に適した食事として回答していた。赤群についてカレーライスと唐揚げとエビフライでシール8個分と推論し、カレーライスの緑群をちょうどよいと推論していた。ポストテスト6において、カレーライスの緑群はシール3つ分と正しく認識できており、これを手がかりに推論したことが考えられる。一方、ポストテスト7では4～6個がちょうどよいと認識できていた。以上を考え合わせると、ちょうどよいシールの個数を認識できているにもかかわらず、感覚的に3つ分でちょうどよいと感じるというように量の捉え方に誤りがあったことが考えられる。

このように感覚とシールの個数との感じ方にずれが生じたことが誤った判断を下した要因であると考える。なお、この点については前述したように、おにぎり1個の黄群のシールが3つ分と認識しながら、ちょうどよい（正しくは、必要な量の半分より少し多い）と感じている子どもが認められたことと関連づけて、今後詳細な分析を行う必要がある。

ウ　食事の栄養的特徴に関する知識の活用が不可

表5-4-3に示すとおりb15、b36、g38は、いずれも食品の分類についてはポストテスト4で80%以上の正解率であり、知識の獲得はできていた。さらに、この中のb15はポストテスト6から麺を黄群とし、学習が進む中で誤った知識を訂正できていた。ポストテスト3では全員が質的推論ができていた。ポストテスト6でスパゲティの栄養的特徴をシールの色と個数を手がかりに推論しており、複合的料理の栄養的特徴は全員量的推論ができていた。したがって、思考スキルの獲得ができていると考える。また、量についても80%以上の正解率であった。ところが、ポストテスト7では量的推論をしているもののシールの個数に誤りが認められ、結果として量については誤りが認められた。

以上の3名については、複合的料理の段階まで完全に量的推論、量の把握ができていることがわかった。しかし、料理を組み合わせた食事については知識の活用が十分ではなく、このことが誤った判断を下した理由であると考える。

エ　「基準となる料理」の量の構造化、活用（一部）が不可

表5-4-3に示すとおりb19は、ポストテスト4で食品群の分類、その構造化、「基準となる料理」の量の把握までできているが、「基準となる料理」の量の構造化ができていなかった。また、ポストテスト3からすべて質的推論を行っており、その思考スキルを獲得できていると考えられるが、量的推論ができていないことがわかった。また、知識の関連づけはレベル2でありほとんど知識が関連づけられておらず、総合的に判断していないことが推測される。このように量についての知識の活用ができていないことが誤った判断を下した要因であると考える。

オ　知識（一部）の構造化、関連づけが不可、活用が不十分、問題の取り違え

表5-4-3に示すとおり、g29、g08、b32、g07、g10、g17、g39、b16、b22の中でb16についてはポストテスト4で食品の分類が△（78.7%）であるが、他の子どもは全て食品の分類ができていた。しかし、全員がポストテスト5では「基準となる料理」の量の把握、その構造化ができておらず、ポストテスト3において質的推論ができているものの、ポストテスト6以降量的推論、複合的料理、食事の量の把握ができていなかった。食品群に関する知識が一部整理されておらず、また、授業で学習したものについては記憶しているにとどまっていることが考えられる。例えば、b16は、ポストテスト7では「さばの塩焼きは赤4つ」という記述が見られるが赤群を含む他の料理については記述がなく、この料理のみシールの個数を記憶していることが考えられる。一部「基準となる料理」としてシールの色と個数を正確に把握（記憶）しているが、全体を見通して食品群、食品、料理を関連づけて食事の栄養的特徴を考えることができていないことが推測できる。

ポストテスト8の知識の関連付けもg29を除いてレベル2またはレベル0であり、総合的な視点から食事の栄養的特徴を判断をしていなかった。また、条件に適した食事であると判断した理由として、g10は「赤、黄をできるだけ

多いもの」、g08は「全ての群が2倍の量のもの」、g39、b16の2名は「食事構成がよい」と記述し、g08とg10は黄群が多く緑群が少ない食事、g39とb16は栄養的バランスの取れた食事を回答しており、問題の意図を取り違えていた。

このように食品群の種類に関する知識の獲得、質的推論はできているものの、知識を活用する場面で知識を関連付けておらず、シールの色と個数を手がかりに推論できていないことがわかる。そして、活用の思考スキルが十分に獲得されていないことが推測できる。また、問題の意図を正しく捉えていないことがわかった。

以上のことから、知識を関連づけることができず、「基準となる料理」の量、その構造化、また、その活用及び活用の思考スキルの獲得が不十分であることが誤った判断を下した要因であると考えられる。

カ　学習が機能していない

表5-4-3に示すとおり、b09は、食品群の分類とその構造化、「基準となる料理」の量とその構造化ができておらず、また、ポストテスト3における質的推論、ポストテスト6からの量的推論、ポストテスト8における知識の関連付けがまったくできていなかった。学習が機能しておらず、最初で躓き、学習が進む中で知識の学び直し、思考スキルの獲得等できていないことがわかった。

以上を整理すると、条件に適した食事の栄養的特徴を判断できなかった要因は①知識を関連付け総合的視点から食事の栄養的特徴を推論することができない（ア）、②シールの色と個数は把握しているが、その個数（量）の捉え方が異なっている（イ）、③複合的料理の栄養的特徴については知識の活用ができるが、料理が組み合わさった食事については十分に活用できない（ウ）、④「基準となる料理」の量の構造化ができておらず、料理、食事についてその量の活用ができない（エ）、⑤「基準となる料理」の量の把握、その構造化、料理、食事についてその量の活用ができない、問題の意図を取り違えている（オ）、⑥学習がまったく機能していない（カ）、の6つであった。

以上、条件に適した食事を判断した子どもの思考過程を経時的に分析した結果、学習した知識を生活で活用する（条件に適した食事の栄養的特徴を判断し選択できる）ためには、①知識（食品群の種類、「基準となる料理」の食品群の種類と量）の獲得、②それらの構造化、③獲得した①の知識を構造化する思考スキルの獲得、④獲得した①の知識の適切な検索、活用、⑤獲得した①の知識を検索、活用する思考スキルの獲得、⑥知識を関連付け総合的に判断できることが必要であることが明らかとなった。

一方、条件に適した食事の栄養的特徴を正しく判断できない子どもは、①知識を関連付け総合的視点から考えることができない、②量の捉え方が異なる、③食事の栄養的特徴（食品群の種類と量）を推論するための知識の活用ができない、④「基準となる料理」の量の構造化、「基準となる料理」の量の活用ができない、⑤「基準となる料理」の量の把握、「基準となる料理」の量の構造化、「基準となる料理」の量の活用ができない、問題の意図を的確に理解できない、⑥学習が機能していない、すなわち、知識の獲得、構造化、活用及び知識を構造化する思考スキル、知識を検索し、活用する思考スキルが獲得できていない、のいずれかに躓きがあることが明らかとなった。

したがって、③の子どもは、第4章第1節で述べた授業の中で、第3次第2時の授業、④、⑤の子どもは、同様に第2次の授業で躓いたものと考える。また、⑥の子どもは、第1次から学習が機能していなかったことが推測できる。

以上の結果に基づき、次節で授業モデルにおける食物選択力形成過程について考察する。

第5節　授業モデルにおける食物選択力形成過程に関する考察

1 「事実」としての知識の獲得及び「一般化」による知識の構造化

（1） 食品の栄養的特徴（食品群の特徴）に関する知識

第2節で述べたように、第4章第1節で述べた授業計画の「第1次　栄養的バランスの取れた食事　第2時　栄養的バランスと食品群・料理の栄養的特徴（2時間）」の前半の1時間の授業を実施した結果、授業後は、ほとんどの食品について、正解率が有意に上昇し、あるいは、有意差は認められないものの80%以上の正解率であり、食品の栄養的特徴について正しく理解出来ていることが明らかとなった。実施した授業は、第3章第3節の授業モデルの「第1次　栄養的バランスの取れた食事　第2時　栄養的バランスと食品群・料理の栄養的特徴（2時間）（図3-3-1参照）の前半部分を具体化した授業である。したがって、この授業終了時点では、食物選択力の形成に必要な知識である食品の栄養的特徴（食品群の特徴）に関する知識の獲得、すなわちマルザーノらのいう「事実」としての知識（表1-1-1参照）の獲得がなされていると見なすことができる。

なお、じゃがいも等授業前の誤りが修正できていない食品、原料がわかりにくいチーズ等の加工食品の一部の食品については、指導方法に課題が残った。

次に、第3節で述べたように、第4章第1節で述べた授業計画の「第1次　栄養的バランスの取れた食事　第2時　栄養的バランスと食品群・料理の栄養的特徴（2時間）」の前半の1時間の授業を実施した結果、授業後の自由記述から、子どもは、食品を赤群、緑群、黄群に分類し、これら食品群の特徴を、赤群のたんぱく質等「主に含まれる栄養素」、赤群の体の組織を作る等「体内での主な働き」、赤群の肉類や魚類等「分類される食品」、主食、主菜等「食事構成」に子どもなりに整理していることが明らかとなった。このことは、学習した食品群の特徴を手がかりに多様な食品の栄養的特徴を「一般化」し、例えば、たんぱく質を主に含む食品は赤群である、肉類は赤群に分類される食品である等、特徴ごとに知識構造を構築できていることが考えられる。そして、「一般化」により知識を構造化する思考スキルを獲得していると考える。

また、「主に含まれる栄養素」、「体内での主な働き」等1つ1つの食品群の特徴を関連づけて理解できていることが明らかとなった。これらの子どもは、マルザーノらのいう、知識の拡張、洗練が進み、多様な視点からの構造化を行い、さらにそれらを関連づけている子どもであると考える。

一方、授業後、未学習の食品については、80%を越える子どもが正しく分類できることが明らかとなった。既習の食品群の特徴を手がかりに未学習の食品の栄養的特徴を推論し、未学習の食品の栄養的特徴から、自分の内に既にある食品の栄養的特徴（食品群の特徴）に関する知識構造に未学習の食品を組み入れていることが推測された。このことから、食品の栄養的特徴（食品群の特徴）に関する知識構造を構築することができ、知識を構造化する思考スキルの獲得もできていると考える。

実施した授業は前述したとおり、第３章第３節の授業モデルの「第１次第２時」（図 3-3-1 参照）の前半の１時間を具体化した授業である。したがって、この授業終了時点では、食物選択力の形成に必要な知識である食品の栄養的特徴（食品群の特徴）の知識構造の構築及びその思考スキルの獲得、すなわちマルザーノらのいう「事実」としての知識（表 1-1-1 参照）の構造化、そのための思考スキルの獲得がなされていると見なすことができる。

ただ、前述したように一部の食品（じゃがいも等授業前の誤りが修正できていない食品、原料がわかりにくいチーズ等の加工食品）については、知識の獲得の段階で課題が残された。しかし、例えば、じゃがいもを緑群に分類した子どもが、未学習のさつまいもを緑群に分類している等、誤って獲得した知識ではあるが、その知識を手がかりに「いも類は緑群に分類される」と一般化し、知識構造を構築していることが推測できる。またその仕方、すなわち思考スキルの獲得はできていたと考えられる。

（2）「基準となる料理」の栄養的特徴に関する知識

第２節で述べたように、第４章第１節で述べた授業計画の「第２次　料理の栄養的特徴と１食分の適量（1 時間）」の授業を実施した結果、授業後は、「基準となる料理」について回答した子どもの中では、有意に正解率が上昇しており、無回答を除く子どもの約９割が「基準となる料理」の栄養的特徴に関する知識を獲得できたと考えられた。この授業は第３章第３節の授業モデルの「第２次　料理の栄養的特徴と１食分の適量（1 時間）」（図 3-3-1 参照）を具体化した授業である。したがって、この授業終了後、食物選択力の形成に必要となる「基準となる料理」の栄養的特徴（食品群の種類と量）に関する知識、すなわち、マルザーノらがいう「事実」としての知識（表 1-1-1 参照）については、獲得していると見なすことができる。ただ、無回答の子どもについては検討の余地が残された。

次に、第3節で述べたように、第4章第1節で述べた授業計画の「第2次 料理の栄養的特徴と1食分の適量（1時間）」の授業を実施した結果、授業後の自由記述から、「基準となる料理」の栄養的特徴を「料理や料理に使用されている食品の食品群の特徴」「『料理－食品群充足率カード』のシールの色（食品群の種類）と個数（その量）」から判断していることが明らかとなった。このことは、料理及び料理に使用されている食品に着目して食品群の特徴（種類すなわちシールの色）から「基準となる料理」の栄養的特徴を、例えば赤群を摂取できる料理は魚類の料理等と一般化し、それらの知識構造を構築していると考えられる。またその知識構造の構築の仕方、すなわち思考スキルの獲得もできていると考える。

そして、前述した食品群の特徴に関する知識構造が「基準となる料理」の栄養的特徴（食品群の種類）という異なった視点からの構造化をすることで、より確実なものとなったと考える。第2節で述べた食品群に関する知識の学び直しが行われ、誤りの訂正等が行われたことが推測できる。

一方、「基準となる料理」の栄養的特徴を「『料理－食品群充足率カード』のシールの個数（食品群の量）」から判断した子どもは少なかった。このことから、「基準となる料理」の栄養的特徴を食品群の量（シールの個数）から一般化し、例えば赤群のシール3個分摂取できる料理は給食で出される魚料理である等の一般化を行い、知識構造を構築できている子どもは一部（約2割）であると考えられる。この一部の子どもについては思考スキルが獲得できていると考える。

実施した授業は前述したとおり、第3章第3節の授業モデルの「第2次」を具体化した授業である。したがって、この授業終了時点では、食物選択力の形成に必要な知識である「基準となる料理」の栄養的特徴に関する知識のうち、食品群の種類からの構造化及びその思考スキルの獲得、すなわちマルザーノらのいう「事実」としての知識（表1-1-1参照）の構造化、そのための思考スキルの獲得がなされていると見なすことができる。

特に、食品群の種類（シールの色）に関する知識はこの授業においてマルザーノらのいう知識の拡張、洗練がより深められたと考える。

2　構造化した知識の検索、活用

（1）複合的料理の栄養的特徴（質・量的）

第4節で述べたように、第4章第1節で述べた授業計画の「第3次　複合的料理の栄養的特徴と栄養的バランスの取れた食事　第1時　日常生活で食べる複合的料理の栄養的特徴（1時間）」の授業を実施した結果、授業後は約90%の子どもが、未学習のスパゲティミートソース、ラーメンを含め、「料理に使用されている食品の食品群の特徴」、あるいは「『料理－食品群充足率カード』のシールの色と個数」を手がかりに複合的料理の栄養的特徴を推論していることが明らかとなった。言い換えれば、「基準となる料理」の栄養的特徴（シールの色と個数）に関する知識を検索し、活用できており、また知識を検索し、活用する思考スキルを獲得していることが明らかとなった。これらの子どもの中には、シール1つ分の量に関する知識を活用し、シール1つ分にならない量を正しく推論できているものも認められた。また、食品の量と嵩の関係についても授業で取り上げた教材から得た知識を活用し推論していることが考えられた。

この授業では、ワークシート（4）で「基準となる料理」のシールの色と個数を手がかりに給食で出される料理のシールの色と個数を推論する仕方の練習をおこなっている。また、この練習は「基準となる料理」のシールの色と個数の獲得及びその構造化と食品群の量について構造化ができていなかった子どもにとって学び直しの学習ともなったと考えられる。以上の授業は第3章第3節の授業モデルの「第3次　第1時」（図3-3-1参照）を具体化した授業である。したがって、この授業終了後は、複合的料理の栄養的特徴（食品群の種類と量）を推論するために、食物選択力の形成に必要な食品群の特徴に関する知識、及び「基準となる料理」の栄養的特徴に関する知識を検索し、活用でき、また知識を検索し、活用する思考スキルの獲得、すなわち、マルザーノらがいう知識（表1-1-1参照）の活用ができ、知識を活用する思考スキルの獲得がなされていると見なすことができる。また、食品群の特徴に関する知識とその構造化、「基準となる料理」の栄養的特徴に関する知識とその構造化についての学び直しが行われたことが示唆された。

（2） 食事の栄養的特徴（質的）

第4節で述べたように、第4章第1節で述べた授業計画の「第1次　栄養的バランスの取れた食事　第2時　栄養的バランスと食品群・料理の栄養的特徴（2時間）」の後半の1時間の授業を実施した結果、授業後は栄養的バランスの取れた食事と赤群の多い食事については80%以上の子どもが正しく食事の栄養的特徴（食品群の種類）を判断していた。そして、自由記述からは、子どもの約90%は食品や料理に使用されている食品を食品群に分類して判断していることが明らかとなった。この授業は、第3章第3節の授業モデル「第1次　第2時」（図3-3-1参照）の後半部分を具体化した授業である。したがって、この授業終了後には、食事の栄養的特徴を食品群の種類から推論するために、食品群の種類に関する知識構造から適切な知識を検索し、活用でき、また知識を検索し、活用する思考スキルの獲得ができている、すなわちマルザーノらのいう知識の活用及び知識を活用する思考スキルの獲得がなされていると見なすことができる。

（3） 食事の栄養的特徴（質・量的）

第4節で述べたように、第4章第1節で述べた授業計画の「第3次　複合的料理の栄養的特徴と栄養的バランスの取れた食事　第2時　栄養的バランスの取れた料理の組み合わせ（1時間）」の授業を実施した結果、授業後は栄養的バランスの取れた食事についてはそれぞれの群について約80%の子どもが食品群の種類、その量ともに正しく推論できていた。しかし、緑群の少ない食事の緑群、黄群の多い食事の黄群については、その量を正しく推論した子どもは約40%、赤群の多い食事の赤群については約60%であることが明らかとなった。自由記述からは、食事の栄養的特徴のうち、食品群の種類（シールの色）については約90%の子どもが適切に推論していると考えられた。また、食事の栄養的特徴を食品群の種類と量（シールの色と個数）から推論できる子どもが認められた。これらの子どもは、「基準となる料理」の栄養的特徴（シールの色または個数）を検索し、食事の栄養的特徴（食品群の種類または量）の推論ができ、その活用の思考スキルが獲得できているものと考える。これらの子どもに対しては、ワークシート（5）を使用し、「基準となる料理」の栄養的特徴から食事の栄養的特徴を推論する練習が有効であったと考える。しかし、以上の子どもの中には、食品群の量（シールの個数）については、シールの個数に誤りがあり、正確に把握していない子どもがいることがわかった。このように一部の子どもが量を正確に把握していないことが、前述の緑群の少ない食事、黄群の多い食事の量を半数以上の子どもが正しく推論できなかった原因であると推測できる。

この授業は、第3章第3節の授業モデル「第3次　第2時」（図3-3-1参照）を具体化した授業である。したがって、この授業終了後には、「基準となる料理」の栄養的特徴（シールの色または個数）の知識構造から適切な知識を検索し、活用でき、また知識を検索し、活用する思考スキルを獲得できている、すなわち、マルザーノらのいう知識の活用及び知識を活用する思考スキルを獲得していると見なすことができる。

ただ、シールの個数について、適切に活用できた子どもは一部（約2割）にとどまった。

（4）条件に適した食事の栄養的特徴（質・量的）

第4節で述べたように、第4章第1節で述べた授業計画の「第4次　家族にぴったりの食事（1時間）」の授業を実施した結果、授業後、条件に適した食事を正しく選択した子どもが減少しており、栄養的バランスの取れた食事を誤って選択した子どもが増加していた。条件に適した食事と判断した理由を分析したところ、食事構成と関連づけて判断した子どもが認められ、これらの子どもは栄養的バランスの取れた食事を条件に適した食事と判断したことが考えられた。一方、「料理－食品群充足率カード」のシールの色または個数を手がかりに推論し、判断している子どもが認められた。このような子どもは60%を越え、これらの子どもは複数の食事の栄養的特徴を推論し、その中から条件に適した食事を選択する場面で、「基準となる料理」の栄養的特徴（質・量的）に関する知識を検索、活用できていると考えられた。また、知識を関連づけ総合的視点から食事の栄養的特徴を推論し、複数の食事の栄養的特徴を比較した上で判断している子どもが認められた。そして、学習した①食品群（栄養素）の体内での主な働き、②赤、黄、緑群の食品群、③それらの群に分類される食品、④それら食品を使用した料理、⑤赤群の量、⑥緑、黄群の量の6点が関連付けられている子どもは授業前の約3倍に増加していた。一方、まったく関連づけられない子どもは約30%と著しく減少していた。

また、授業後に条件に適した食事を正しく判断できた子どもの中では、前述の①と②、③、④、⑤、⑥を3つ以上が関連づけられている子どもが約70%であったが、正しく判断できていない子どもの中では約30%であった。このように知識の関連付けができることは、食事の栄養的特徴を推論し、判断する上で重要であることが明らかとなった。

この授業では、条件に適した食事の栄養的特徴を推論する学習活動の前に、未学習の料理を組み合わせた食事の栄養的特徴を「基準となる料理」の栄養的特徴（シールの色と個数）から推論する方法を練習しており、それらを行う中で、同時に学習した知識をさらに拡張し、洗練しそれらを関連付けたものと考えられる。この授業は、第3章第3節の授業モデル「第4次　家族にぴったりの食事（1時間）」（図3-3-1参照）を具体化した授業である。したがって、この授業終了後には、半数以上の子どもは「基準となる料理」の栄養的特徴（シールの色または個数）の知識構造から適切な知識を検索し、活用でき、また知識を検索し、活用する思考スキルを獲得できている、すなわち、マルザーノらのいう知識の活用及び知識を活用する思考スキルを獲得していると見なすことができる。

また、一部の子どもは知識を活用する中で、知識がさらに拡張、洗練され、それらを関連づけて総合的に活用できるようになっていると考えられる。

以上の（1）、（2）、（3）、（4）から、食物選択力の形成に必要な食品群に関する知識、「基準となる料理」の栄養的特徴に関する知識の活用については、複合的料理の段階までは、それら知識構造から適切な食品群の種類と量（シールの色と個数）を検索し、活用できることが明らかとなった。食事の栄養的特徴を推論し判断する場面では、「基準となる料理」のシールの色については約90%の子どもが適切に検索し、活用できていた。食品群の量（シールの個数）を適切に検索し、活用することについては約20%の子どもであった。一方、食品群の種類、「基準となる料理」の食品群の種類と量を適切に検索し、活用する思考スキルについては約90%の子どもが獲得できていたと考える。

したがって、マルザーノらのいう知識の活用は、複合的料理では食品群の種類と量に関して、食事場面では食品群の種類に関しては可能であり、その思考スキルを獲得していると見なすことができる。

以上、知識の獲得及び一般化による構造化、構造化した知識の検索、活用についての考察から、授業モデルの第1次から第4次までを実施することにより食物選択力を形成できると考える。

次に、授業モデルを実施することによる、食物選択力の形成過程を子どもの思考の流れから整理すると図5-5-1が考えられる。図に示すとおり、授業モデルにおける食物選択力の形成過程は、食品群の種類に関する既有の知識を想起し、新しい知識と関連付け、意味を構築し、統合しその知識構造を構築し

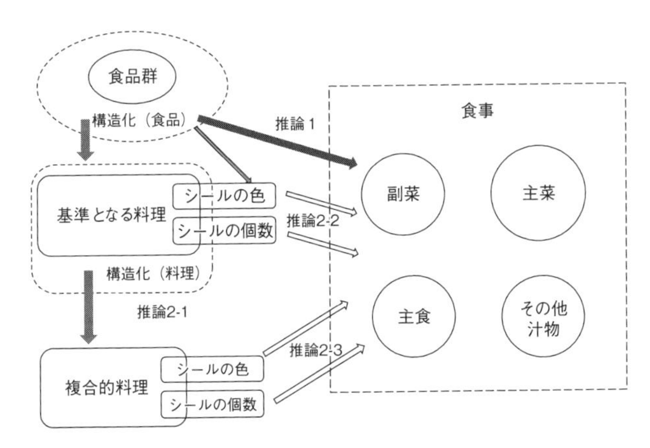

図5-5-1　食物選択力形成過程の思考

ていく「構造化（食品）」、この食品群の種類に関する知識構造を精緻のものにすると同時に、「基準となる料理」の栄養的特徴（食品群の種類と量）に関する知識を獲得し、その知識構造を構築していく「構造化（料理）」、食事場面で食品群の種類から食事の栄養的特徴を推論する「推論1」、「基準となる料理」の栄養的特徴（食品群の種類と量）から複合的料理の栄養的特徴を推論する「推論2-1」、同じく「基準となる料理」の栄養的特徴（食品群の種類と量）から食事の栄養的特徴を推論する「推論2-2」、複合的料理の栄養的特徴（食品群の種類と量）から食事の栄養的特徴を推論する「推論2-3」が考えられる。

前述した考察をこの図を用いて説明すると、「推論1」については約90%の子どもが、「推論2-1」については、シールの色または個数から約90%の子どもができている。また、「推論2-2」についてはシールの色または個数から約60%の子どもができていると見なすことができる。「推論2-3」については、自由記述からは明確な分析が得られなかった。

3　子ども一人ひとりに着目した食物選択力の形成過程

子ども一人ひとりに着目し、さらに詳細に食物選択力を形成する思考過程について分析した結果、条件に適した食事を正しく選択できた子どもとそうでない子どもには、前述の思考過程について相違点が認められた。

（1） 条件に適した食事を正しく判断した子どもの思考過程

条件に適した食事を正しく判断できた子どもは、知識を獲得、構造化でき、あるいは学習が進む中で誤っていた食品群の種類等を学び直し、食品群に関する知識等を獲得、構造化し、想定された食事場面で、適切な知識を検索、関連づけて活用でき、総合的に食事の栄養的特徴を推論し判断していることが明らかとなった。また、知識を構造化する思考スキル、知識を検索し、活用する思考スキルが獲得できていることが考えられた。

図5-5-1を用いて説明するなら、これらの子どもは食品群の種類（シールの色）から食品を構造化する「構造化（食品）」、食品群の種類と量（シールの

色と個数）から「基準となる料理」の栄養的特徴を構造化する「構造化（料理）」が可能であり、食品群の種類や量から知識を構造化する思考スキルを獲得している。さらに、これらの子どもは食品群の種類（シールの色）を手がかりに食事の栄養的特徴を推論でき、知識を検索し、活用する思考スキル「推論1」を獲得し、「基準となる料理」の栄養的特徴（シールの色と個数）を手がかりに複合的料理の栄養的特徴を推論でき、知識を検索し、活用する思考スキル「推論2-1」を獲得し、「基準となる料理」の栄養的特徴（シールの色と個数）を手がかりに食事の栄養的特徴を推論でき、知識を検索し、活用する思考スキル「推論2-2」を獲得している。つまり、知識を関連づけて総合的に食事の栄養的特徴を推論することのできる子どもである。

（2）条件に適した食事を正しく判断できなかった子どもの思考過程

条件に適した食事を正しく判断できなかった子どもは、次の6パターン、「ア　赤群のみに着目し、総合的視点が欠如」「イ　量の捉え方の違い」「ウ　知識の活用（量）、量の把握が複合的料理の段階までは可能、食事の栄養的特徴を推論し、判断するための活用またその思考スキルの獲得が不十分」「エ　『基準となる料理』の量の構造化、その活用（一部）、知識の関連付け、思考スキルの獲得が不十分」「オ　知識（一部）の構造化、関連付け、活用、その思考スキルの獲得ができていない、問題の取り違え」「カ　学習が機能していない」に集約できた。

以上を図5-5-1を用い説明すると、「ア」は、図の中のどの局面においても躓きの箇所はなく、 知識の獲得、構造化、活用、その思考スキルの獲得はできている。しかし、検索した知識を関連付け総合的視点から活用し食事の栄養的特徴を推論することができていない子どもである。次に、「イ」は「ア」と同様に図の中に躓きの箇所はなく、知識の獲得、構造化、活用、その思考スキルの獲得ができているが、シールの個数（量）の捉え方が異なっている子どもである。これら「ア」、「イ」の子どもは、知識の獲得、構造化、活用、その思考スキルの獲得とどの局面にも躓きはないことから、食事選択力を形成するためには、これらに加え、知識を関連付け活用できること、また、量（数値）の捉え方（感覚的な側面）についての視点を検討しておく必要があることが明らかとなった。そして、この2点は日常生活での食事場面で目的に合った食事を選択する時重要となると考える。

「ウ」は複合的料理の栄養的特徴の推論すなわち、図中の「推論2-1」までできるが料理が組み合わさった食事の栄養的特徴の推論、すなわち、図中の「推論2-2」に躓きのある子どもである。「エ」は、図中の「構造化（食品）」、そして「推論1」はできているが、「構造化（料理）」「推論2-1」「推論2-2」に躓きのある子どもである。「オ」は、食品群に関する知識は獲得はできているが、図中の「構造化（食品）」「構造化（料理）」に躓きがあり、食事の栄養的特徴（食品群の種類）についての「推論1」だけはできていたが、「推論2-1」「推論2-2」に躓きのある子どもである。さらにこれらの子どもは、問題の意図を取り違えていた。「カ」は、学習がまったく機能していない、すなわち、図中の「構造化（食品）」「構造化（料理）」「推論1」「推論2-1」「推論2-2」のすべてができていない子どもであり、最初の知識の獲得とその構造化の段階で躓いている子どもである。

以上をまとめると表5-5-1に示すとおりである。「ウ」の子どもは複合的料理の段階までは、「基準となる料理」の栄養的特徴（シールの色と個数）を活用しており、その思考スキルも獲得されていると考える。しかし食事場面でその活用ができておらず、食事場面で活用する仕方すなわち思考スキルが獲得されていないのではないかと考えられる。「エ」「オ」の子どもは知識の獲得はで

表5-5-1　条件に適した食事を正しく判断できなかった子どもの思考過程

パターン	構造化（食品）	構造化（料理）	推論1	推論2-1	推論2-2	備　考
ア	○	○	○	○	○	総合的視点欠如
イ	○	○	○	○	○	数値の捉え方問題
ウ	○	○	○	○	×	
エ	○	×	○	×	×	
オ	×	×	○	×	×	
カ	×	×	×	×	×	

きており、「推論1」は可能であったことから、推論の手がかりとなる知識「構造化（料理）」に躓きがあるため、次の「推2-1」あるいは「推論2-2」に進めないのではないかと考える。これらのことは、知識を獲得しているだけでは活用ができず、知識の構造化、活用の思考スキルの獲得が必要であること、また知識の獲得、構造化ができていなければ適切な知識を検索し、活用できないことを示唆している。

以上のことから、食物選択力が形成されるためには次のような過程を経ることが必要であると考える。すなわち、マルザーノらのいう「事実」としての知識に当たる「食品群の特徴」の獲得、一般化によるその構造化（図5-5-1の「構造化（食品）」）、これができた上で、それらを手がかりに食事の栄養的特徴（食品群の種類）の推論（図5-5-1の「推論1」）が可能であることが考えられる。一方で、「基準となる料理」の栄養的特徴（食品群の種類と量）の獲得、その構造化（（図5-5-1の「構造化（料理）」）、これができた上で、それらを手がかりに複合的料理の栄養的特徴（食品群の種類と量）の推論（図5-5-1の「推2-1」）あるいは食事の栄養的特徴（食品群の種類と量）の推論（図5-5-1の「推論2-2」）が可能となると考える。したがって、食事の栄養的特徴（食品群の種類と量）を推論し判断できなかった子どもについては躓きの前の段階の学習を検討する必要がある。

なお、前述したように食品群の特徴を誤って獲得した知識を誤ったまま一般化により構造化し、その知識構造から誤った知識を検索し、活用することを行っていた子どもが認められた。当然食事の栄養的特徴には誤りが認められる。しかしこの子どもについては、一般化による構造化の仕方、あるいは知識の検索、活用の仕方、すなわち、これらの思考スキルについては獲得できていると考えられる。そうであるならば、正しい知識を獲得、構造化できていなくても思考スキルは獲得できるのではないかと考える。

結論として食物選択力の形成過程は図5-5-1の過程が考えられる。そして、知識を獲得し、獲得した知識を構造化でき、獲得した知識の活用ができること、また知識を構造化する思考スキル及び知識を検索し、活用する思考スキルが獲得できていること、さらに知識を知識構造から取り出し、他の知識構造から取り出した知識と関連づけて活用し総合的に推論し判断できることが食物選択力の形成に必要であると考える。

ここで強調しておきたいことは、知識の獲得がなされているとしても思考スキルの獲得がなければ知識を正しく活用し食事の栄養的特徴を推論し、適切な食事を選択できないこと、思考スキルが獲得されていても正しい知識の獲得がなされていなければ、食事の栄養的特徴を正しく推論し判断できないということである。

終　章
総　　括

終章では、本研究で得られた知見及び本研究の限界と今後の課題について総括を行う。

第1節　本研究で得られた知見

1　本研究で得られた知見

本研究は、小学校家庭科の栄養教育を対象に、マルザーノらの「行動モデル」（マルザーノら、2007）、「学習の次元」（マルザーノら、2009）を援用して、食物選択力形成のための授業モデル及び教材を開発し、その有効性と食物選択力の形成過程を実証的に検討した。

食物選択力を、知識を獲得し、構造化し、活用すると同時に構造化及び活用の思考スキルを獲得し、料理の栄養的特徴から食事の栄養的特徴を判断し、目的に合った食事を選択する能力と捉え、食物選択力を形成する授業モデル及び教材を開発した。その授業モデルは、「学習の次元」の「次元2」を援用した食品群及び「基準となる料理」の栄養的特徴に関する知識を獲得する学習、「次元3」を援用した食品群及び「基準となる料理」の栄養的特徴に関する知識を拡張、洗練し構造化する学習、また知識を構造化する思考スキルを獲得する学習、「次元4」を援用した食品群及び「基準となる料理」の栄養的特徴に関する知識を活用する学習、また知識を検索し、活用する思考スキルを獲得する学習で構成されている。

この授業実践を行った結果、子どもは (1) 食品群の特徴及び「基準となる料理」の栄養的特徴（食品群の種類と量）に関する知識を獲得できること、(2) 食品群の特徴ごとに知識構造を構築できること、「基準となる料理」の食品群の種類に関する栄養的特徴を構造化できること、これら２つの知識を構造化する思考スキルを獲得できること、(3)「基準となる料理」の栄養的特徴（食品群の種類と量）を活用して食事の栄養的特徴を判断できること、知識を検索し、活用する思考スキルを獲得できること、(4) 授業が進む中で食品群の種類、「基準となる料理」の栄養的特徴（食品群の種類と量）の学び直しを行っていること、(5) 知識を獲得していても知識を検索し、活用する思考スキルがなければ活用できない、また知識を検索し、活用する思考スキルを獲得していても知識を獲得していなければ活用できないことが明らかとなった。

以上のことから、食物選択力の形成には、知識の獲得、その構造化、活用、さらに知識を構造化する思考スキル、知識を検索、活用する思考スキルが必要であり、授業モデルは食物選択力の形成に有効であると考える。

次に、食物選択力の形成過程については、(1) ①食品群の種類に関する知識を獲得しその知識を構造化する、②食品群の種類を活用し食事の栄養的特徴を推論する、また③「基準となる料理」の栄養的特徴（食品群の種類と量）に関する知識を獲得し、構造化する、④「基準となる料理」の栄養的特徴（食品群の種類と量）を活用し、複合的料理の栄養的特徴を推論する、さらに、⑤「基準となる料理」の栄養的特徴（食品群の種類と量）を活用し、食事の栄養的特徴を推論する過程の５つがあること、(2) 食事の栄養的特徴を正しく判断できる子どもは (1) の①～⑤のどの過程にも躓きがないことが明らかとなった。したがって、食事の栄養的特徴を正しく判断できない子どもには、躓きのある過程に関する学習を行うことで、食物選択力の形成が可能であることが示唆された。

以上の知見から、第１に食物選択力の形成に必要となる知識の獲得、構造化、活用、それらの思考スキルを獲得する授業モデルの開発、第２に食事の栄養的特徴を推論する手がかりとなり、知識を関連づけて理解する教材の開発、第3にそれまでの学習で担保されない学習を行うと同時にそれまでの学習の学び直しを行う包摂的学習を組み立て、さらにそのための教材を開発したことが、学習した知識を日常生活で活用できる食物選択力の形成を可能にしたと考える。

食物選択力の形成に有効な授業モデル及び教材を開発できたことは、小・中・高等学校の栄養教育を改善し、子どもが学習した知識を日常生活で活用し、健康な生活を可能にすることに寄与すると考える。

2　本研究の意義と特色

本研究の意義と特色は次の5点である。

第1の意義と特色は、食物選択力を形成するために必要となる知識の獲得、構造化、活用、そして、知識を構造化する思考スキル、知識を検索し、活用する思考スキルを獲得する授業モデルを開発し、その有効性を実証できたことである。

足立は、「従来の栄養生理を中心に据えた学問体系ではとらえきれない部分が多い」[1]と指摘している。これまでの家庭科では着目されてこなかったが、食品群、料理の栄養的特徴等の構造化された知識及び思考スキルを獲得することが、日常生活において知識を活用するために必要であることが明らかとなった。子どもが知識を日常生活で活用できるために有効な学習内容及びその学習方法を明確にすることは、学習を組み立てる上で有意義である。

第2の意義と特色は、食物選択力の形成過程を解明し、さらに、知識を活用できない子どもの躓きの箇所を明らかにしたことである。

食物選択力形成過程が解明され、知識を活用できない子どもの躓きの箇所の把握が可能となった。このことは、子どもの思考過程に沿った学習の組み立て、さらに、一人ひとりの子どもに適合した学習を担保する上で有意義である。

第3の意義と特色は、食事の栄養的特徴を推論する手がかりとなり、知識を関連付けて理解するカード教材を開発したことである。

これまでに家庭科の栄養教育の教材として、食品カード[2)]、献立作成アプリケーションソフト[3)、4)、5)]等が開発されているが、子どもに推論をさせる目的で開発された教材は認められない。開発したカード教材を用いることで知識の構造化、構造化の思考スキルの獲得、知識を検索し、活用する思考スキルの獲得が可能となることが明らかとなり、知識を日常生活で活用できる学習を組み立てる上で有意義である。

第4の意義と特色は、マルザーノらの「学習の次元」で説明すると、「次元2」の学習、「次元3」の学習（「次元2」の学習を含む)、「次元4」の学習（「次元2」、「次元3」の学習を含む）というように、学び直しを行いながら展開する包摂的学習を組み立て、その学習のための教材を開発したことである。

これまでの学習では、獲得した知識を構造化し、関連付ける学習が重視されていなかった。このことが知識を日常生活で活用できない原因の一つであった。学び直しを行いながら展開する包摂的学習により、知識及びその知識構造をより精緻なものにし、また、栄養素、食品群、食品、料理に関する知識を関連付けながら活用することが可能となり、日常生活での多様な食事場面での活用が期待できる。

第5の意義と特色は、小学校段階で、食品群の量の理解が可能であることを明らかにしたことである。

小学校段階では、食品群の量については扱わないことになっているが、成長過程にあるこの段階から、量の把握ができることは、将来の健康な食生活に繋がり重要である。食品群ごとの1食分に必要な量を、必要摂取量の充足率としてシールの個数に換算し認知させ、「基準となる料理」の栄養的特徴を食品群の種類をシールの色で食品群の量をシールの個数で理解させることができた。以上のことは、自由に食品の種類と量を組み合わせて、食品群の種類と量から栄養的バランスの取れた食事を考え、整える能力の形成へと発展可能であり、中・高等学校の栄養教育[6)]の改善に寄与する。

引用文献及び参考文献

1) 江原絢子編、『食の文化フォーラム 19、食と教育』、ドメス出版、2001、p.179
2) 長島和子、好岡聿子、「小学校家庭科における栄養教育 ― カードゲームの導入による『食品と栄養素』の指導 ―」、日本家庭科教育学会誌、第 30 巻　第 2 号、1987、pp.534 ～ 536
3) 佐藤真紀子、吉村幸雄、高橋啓子、金子佳代子、「栄養バランスの良い食事への理解を深めるコンピュータソフトの開発」、日本家庭科教育学会誌、第 39 巻　第 1 号、1996、p.59
4) 小西文子、出石康子、「栄養指導を主体としたコンピュータソフトの開発」、日本家庭科教育学会誌、第 37 巻　第 2 号、1994、p.88
5) 佐藤文子、竹田純子、「小学校家庭科食物領域におけるパソコン導入授業の有効性 ―『食品に含まれる栄養素とその働き』の指導において ―」、日本家庭科教育学会誌、第 33 巻　第 2 号、1990、pp.40 ～ 42
6) 中村喜久江、「栄養的バランスの取れた食事を整える能力の育成 ―『料理－栄養』学習の構想 ―」、日本教科教育学会誌、第 23 巻　第 4 号、2001、pp.23 ～ 25

第 2 節　本研究の限界と今後の課題

本研究の限界と今後の課題は以下のとおりである。

第 1 の限界と課題は、経時的分析が行われていないことである。

本研究では、4 か月後の知識の定着、その構造化、活用について、また、知識を構造化する思考スキル、知識を検索し、活用する思考スキルの定着について検討していない。食物選択力は、子どもが生涯にわたって健康な日常生活を送るために必要な能力であり、維持できることが重要である。経時的に分析することにより、食物選択力を維持するための学習に関する示唆を得ることが可能となる。今後、検討が必要である。

第 2 の限界と課題は、学び直しの様相、時期が明確にできていないことである。食品を正しく食品群に分類できていない子どもが、料理の栄養的特徴を判断する学習や食事の栄養的特徴を判断する学習において正しく分類できるようになっていることが明らかとなった。しかし、学び直しができる子どもとできない子どもが認められ、その相違が生じる要因については分析できていない。また、どの学習のどの時点で学び直しが行われているのかについては明確にできていない。これらを明確にすることは、知識の獲得、構造化、活用及び構造化と活用の２つの思考スキルの獲得を確実なものにし、さらに個々の子どもが日常生活で学び直しを行い、自ら獲得した知識を拡張し、深化させる学習を組み立てる上で重要な課題であると考える。

第３の限界と課題は、赤・緑・黄群の三色食品群を用いて栄養的特徴を理解させていることである。

三色食品群を用いたことが、食品の色と食品群の種類を混同する原因となっていることが明らかとなった。食品群の栄養的特徴は、料理及び食事の栄養的特徴を判断する基礎的な知識であるため、これを理解させることは重要である。食品群について今後、検討する必要がある。

第４の限界と課題は、思考過程を自由記述により評価することである。

自由記述では、書かない、考えがあっても表現できない子どもの思考過程を分析することに限界がある。例えば、給食の料理を組み合わせた食事の栄養的特徴を「基準となる料理」の栄養的特徴（食品群の種類と量）から推論し判断している子どもが、次の課題の食事の栄養的特徴では、食品群の種類だけで判断している記述を行っていた。なぜ、「基準となる料理」の栄養的特徴のうち、食品群の量は用いずに食品群の種類だけで判断したのか自由記述からは分析できない。子どもの思考過程を明確に把握することにより、子どもの思考の躓き箇所を詳細に分析する可能性が広がる。そして、これは食物選択力の確実な獲得に繋がることから、今後検討する必要がある。

第５の限界と課題は、子どもの量の捉え方を明確にすることである。

本研究では、おにぎり１個は、黄群の１食分に必要な量の半分より少し多い量であるが、ちょうどよい量と回答し、日常生活での感覚から食品群の量を判断した子どもが認められた。健康な生活を営むためには、科学に基づいた知識を日常生活で活用することが重要であり、子どもが日常生活で感覚的に捉えている量と科学的知識に基づいて捉えている量の間の「ずれ」に気づかせることが重要である。子どもの量の捉え方を明確にすることは、学習した科学的知識を日常生活で活用できる学習内容の選定に繋がり、今後、検討する必要がある。

補　章

食物選択力形成過程の維持

本章では、学位論文において課題として残された食物選択力形成過程の維持に関する検討を行う。

獲得した知識、その構造化と活用さらに、構造化及び活用の思考スキル、そして食物選択力の形成過程が、授業実践4か月後に維持されているのかについて分析する。

第1節では調査の概要、第2節では①「事実」としての知識の維持について、第3節では②知識の構造化及びその思考スキルの維持について、第4節では③知識構造からの知識の検索、活用及びその思考スキルの維持について分析を行う。さらに、第5節では①、②、③の分析結果を通して、授業モデルにおける食物選択力形成の維持について経時的考察を行う。

第1節　調査の概要

授業実践4か月後（以下4か月後と略す）に授業実践直後（以下授業後と略す）と同じテストを実施した。調査の概要は以下の通りである。

（1）　調査時期及び調査対象

調査時期は、2013年11月中旬である。授業実践（第5章第1節、図5-1-1参照）の4か月後である。

調査対象は、H大附属小学校5年39名（男子19名、女子20名）である。
なお、分析する過程で対象者に番号を付けることとした。

（2） 調査の方法

調査は、H大附属小学校デミール千代教諭が、家庭科の授業時間の中で実施した。

（3） 調査票の位置づけ

4か月後のポストテストの内容については、資料5-1-1、5-1-2、5-1-5、5-1-6（巻末参照））に示すとおりである。

ポストテスト4（資料5-1-1）は、授業後と同様に、「事実」としての食品群に関する知識、「一般化」による知識構造の構築に関する調査である。食品群の特徴から知識を「一般化」し、それを手がかりに未学習の食品について食品群の特徴に関する意味を構築できるのか（知識構造が構築されているか）について調べるために、赤群の食品として、牡蠣、ししゃも、きな粉、緑群の食品としてアスパラガス、しめじ、黄群の食品としてはちみつ、さつまいもの7つの食品を加えた。第5章で述べたように、牡蠣、ししゃも、アスパラガス、しめじ、さつまいもについては、予備的授業実践において間違えやすいことが明らかとなった貝類、その他の野菜類、きのこ類、いも類から選出した。また、きな粉、はちみつは、加工食品であり原料に遡って考える必要がある食品である。

ポストテスト5（資料5-1-2）は、授業後と同様に、「基準となる料理」の栄養的特徴について、「事実」としての知識、「一般化」による知識構造の構築に関して調べるためのテストである。

ポストテスト7（資料5-1-5）は、授業後と同様に、給食で出される料理を組み合わせた献立（食事）を用いて、「基準となる料理」の栄養的特徴（食品群の種類、量）に関する知識の検索、活用に関して調べるためのテストである。

ポストテスト8（資料5-1-6）は、授業後と同様に、条件に適した食事を判断する課題を用いて、「基準となる料理」の栄養的特徴（食品群の種類、量）に関する知識の検索、活用に関して、調べるためのテストである。

第2節　「事実」としての知識の維持

食事の栄養的特徴を推論し、目的に適した食事を選択するために必要な基礎的知識である食品及び料理の栄養的特徴が、4か月後も維持されているのかについて分析を行った。分析対象の食品は、給食で出される食品及び日常生活でよく食べる代表的な食品54品目（前述の未学習の7品目を含む。）である。料理については、給食で出される料理24種類である。

調査及び分析の方法は、授業後と同様の方法を採用した。以下に再度記す。

食品の栄養的特徴に関する知識の維持については、ポストテスト4（資料5-1-1）に示す54品目の食品一覧の中からまず、赤群の食品のみを赤色のマーカーで塗り、それら食品から、赤群の特徴を考え記入させた。次に、緑群、黄群の順序で同様の方法で回答させた。それぞれの食品について、赤群は6つの食品群の第1群、第2群に分け、緑群は同様に第3群、第4群、黄群は第5群、第6群に分け正解率を出した。

なお、未学習の食品、赤、緑、黄群の特徴については第3節で述べる。

次に、料理の栄養的特徴に関する知識の維持については、ポストテスト5（資料5-1-2）の24種類の料理一覧の中から赤群が1食分に必要な量の半分より少し多く摂取できる料理を赤色のマーカーで塗り、それらを選択した理由を記入させた。黄群も同様の方法で回答させた。緑群については、1食分に必要な量の半分より少し少なく摂取できる料理を緑色のマーカーで塗り、それらを選択した理由を記入させた。

赤群、緑群、黄群の「基準となる料理」についてそれぞれ正解率を出した。なお、選択した理由については第3節で述べる。

1　食品の栄養的特徴に関する知識の維持

（1） 4か月後における食品の栄養的特徴（食品群）

赤群のうち6つの食品群で第1群に分類される食品については、図補-2-1に示すとおりである。さばは全員、豚肉、とり肉、ソーセージは97.4%、また、いかは89.7%、えび、あさり、かまぼこが87.2%とこれらについてはほとんどの子どもが正しく分類していた。しかし、豆腐は64.1%、油揚げ、豆乳は61.5%と正解率は低く、30%強の子どもが誤って黄群と回答していた。中でも味噌は、わずか43.6%の正解率であり、約半数の子どもが誤って黄群と回答していた。このように、油揚げは正解率が上がったものの、豆製品については総じて正解率が低く、授業後と同様の結果が認められた。なお、たまごは74.4%の正解率であったが、これは、授業後と同じ正解率である。いずれの食品も授業後と同様の正解率であった。

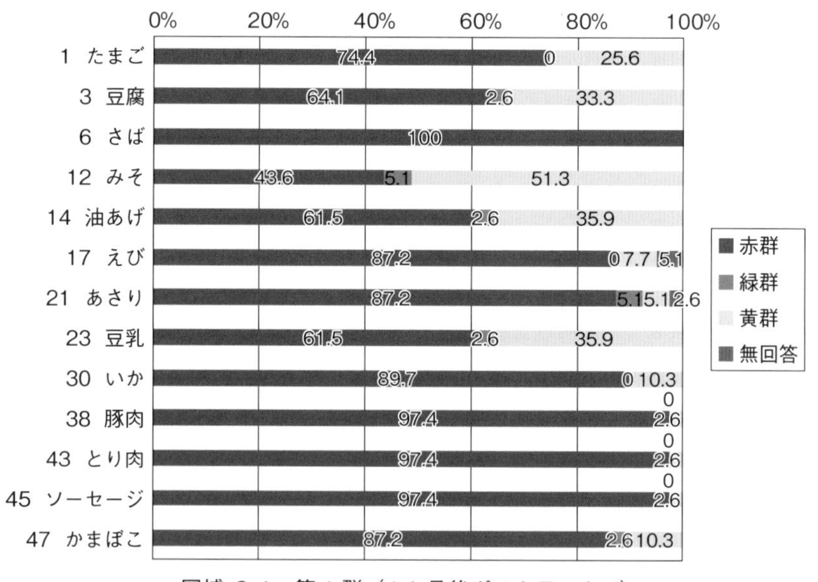

図補-2-1　第1群（4か月後ポストテスト4）

赤群のうち第２群に分類される食品については、図補-2-2 に示すとおりである。わかめが 69.2%の正解率であったものの、ひじきは 46.2%と低く、前者は、30.8%、後者は 46.2%もの子どもが誤って緑群と答えていた。授業後と同様の結果であり、海藻は、野菜類であるという誤った認識が払拭されていないことがわかる。また、牛乳が 61.5%、チーズは、授業後より正解率が上がったものの 48.7%の正解率で半数に届かず、前者は、35.9%、後者は 51.3%もの子どもが誤って黄群に分類していた。授業後と同様に食品の色と食品群の色の混同が修正されていないことが推測できる。

授業後と同様に、全般的に赤群のうち６つの食品群で第２群に分類される食品について正解率が低い傾向にあった。

緑群のうち、第３群に分類される食品については、図補-2-3 に示すとおりである。すべての食品をほとんどの子どもが正しく分類できていた。中でもにんじん、ピーマン、ブロッコリーは全員が正解していた。にんじんについて

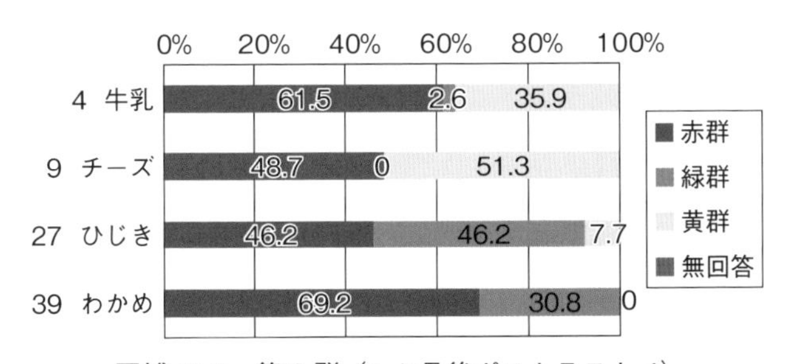

図補-2-2　第２群（4 か月後ポストテスト 4）

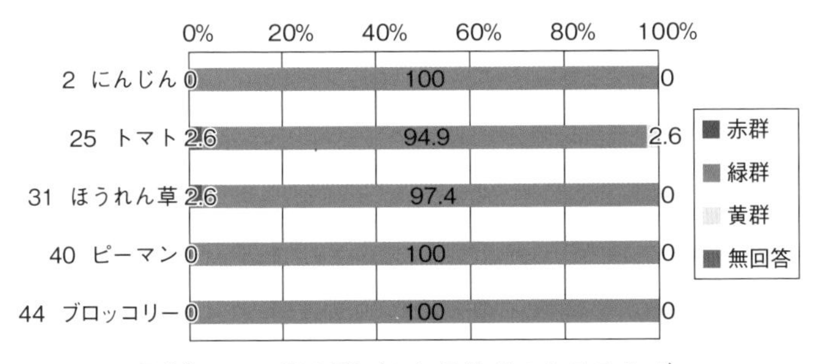

図補-2-3　第３群（4 か月後ポストテスト 4）

は、授業後5.1%の子どもが赤群に分類していたが、4か月後は0%であった。いずれも授業後と同様の正解率であった。

緑群のうち、第4群に分類される食品については、図補-2-4に示すとおりである。すべての食品を80%以上の子どもが正しく分類できていた。中でも、レタス、キャベツは全員が正解しており、たまねぎ、なすは97.4%とわずかに100%に届かず、たけのこ、しいたけ、ごぼう、大根は90%を超える子どもが正しく分類していた。バナナ、みかん、りんごについては、いずれも80%を超える高い正解率であった。緑群には、果物類が分類されるという特徴が明確になったことが推測できる。

このように緑群については、すべての食品をほとんどの子どもが正しく分類でき、授業後の正解率と同様であった。

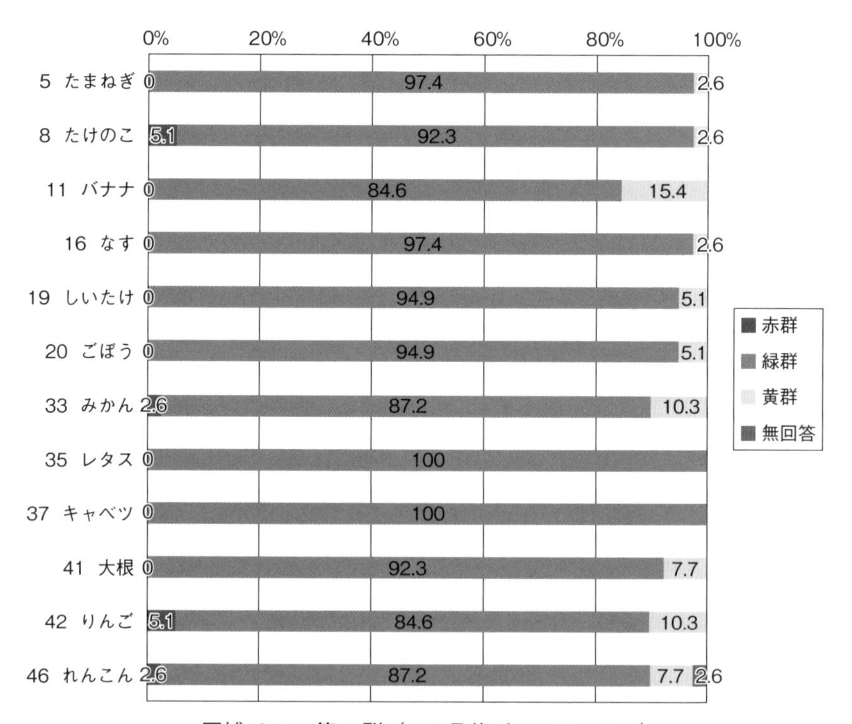

図補-2-4　第4群（4か月後ポストテスト4）

黄群のうち第５群に分類される食品については、図補-2-5に示すとおりである。食パン、うどんが89.7%で授業後より正解率が上昇していた。また、白米、小麦粉が82.1%と高い正解率であった。一方、じゃがいもについては、43.6%と低く、48.7%の子どもが誤って緑群に分類していた。しかし、授業後のじゃがいもの正解率が28.2%で、誤って緑群に分類した子どもが71.8%であったことを考えると、その後の授業において学び直しが行われたのではないかと考える。10%以上正解率が高くなった食品（うどん、じゃがいも）も見られたが、他の食品は授業後の正解率と同様であった。

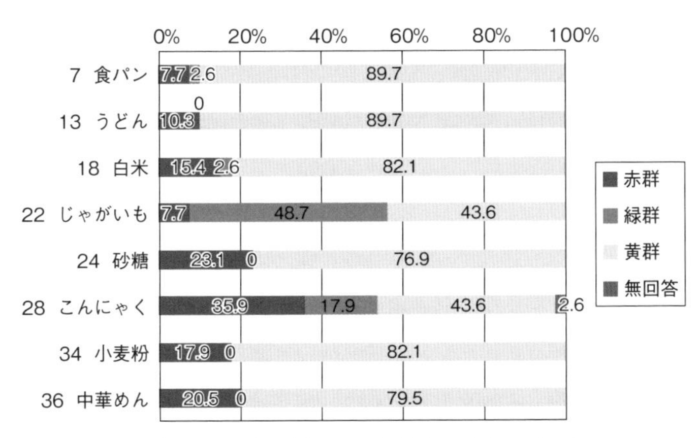

図補-2-5　第５群（4か月後ポストテスト4）

黄群のうち第６群に分類される食品ついては、図補-2-6に示すとおりである。どの食品も60%台と総じて正解率が低く、誤った子どものほとんどは赤群に分類していた。ごまの正解率は授業後より18.0%下がったが、その他の食品は授業後と同様の結果であった。

以上のことから、後述する一部の食品を除いては、4か月後においても、80%以上の正解率であり、ほとんどの子どもが食品の栄養的特徴について正しく理解出来ていることが明らかとなった。また、正解率が低い食品についても授業後より正解率が上がるか、ほとんど同様であった。したがって、獲得した食品の栄養的特徴に関する知識が4か月後においても維持されていると考え

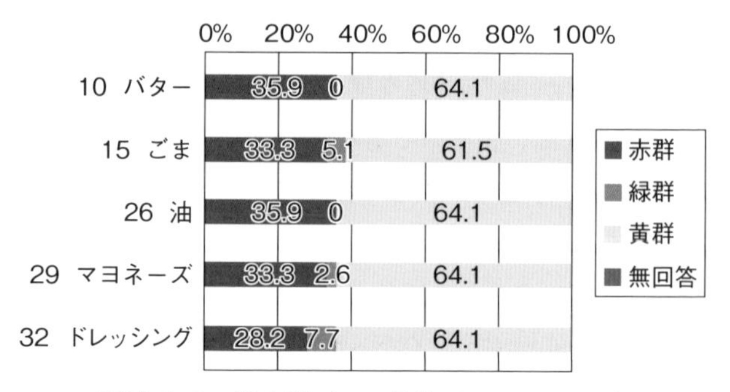

図補-2-6 第6群（4か月後ポストテスト4）

る。そして、その中には、学び直しが行われた知識が含まれていることが推測できる。

一部の食品すなわち、赤群のみそ、チーズ、ひじき、黄群のじゃがいもは、いずれも正解率は半数に満たず、半数以上の子どもが理解ができていないことが明らかとなった。ひじき、じゃがいもについては、約半数の子どもが緑群と回答していた。また、みそ、チーズについては約半数の子どもが黄群と回答していた。以上のことは、授業後と同様である。しかし、学び直しが行われたと推測される知識があることから、特に、みそ、チーズ、ひじき、じゃがいもについては、指導方法の改善とともに、例えば、毎日の給食と関連づける等学び直しを行う機会を日常的に作る必要があると考える。

2 料理の栄養的特徴に関する知識の維持

（1） 4か月後における「基準となる料理」の栄養的特徴（食品群）

赤群が1食分に必要な量の半分より少し多く摂取できる「基準となる料理」（オムレツ、白身のフライ、さばの塩焼き）については図補-2-7に示すとおりである。オムレツを除き80%前後の正解率であった。授業後より正解率が総じて10～25%上がっていた。授業後のポストテストでは無回答が半数近かったが、これら無回答であった子どもが正しく回答した、または学び直しをした、両方の理由が考えられる。

豚肉のしょうが焼きは「基準となる料理」ではないが、赤群を1食分に必要な量の半分より少し多く摂取できる料理と考えている子どもは82.1%であった。これは、授業後と同様の結果である。

次に、緑群が1食分に必要な量の半分より少し少なく摂取できる「基準となる料理」（コールスローサラダ、りんご、グレープフルーツ、バナナ）については、図補-2-7に示すとおりである。コールスローサラダが66.7%の正解率で、授業後より約20%増加していた。りんご、グレープフルーツ、バナナについては無回答が約半数と多かった。いずれの料理も無回答を除く子どもについては90%前後が正解していた。

黄群が1食分に必要な量の半分より少し多く摂取できる「基準となる料理」（むぎごはん）については図補-2-7に示すとおりである。正解率は53.8%と低く、無回答が約40%であった。無回答を除く子どもについては、90%を超える子どもが正解していた。

このように、授業後と同様、総じて無回答が多いため判断が困難ではあるが、オムレツ、白身フライ、さばの塩焼き、コールスローサラダ、グレープフルーツ、バナナは正解率が上昇し、これらを含め、無回答を除く子どもについては、9割前後の子どもが正しく回答しており、「基準となる料理」の栄養的

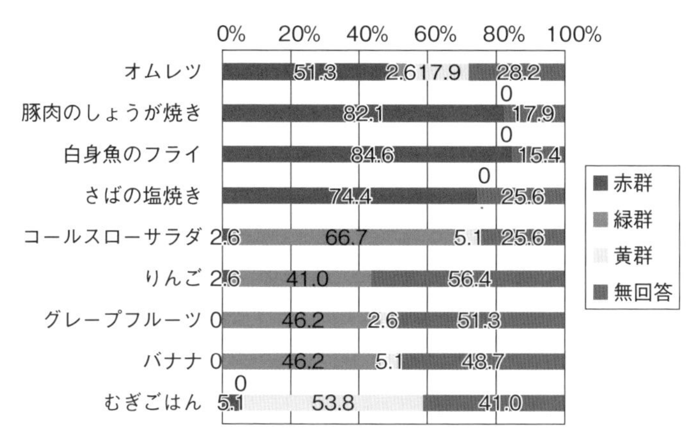

図補-2-7　赤・緑・黄群の「基準となる料理」の栄養的特徴
（4か月後ポストテスト5）

特徴に関する知識が4か月後においても維持されていると考える。

以上、食品及び「基準となる料理」の栄養的特徴について分析した結果、食品の栄養的特徴については、ほとんどの子どもが知識を維持しており、第4章第1節で述べた授業計画の「第1次　栄養的バランスの取れた食事　第2時　栄養的バランスと食品群・料埋の栄養的特徴（2時間）」（表4-1-1（1）参照）の前半の1時間の授業は獲得した知識を維持することに有効であると考える。

一方、「基準となる料理」の栄養的特徴については、無回答を除く（回答した）子どものほとんどはその栄養的特徴に関する知識を維持しており、第4章第1節で述べた授業計画の「第2次　料理の栄養的特徴と1食分の適量（1時間）」（表4-1-1（2）参照）の授業は獲得した知識を維持することに有効であると考える。しかし、授業後と同様、無回答の子どもについては検討の余地が残された。

これらの「第1次第2時」の前半の授業及び「第2次」の授業は、第1章第3節で述べたマルザーノらの「学習の次元」の「次元2　知識の獲得と統合」の単元設計（表1-3-2-1参照）を援用して組み立てた授業であり、マルザーノらの構想した知識の獲得に関する学習は、獲得した知識の維持においても効果的であったと考える。

第3節　「一般化」による知識構造及び構造化の思考スキルの維持

ポストテスト4の赤群、緑群、黄群に分類される食品の特徴（食品群の特徴）に関する自由記述をKJ法を用いて検討し、「一般化」（表1-1-1参照）による知識構造及び構造化の思考スキルが4か月後も維持されているのかに関して分析した。また、未学習の食品については、それぞれの食品について正解率を出し、知識構造が4か月後も維持されているのかについて検討した。

次に、ポストテスト5で給食で出される料理（「基準となる料理」）の栄養的特徴を判断した理由に関する由記述をKJ法を用いて検討し、「一般化」による知識構造及び構造化の思考スキルが4か月後も維持されているのかについて分析した。

1　食品群の特徴

（1）４か月後における食品群の特徴の整理

(1) 赤群の特徴、(2) 緑群の特徴、(3) 黄群の特徴に分けて検討したが同様の結果が得られたため、これらをまとめて分析した。その結果は、図補-3-1に示すとおりである。なお、図中の番号は、授業前（②〜④)、授業後（②〜④、⑦〜⑧）と対応させている。⑨〜⑪は新たに出現した記述である。

「赤群は肉、魚介類、豆・豆製品、牛乳・乳製品、海藻等」等『②赤、緑、黄群に分類される食品』に集約できる記述が認められた。なお、未学習のきな粉について、「きな粉はもとが赤群だから」と記述した子どもが認められ、この子どもについては、原料の大豆にさかのぼって考えることができていることが推測できる。

次に、「赤群は肉・魚類で、カルシウムなどが多いもの」というように『③赤群に分類される食品、主に含まれる栄養素』を関連づけたものに集約できる記述、「緑群は、野菜、果物など体の調子を整える」等『④赤、緑、黄群に分類される食品、体内での主な働き』を関連づけたものに集約できる記述、赤群は、「魚、肉など主菜になる物が多い」等『⑨赤、緑群に分類される食品、食事構成』を関連づけたものに集約できる記述が認められた。また「肉、魚など、主に主菜、主に血や肉を作るはたらきがある」あるいは、「やさい、デザートなどビタミン」というように『⑩赤、緑群に分類される食品、食事構成、体内での主な働き、あるいは主に含まれる栄養素』を関連づけたものに集約できる記述、「フルーツやお野菜が特徴。体の調子を整えるもの、ビタミンの多いもの（野菜)」等『⑦緑群に分類される食品、主に含まれる栄養素、体内での主な働き』を関連づけたものに集約できる記述が認められた。

さらに、「緑群は主に緑黄色野菜、果物も含まれる。ビタミン。体の調子を整えるはたらきがある。主に副菜、デザート」というように『⑧緑群に分類される食品、主に含まれる栄養素、体内での主な働き、食事構成』を関連づけているものも見られた。また、「赤群は焼いて食べるものが多い」等『⑪調理法』に集約できる記述が認められた。

一方、「黄群は食事のバランスをととのえたりするのに使う」というように漠然とした記述、「緑群は、野菜や果物。エネルギーのもとになる」等『赤、緑、黄群の体内での主な働き』(エネルギー等)、「赤群は、主に体をつくる。油、貝、魚、肉、たまご」等『赤、緑、黄群に分類される食品』の一部（油等)、「黄群はたんぱく質（米、油、砂糖など)。エネルギーのもとになる」等『赤、黄群に主に含まれる栄養素』(たんぱく質等)、「赤群は体や骨を作るもの。主食でるもの」等『食事構成』(主食等）について、それぞれ誤った記述が認められた。ただ、どの誤りも分類される食品、主に含まれる栄養素、体内での主な働き、食事構成が関連づけられておりその一部が誤っているという特徴が見られた。

以上のことから、自由記述は以下の８つに解釈できる。すなわち、②「赤・緑・黄群に分類される食品」、③「赤群に分類される食品、主に含まれる栄養

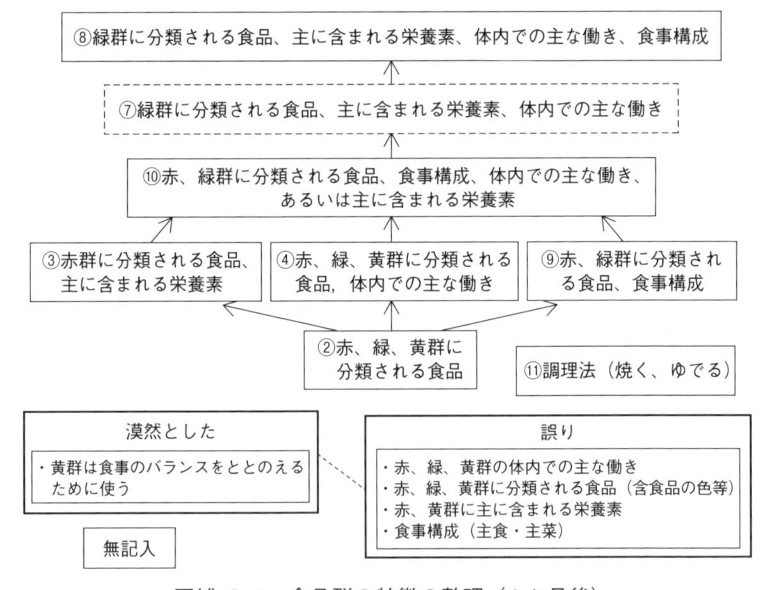

図補-3-1　食品群の特徴の整理（4 か月後）

素」、④「赤・緑・黄群に分類される食品、体内での主な働き」、⑨「赤、緑群に分類される食品、食事構成」、⑩「赤、緑群に分類される食品、食事構成、体内での主な働き、あるいは主に含まれる栄養素」、⑦「緑群に分類される食品、主に含まれる栄養素、体内での主な働き」、さらに⑧「緑群に分類される食品、主に含まれる栄養素、体内での主な働き、食事構成」、⑪「調理法」である。⑨、⑩、⑪については、4か月後新しく認められた記述である。また、②、③、④、⑨、⑩、⑦、⑧のいずれの理由にも、分類される食品が含まれており、知識を構造化する視点となっていることがわかる。また、総じて、子どもが複数の特徴を関連づけて理解していることが明らかとなった。

このように、それぞれの食品群の特徴について、分類される食品、主に含まれる栄養素、体内での主な働き、食事構成と多様な視点から子どもなりに整理し、それらを関連づけて理解していることが明らかとなった。したがって、4か月後も食品群の特徴を整理した上で関連づけた知識構造及びその思考スキルを維持できていると考える。

（2） 4か月後における未学習の食品の栄養的特徴（食品群）

図補-3-2に示すとおり、赤群の中で第1群に分類される牡蠣は94.9%と高い正解率であった。きな粉は38.5%の正解率で授業後より15.5%増加したものの、約半数の子どもが誤って黄群と答えていた。（きな粉については、授業後のポストテスト4以降の授業で一回だけ取り上げているので、4か月後では、厳密に言えば、未学習ではない。）授業後においてはわずか23.1%の正解率であり、70%以上の子どもが黄群に分類していたことを考えると、授業後のポストテスト4以降の授業で1回だけ取り上げたきな粉パンの学習において学び直しを行ったことが推測できる。しかし、その他の子どもについては、第2節で述べたように豆製品については総じて正解率が低く、多くの子どもが誤って黄群に分類していたことと関連すると考える。

一方、もう一つの理由として、「料理－食品群充足率カード」として作成した「きな粉パン」を授業で取り上げた際、油を使用しているために黄色のシールが1つ分多くなるが、赤群のきな粉については1つ分にならないことを指導

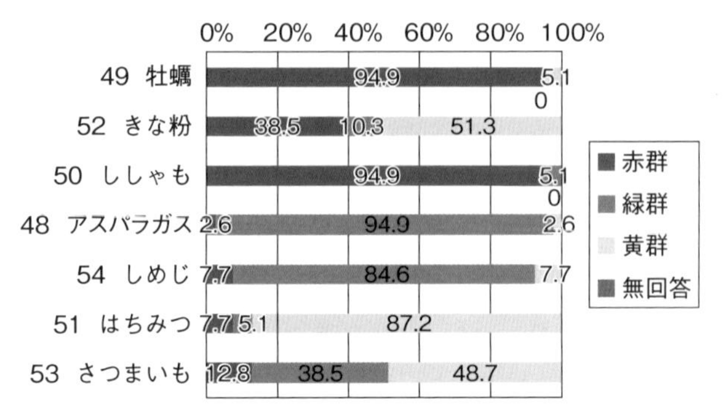

図補-3-2　未学習の食品の分類（4 か月後ポストテスト 4）

した。しかし、黄群ときな粉が誤って関連づけられて記憶され、4 か月後も修正できていないことが推測される。

赤群の中で第 2 群に分類されるししゃもについては、94.9%の子どもが正しく分類でき、授業後より増加していた。第 1 群の牡蠣の正解率が高かったことと考え合わせると、赤群は魚介類で構成されるという知識構造が確立されていることが推測できる。

次に、緑群の中の第 3 群であるアスパラについても 94.9%と高い正解率であった。

また、緑群の中の第 4 群に分類されるしめじについても 84.6%と高い正解率であった。きのこ類は、予備的授業実践において間違えやすい食品であったが、知識構造がが明確にできているものと考えられる。

次に、黄群の第 5 群に分類されるはちみつは、87.2%と多くの子どもが正しく分類できていた。しかし、さつまいもについては正解率が 48.7%であり、誤って緑群に分類した子どもが 38.5%いた。じゃがいもと同様の傾向―じゃがいもの正解率は 43.6%と低く、48.7%の子どもが緑群に分類していた―が認められる。いも類は黄群であるという知識構造を確立している子どもがいる一方で、緑群であるという認識を払拭できていない子どもがいることがわかる。

以上のことから、きな粉とさつまいもを除く未学習の食品については 9 割前後の子どもが既習の知識を手がかりに正しく判断していることが推測できる。

以上、授業後と同様に、①食品群の特徴を多様な視点から整理した上で関連づけて知識を構造化できていたこと、②9割前後の子どもが、未学習の食品の食品群の特徴をすでに自分の内にある食品群の特徴に関する知識と照合しそれらに統合することができていたことから、ほとんどの子どもが食品の栄養的特徴（食品群）に関する知識構造を洗練、拡張し維持することができ、また、思考スキルを維持できていると考える。

従って、第4章第1節で述べた授業計画の「第1次　栄養的バランスの取れた食事　第2時　栄養的バランスと食品群・料理の栄養的特徴（2時間）」（表4-1-1（1）参照）の前半の1時間の授業は、獲得した食品群の特徴に関する知識構造及び構造化の思考スキルの維持に有効であったと考える。

この授業はマルザーノらの「学習の次元」の「次元3　知識の拡張と洗練」の単元設計（表1-3-2-2参照）をも視野に入れ組み立てた授業であり、マルザーノらの構想した知識の拡張と洗練に関する学習がより確かな知識構造及び構造化の思考スキルの維持に効果的であったと考えられる。

2 「基準となる料理」の栄養的特徴

（1） 4か月後における料理の栄養的特徴の整理

⑴ 赤群が1食分に必要な量の半分より少し多く摂取できる「基準となる料理」、⑵ 緑群が1食分に必要な量の半分より少し少なく摂取できる「基準となる料理」、⑶ 黄群が1食分に必要な量の半分より少し多く摂取できる「基準となる料理」に分けて検討したが、同様の結果が認められたためこれらをまとめて分析した。その結果は、図補-3-3に示すとおりである。なお、図中の番号は、授業前（①～④）、授業後（③～⑤）と対応させている。⑥、⑦は新たに出現した記述である。

4か月後における料理の栄養的特徴の整理については、図補-3-3に示すとおり、「給食ででる果物の量だと緑群が少ないと思うから」等『②給食と照らし合わせて』に集約できる記述、「主食に黄群は含まれているため」等『⑦食事構成』に集約できる記述が認められた。また、黄群が1食分に必要な量の半

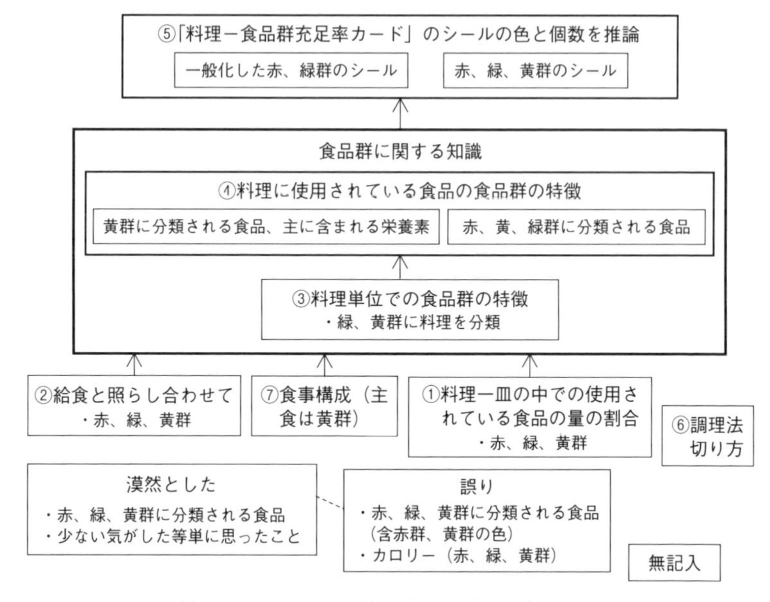

図補-3-3　料理の栄養的特徴の整理（4 か月後）

分より少し多い料理については、「かやくうどんはうどんはたくさん入っているけどお肉なども入っているから半分より少し多くした」等『①料理一皿の中での使用されている食品の量の割合』に集約できる記述が認められた。「量の少ないサラダとかだったり、緑群が少ないと思うから」等『③料理単位での食品群の特徴』に集約できる記述、黄群の料理は「いもやたんすいかぶつがいっぱいはいっているから」等『④料理に使用されている食品の食品群の特徴』に集約できる記述が認められた。また、「むぎごはんは４つ位だと思うから」等『⑤「料理－食品群充足率カード」のシールの色と個数を推論』に集約できる記述が認められた。その中には「緑群の単品のものはだいたい２つ分だから」等料理の栄養的特徴（シールの色と個数）を一般化した上で、シールの色と個数から判断していると思われる記述が認められた。また、「肉、魚の切り方などで変わると思った」等『⑥調理法』に関する記述が認められた

一方で、「少ない気がした」等漠然とした記述、赤群については「フライなど油が使われているものは少し多いと思ったから」等誤った記述が認められ

た。また、きな粉とパンは黄群という記述が複数認められた。これは、前述したように、きな粉パンのきな粉を誤って黄群と認識したことを修正できていないことが推測される。

以上のことから、料理の栄養的特徴を判断した理由は、図補-3-3に示すとおり、②「給食と照らし合わせて」、⑦「食事構成」、①「料理一皿の中での使用されている食品の量の割合」、③「 料理単位での食品群の特徴」、④「料理に使用されている食品の食品群の特徴」、⑤「『料理－食品群充足率カード』のシールの色と個数を推論」、⑥「調理法」の７つに解釈できた。

このように、4か月後においても「料理－食品群充足率カード」のシールの色と個数から推論しているものが認められた。

また、料理及び料理に使用されている食品に着目して、分類される食品を中心に主に含まれる栄養素等、食品群の特徴が複数記述されていた。これらが整理されていない状態での記述もなかった。

以上のことから、複数の食品群の特徴を関連付け推論でき、「基準となる料理」の栄養的特徴を食品群の種類（シールの色）または、食品群の種類と量（シールの色と個数）から構造化できる子どもが認められ、「基準となる料理」の栄養的特徴から構造化した知識構造及び構造化の思考スキルを維持しているものと考える。

したがって、第4章第1節で述べた授業計画の「第２次　料理の栄養的特徴と１食分の適量（1時間）」（表4-1-1-(2) 参照）の授業は、「基準となる料理」の栄養的特徴を食品群の種類（シールの色）から、また、一部の子どもは食品群の種類と量（シールの色と個数）からの構造化及びその思考スキルの維持について有効であったと考える。

この授業はマルザーノらの「学習の次元」の「次元３　知識の拡張と洗練」の単元設計（表1-3-2-2参照）をも視野に入れて組み立ててあり、マルザーノらの構想した知識の拡張と洗練に関する学習は、より確かな知識構造及び構造化の思考スキルの維持に効果的であったと考えられる。

第4節　構造化した知識の検索、活用、活用の思考スキル及び思考過程の維持

「基準となる料理」の栄養的特徴を手がりに食事の栄養的特徴（食品群の種類、シールの色、以下質的とする。食品群の量、シールの個数、以下量的とする）を4か月後も推論できるのかについて分析を行った。

ポストテスト7（資料5-1-5）では、4つの食事（(1) 黄群の多い食事、(2) 栄養的バランスの取れた食事、(3) 緑群の少ない食事、(4) 赤群の多い食事）について、その栄養的特徴（質・量的）を赤、緑、黄群それぞれ「多い」「ちょうどよい」「少ない」の中からから選択する方法で回答させた。正解率を出し、さらに、それぞれの食事について判断した理由を記入させ、KJ法を用いて分析した。

ポストテスト8（資料5-1-6）では、4つの食事（(1) 栄養的バランスの取れた食事、(2) 赤群が多く、緑群の少ない食事、(3) 黄群が多く、緑群が少ない食事、(4) 条件に適した食事）の栄養的特徴を判断させ、その中から条件に適した食事を選択させた。正解率を出し、さらに、判断した理由を記入させ、KJ法を用いて分析した。

最後に子ども一人ひとりについて、第5章で分析した食物選択力形成過程を踏まえ、4か月後のポストテスト4、5、7、8から4か月後の食物選択力形成に関する知識とその構造化、活用及び構造化の思考スキル、活用の思考スキルの維持について分析した。

1　食事の栄養的特徴（質・量的）

（1）4か月後における食事の栄養的特徴

図補-4-1に示すとおり（1）黄群の多い食事（赤群：ちょうどよい、緑群：ちょうどよい、黄群：多い）では、黄群が「多い」と正しく判断した子どもが61.5%であった。授業後は、38.5%であり20%以上増加していた。

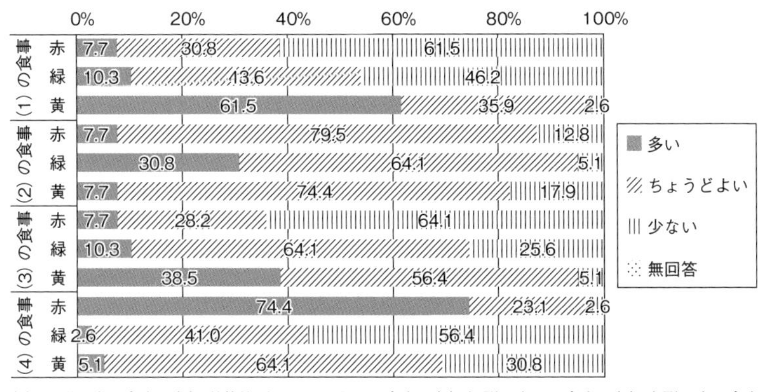

図補-4-1　食事の栄養的特徴（4か月後質・量的）

次に、⑵ 栄養的バランスの取れた食事（赤群、緑群、黄群：ちょうどよい）では、「ちょうどよい」と正しく判断した子どもは、赤群が79.5%、緑群が64.1%、黄群が74.4%であった。緑群、黄群の正解率は授業後より約10%減少していた。

⑶ 緑群の少ない食事（赤群：ちょうどよい、緑群：少ない、黄群：ちょうどよい）では、緑群が「少ない」と正しく判断した子どもは、わずか25.6%で、授業後より約10%減少していた。半数以上（64.1%）が、誤って「ちょうどよい」と判断していた。

⑷ 赤群の多い食事（赤群：多い、緑群：ちょうどよい、黄群：ちょうどよい）では、赤群が「多い」と正しく判断した子どもは、74.4%で、授業後より10%以上増加していた。

以上のことから、4か月後は栄養的バランスの取れた食事については70%前後の子どもが食品群の種類とその量を正しく判断することを維持していることが明らかとなった。このことについては、4か月後においても従来の学習で欠如していた「栄養的バランスの取れた食事のイメージ」が明確に維持できていることを示唆していると考える。

また、黄群が多い食事の黄群は授業後より約2割正解率が増加している事が明らかとなった。赤群が多い食事の赤群は授業後より約1割正解率が増加しており、正しく判断した子どもは７割を超えていた。したがって、これらの子どもについては食事の栄養的特徴を正しく判断することを維持していると考える。しかし、緑群の少ない食事の緑群については正しく判断した子どもは、３割に満たず、６割強の子どもは「ちょうどよい」と判断し、維持できていなかった。そこで次に判断した理由を分析した。

（２） ４か月後における食事の栄養的特徴を判断した理由

(1) 黄群の多い食事、(2) 栄養的バランスの取れた食事、(3) 緑群の少ない食事、(4) 赤群の多い食事について、それぞれ食事ごとに理由を分析した結果、同様の結果が認められたため、まとめて解析した。

食事の栄養的特徴について判断した理由は図補-4-2に示すとおりである。なお、図中の番号は、授業前（④、⑥）、授業後（④、⑥、⑦、⑧）と対応させている。⑦、⑧と一部異なる⑦'、⑧' は４か月後出現したものである。

栄養的バランスの取れた食事において、「主食、主菜、副菜、汁物、デザートの５品すべてがバランスよく取れているから」等『④食事構成』から判断に集約できる記述が認められた。「赤はオムレツしかないし、緑はトマト煮があって、黄もパンがあるから」等『⑥-1 食品群に分類した料理』から判断に集約できる記述、「そぼろ…肉（赤）、グレープフルーツ、かやくうどんの具(緑)、じゃがいも・うどん・ご飯（黄)」等『⑥-2 食品群に分類した食品』から判断に集約できる記述、「肉は少なめだから。すごく野菜がある。たんすいかぶつが３コもあるから」というように『⑦赤、緑群に分類した食品、黄群に主に含まれる栄養素』を関連づけて判断している記述が認められた。黄群の多い食事については、「「むぎごはん（き◯◯◯、＊注シールの個数を◯の個数で表現。以下同じ)。ジャガイモのそぼろ煮（き◯◯◯)、かやくうどん（き◯◯）で黄群の食品が多く入っている」等『⑧「料理－食品群充足率カード」のシールの色と個数』から判断に集約できる記述が認められた。これら子どもの調査票には食事毎に料理の赤、緑、黄群のシールの個数が記入されていた。

一方、「ちょうどいいようになっているから」等の漠然とした記述も認められた。また、「ごはん、うどん、そぼろ煮はカロリーの高いものがたくさん」

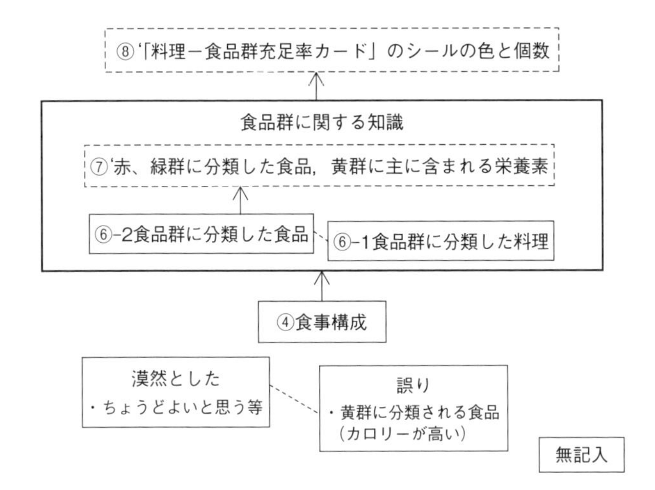

図補-4-2　食事の栄養的特徴を判断した理由（4 か月後）

というように誤った記述も認められた。

以上を整理すると、④「食事構成」、⑥-1「食品群に分類した料理」、⑥-2「食品群に分類した食品」、⑦'「赤、緑群に分類した食品、黄群に主に含まれる栄養素」、⑧'「『料理－食品群充足率カード』のシールの色と個数」の5つに解釈できた。

このように、4か月後においても食品や料理に使用されている食品を食品群に分類して判断している子どもが多く認められた。このことは、食品群（質的）に関する知識を検索し、活用でき、そのための思考スキルを維持していることが考えられる。また、一部ではあるが、カードのシールの色と個数で判断している子どもが認められた。これらの子どもは、シールの個数についても検索し、活用でき、そのための思考スキルを4か月後においても維持していると考える。

次に、調査票にメモをしている料理や食事全体の赤、緑、黄群のシールの個数に誤りが認められ、シールの個数については正確に把握していないことが考えられた。このことは、食事の栄養的特徴を推論する際、特に緑群の少ない食事の緑群について正しく判断できなかった事と関連しているのではないかと考える。

以上のことから、第4章第1節で述べた授業計画の「第3次　複合的料理の栄養的特徴と栄養的バランスの取れた食事　第2時　栄養的バランスの取れた料理の組み合わせ（1時間））」（表4-1-1（3）参照）の授業が4か月後においても食事の栄養的特徴（質・量的）を推論するために「基準となる料理」の栄養的特徴に関する知識を活用（特に質的）すること、その思考スキルの維持について有効であったと考える。

この授業はマルザーノらの「学習の次元」の「次元4　知識の有意味な活用」の単元設計（表1-3-2-3参照）を援用し組み立ててあり、マルザーノらが構想した知識の活用に関する学習は4か月後においても、「基準となる料理」の栄養的特徴に関する知識の活用（特に質的）、その思考スキルの維持について効果的であったと考える。

2　条件に適した食事の栄養的特徴（質・量的）

条件を設定し、4パターンの食事―（1）栄養的バランスの取れた食事（赤群、緑群、黄群各シール5個分）、（2）赤群が私の必要な量の2倍、緑群の少ない食事（赤群がシール12個分、緑群がシール3個分、黄群がシール6個分）、（3）黄群が多く、緑群が少ない食事（赤群がシール6個分、緑群がシール3個分、黄群がシール10個分）、（4）条件に適した食事、すなわち赤群が私の必要な量の2倍、緑群、黄群が必要な量の食事（赤群がシール10個分、緑群がシール5個分、黄群がシール5個分）―の中から条件に適した食事を選択させることにより、食品群、「基準となる料理」に関する知識の検索、活用について分析した。

なお、小学校5年生に必要な量は各食品群ともシール4～6個分である。

条件に適した食事の条件は、以下のとおりである。再度記しておく。

条件1　筋肉を作るもととなる食品群は、私（小学校5年生）が必要な量の2倍

条件2　その他の食品群は私が必要な量と同じ

条件3　ほうれん草のゴマあえは嫌い、その他のほうれん草の料理は食べられる

（1）　4か月後における条件に適した食事の栄養的特徴（質・量的）に関する判断

図補-4-3に示すとおり、条件を満たす食事を正しく判断した子どもは66.7%で、授業後より増加していた。また、栄養的バランスの取れた食事を選択した子どもが15.4%であった。

そこで、次に自由記述から、食事の栄養的特徴をどのように考え、判断したのかについて分析した。その結果、①食事構成と関連付けて判断、②料理単位で食品群に分類して判断、③料理に使用されている食品を食品群に分類して判断、④「料理－食品群充足率カード」のシールの色と個数から判断、⑤他の食事と関連付けて(比較して)判断の5つに整理できた。なお、以上の中には、問題の意図を取り違えているものの、栄養的バランスの取れた食事を食品群や料理の栄養的特徴から正しく判断し回答している子ども、ほうれん草のごまあえという副次的な観点に着目して判断している子どもが認められた。

一方で、シールの色と個数を手がかりに推論し量的推論を維持している子どもはわずか2.6%であったが、質的推論を維持している子どもを合わせると66.7%となり、約7割の子どもは、4か月後においても食品群に関する知識を手がかりに子どもなりに思考し、料理や食事の栄養的特徴を判断することを維持していることが推測できる。

しかし、生活の中で学習した知識を活用できるためには、条件を1つ1つ吟味し、それらが関連付けられることが重要となる。そこで、授業後と同様、学習した①食品群（栄養素）の体内での働き、②赤、黄、緑群の食品群、③それらの群に分類される食品、④それら食品を使用した料理、⑤赤群の量、⑥

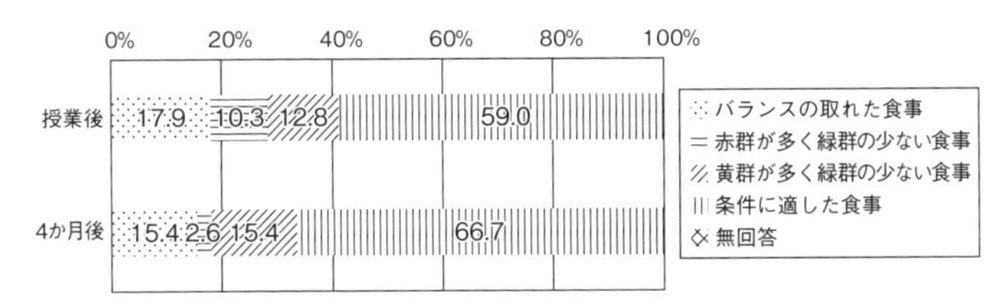

図補-4-3　条件に適した食事の栄養的特徴に関する判断

緑、黄群の量が関連づけられているのかについて、以下の観点から自由記述を点数化し分析した。再度記しておく。

レベル1（1点）

①体内での働き（筋肉をつくる）と②、③、④、⑤のどれか一つが関連づけられている。

レベル2（2点）

①と②、③、④、⑤のうち2つがそれぞれ関連づけられている。

レベル3（3点）

①と②、③、④、⑤のうち3つがそれぞれ関連づけられている。

レベル4（4点）

①と②、③、④、⑤すべてがそれぞれ関連づけられている。

レベル5（5点）

①と②、③、④、⑤、⑥すべてがそれぞれ関連づけられている。

なお、以上のいずれの関連付けもできていないもをレベル0（0点）とした。

その結果は図補-4-4に示すとおりである。

授業後では0点が30.8%であったが、4か月後では、17.9と著しく減少していた。一方、授業後では5点が15.4%であったが、4か月後では10.3%に減少していた。

また、3点以上の子どもは授業後では、51.3%であったが、4か月後43.6%に減少していた。以上のことから、4か月後は、4割強の子どもが、①栄養素の体内での働きと②食品群、③食品、④料理、⑤の量、⑥の量を3つ以上関連

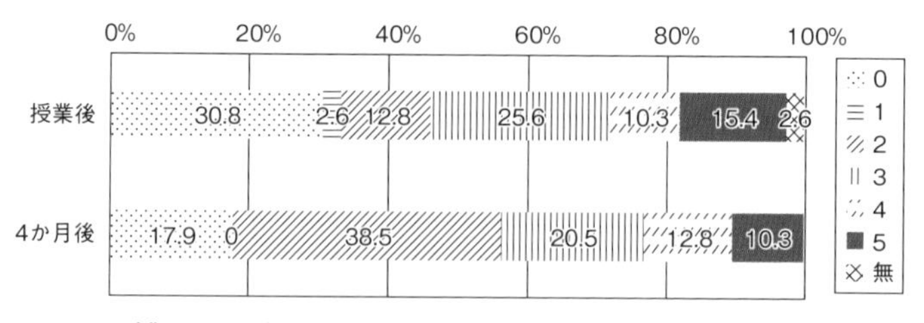

図補-4-4　条件に適した食事に関する知識の関連づけ

づけて、食事の栄養的特徴を判断する際に活用していることがわかった。

一方で、4か月後、条件に適した食事を正しく判断した子どもの中で、レベル3以上を維持している子どもは42.3%であったが、正しく判断できなかった子どもでは30.8%であった。

知識の関連付けを維持できることは、食事の栄養的特徴を判断する上で重要なポイントとなるのではないかと考える。

3　食事の栄養的特徴を判断した子どもの思考過程

次に一人ひとりの子どもに着目して、4か月後における思考過程を検討する。

なお、分析した各テストの意図は、授業後と同様以下のとおりである。

ポストテスト4：食品群の種類（シールの色）、それらの構造化

ポストテスト5：「基準となる料理」の食品群の種類及び量（シールの色及び個数）、それらの構造化

ポストテスト7：給食で出される料理の組み合わせ、栄養的バランスの取れた食事等（推論・活用）

ポストテスト8：条件に適した食事（推論・活用・関連付け）

①ポストテスト4から食品群の種類（シールの色）に関する知識（A、以下、食品の分類とする）及びその構造化（B、以下、食品群の構造化とする）の維持について、②ポストテスト5から「基準となる料理」の食品群の種類と量（シールの色と個数）に関する知識（C、以下、「基準となる料理」の量とする）及びその構造化（D、以下、「基準となる料理」の量の構造化とする）の維持について、③ポストテスト7から食事の栄養的特徴の食品群の種類と量（シールの色と個数）に関する推論（F’、以下、量的推論とする）及び量（G’、以下、量の把握とする）の維持について、④ポストテスト8から量的推論（H-1、以下、推論の仕方とする）、知識の関連付け（H-2、以下、知識の関連付けとする）、条件に適した食事の判断（H-3、以下。回答した食事とする）の維持について分析した。

結果は、表補-4-1～3に示すとおりである。表補-4-1は授業後条件に適した食事を正しく判断し、思考過程が明確な子ども、表補-4-2は、授業後条件に適した食事を正しく判断したが、思考過程が明確でない子ども、表補-4-3は、授業後条件に適した食事を誤って判断した子どもを示している。

なお、授業後と同様、表の「○」、「△」、「△'」、「×」はそれぞれのポストテストの課題の正解率を算出し、以下のとおり決定した。

A　食品群の種類に関する知識の維持については、ポストテスト4で
- ・食品の分類を80%以上正しく分類できている時　○
- ・同様に70～79%正しく分類できている時　△
- ・同様に70%未満を　×

B　食品群の構造化の維持については、ポストテスト4で
- ・赤、緑、黄群すべての特徴が正しく記述されており、かつ未学習の食品を80%以上正しく分類できている時　○
- ・赤、緑、黄群すべての特徴が正しく記述されており、かつ未学習の食品を70～79%正しく分類できている時　△
  - ＊赤、緑、黄群のうち一部のみ特徴に誤りがあり、かつ未学習の食品を80%以上正しく分類できている時　△'
  - ＊赤、緑、黄群に分類される食品のうち一部のみに誤りがあり（例えば、赤群は、魚類、肉類、油類等々）、かつ未学習の食品を70～79%正しく分類できている時　△'
- ・上記以外を　×

C「基準となる料理」の食品群の種類と量の維持については、ポストテスト5で
- ・「基準となる料理」を80%以上正しく選択できている時　○
- ・同様に70～79%正しく選択できている時　△
- ・同様に70%未満を　×

D「基準となる料理」の構造化の維持については、ポストテスト5で
- ・選択した理由がシールの色と個数を手がかりに考えられている時　○
- ・同様にすべてがシールの色を手がかりに考えられている時　△

・上記以外を　×

F’　質・量的推論の維持については、ポストテスト7で

・理由がシールの色と個数を手がかりに考えられている時　○

・理由がシールの色を手がかりにに考えられている時　△’

・上記以外の時　×

G’　食事の量の維持については、ポストテスト7で

・食事の量を80%以上正解している時　○

・食事の量を70～79%正解している時　△’

・上記以外を　×

H－1　食事の栄養的特徴の推論の維持については、ポストテスト8で

・シールの色と個数で推論している時　量的推論

・シールの色で推論している時　質的推論

・そのいずれもできていない時　×

H－2　知識の関連付けの維持については、ポストテスト8で

・前述したとおりの意味で、レベル0～5で示した。

また、表補-4-1、表補-4-2、表補-4-3において、正解率が授業後と同じか、上がっているもの（以下維持または向上と略す）を赤色で、授業後、4か月後ともに正しく回答できていないものを緑色の「×」で示している。

以下、食品の分類（食品群の種類）に関する知識を知識（質的）、「基準となる料理の」量（食品群の種類と量）に関する知識を知識（量的）と表現することとする。また、食品群の種類を手がかりに構造化を行っている場合、構造化（質的）、構造化（質的）の思考スキル、食品群の種類を活用している場合、活用（質的）、活用（質的）の思考スキルと表現することとする。同様に、料理の栄養的特徴（食品群の種類と量）を手がかりに構造化を行っている場合、構造化（量的）、構造化（量的）の思考スキル、また、料理の栄養的特徴（食品群の種類と量）を活用している場合、活用（量的）、活用（量的）の思考スキルと表現することとする。

（1） 4か月後における条件に適した食事を判断した子どもの思考過程

1） 授業後条件に適した食事を回答した子どもの4か月後の思考過程

表補-4-1に示すとおり、授業後、条件に適した食事を正しく判断した子どものうち、4か月後も条件に適した食事を回答した子どもは、g37、g11、g12、g27、g33、b24、g13、g28、b03、b06であった。g01、g30、b04は栄養的バランスの取れた食事を、b31は黄群が多く緑群の少ない食事を誤って回答していた。

（ア） 授業後ア（知識の獲得、その構造化、総合的視点からの活用）に該当した子どもの4か月後の思考過程

（ア）-1 4か月後も条件に適した食事を回答した子どもの思考過程（1）

g37は4か月後も食品の分類、「基準となる料理」の量の構造化を維持または向上していた。緑群の特徴において海藻類のみが誤っており、食品群の構造化は授業後より下がったものの、未学習の食品については、全問正解であった。そして、「基準となる料理」の量は70～79%の正解率で把握もほぼできていた。また、ポストテスト7、ポストテスト8の（量的推論、推論の仕方の）両方の食事場面で量的推論を行っており、知識の関連付けはレベル5を維持していた。このように、知識を維持または向上させ、構造化し、想定された食事場面で適切な知識を検索、活用し食事の栄養的特徴を正しく判断できていた。

したがって、4か月後も、知識（質的）、構造化（量的）、活用（量的）及び構造化（量的）の思考スキル、活用（量的）の思考スキル、知識の関連付けを維持または向上し、シールの色と個数を手がかりに食事の栄養的特徴を推論でき、筋道を立てた思考が可能であると考える。

（イ） 授業後イ（知識の獲得、その構造化、総合的視点からの活用（一部不十分））に該当した子どもの4か月後の思考過程

（イ）-1 4か月後も条件に適した食事を回答した子どもの思考過程（2）

表補-4-1に示すとおり、g11、g12、g27、b24は、食品の分類、食品群の構造化は維持または向上しており、「基準となる料理」の量もg27、b24を除いて、維持または向上していた。推論の仕方では、g12、g27、b24は質的推論ではあるが、維持または向上していた。g11は授業後は量的推論を行ってい

表補-4-1　条件に適した食事を判断した子どもの思考過程（1）（4か月後）

	g37	g01	g11	g12	g27	g30	g33	b24	b31	g13	g28	b03	b04	b06
A　食品の分類	○	○	○	○	○	△	○	○	○	△	○	△	○	○
B　食品群の構造化	△'	○	○	○	○	△'	△'	○	×	×	△'	×	△	×
C「基準となる料理」の量	△	○	○	△	×	○	×	×	○	×	×	△	×	×
D「基準となる料理」の量の構造化	○	△	△	△'	×	○	×	×	△	△'	×	×	△	△
F'　量的推論	○	△'	△'	△'	△'	○	○	△'	△'	△'	△'	△'	△'	△'
G'　量の把握	×	×	×	×	×	×	×	×	×	×	×	×	×	×
H-1　推論の仕方	量的推論	質的推論	質的推論	質的推論	質的推論	質的推論	×	質的推論	×	質的推論	質的推論	質的推論	質的推論	質的推論
H-2　知識の関連付け	レベル5	レベル3	レベル5	レベル2	レベル5	レベル2	レベル0	レベル2	レベル2	レベル3	レベル4	レベル2	レベル4	レベル3
H-3　回答した食事	条件に適した	バランスよい	条件に適した	条件に適した	条件に適した	バランスよい	条件に適した	条件に適した	黄群多緑群少	条件に適した	条件に適した	条件に適した	バランスよい	条件に適した

たが、4か月後は、質的推論を行っていた。4名とも条件に適した食事を回答した理由は正しく判断しており、特にg11、g27は知識の関連付けは、レベル5であった。g12、b24は、知識の関連付けはレベル2であったが、回答した理由に誤りは認められなかった。従って、この4名は4か月後も知識（質的、これに加えg11、g12は量的）とその構造化（質的）、活用（質的）、及び構造化（質的）の思考スキル、活用（質的）の思考スキルを維持または向上し、食事の栄養的特徴を正しく推論し判断できていると考える。

（イ）-2　4か月後も条件に適した食事を回答した子どもの思考過程（3）

表補-4-1に示すとおり、g33は、4か月後は食品の分類、食品群の構造化は維持または向上していたが、「基準となる料理」の量及びその構造化は、維持できていなかった。ポストテスト7では、記述欄にはシールの色と個数については言及していないが、欄外に「き◯◯◯　あ◯◯」等の記述が認められた。量的推論による活用の思考スキルを維持していると考えられる。しかし、「基準となる料理」の量、その構造化、量の把握はいずれもできておらず、また、条件に適した食事を回答した理由を誤っており、知識の関連付けはレベルは0であった。授業後は推論の仕方において、活用（量的）を行っており、知識の関連付けもレベル5であったことを考えると、授業後の活用（量的）、その思考スキルについては、単に記憶レベルで活用しているのではないかと考える。したがって、知識（質的）、その構造化（質的）及び構造化（質的）の思考スキルは維持または向上しているが、活用については、授業後、身につくまで深まっておらず、4か月後は、筋道を立てた明確な思考が維持できていないことが考えられる。

（イ)-3　4か月後栄養的バランスの取れた食事を回答した子どもの思考過程(1)

表補-4-1に示すとおり、g01は、食品の分類、食品群の構造化、「基準となる料理」の量、その構造化（質的）については4か月後も維持または向上していた。授業後は量的推論において、推論が全くできていなかったが、4か月後は、質的推論ではあるが、推論できるようになり、推論の仕方では質的推論を維持していた。そこで、栄養的バランスの取れた食事を回答した理由を調べると、正しく推論し、栄養的バランスの取れた食事を判断していた。問題の意図を取り違えていたことが考えられる。

一方、g30は、g01とほぼ同様に維持または向上していた。量的推論では、一部ではあるが、量的推論を行っており、維持または向上していた。条件に適した食事として、誤って栄養的バランスの取れた食事を回答していたが、回答した理由は、条件に適した食事を正しく推論していた。「基準となる料理」の量の活用が不十分であったために栄養的バランスの取れた食事を回答したのではないかと考えられる。以上のことから、g01は知識（質的・量的)、構造化(質的)、活用（質的）及び構造化（質的）の思考スキル、活用（質的）の思考スキルを維持または向上していること考える。食事の栄養的特徴を推論し、判断することは4か月後も可能であると考える。一方、g30については、知識(質的・量的)、構造化（質的・量的)、活用（量的一部）及びそれらの思考スキルが維持または向上していると考える。活用（量的）が不十分のため、食事の栄養的特徴を推論し、判断することは、4か月後は可能でないと考える。

(イ)-4　4か月後黄群が多く緑群の少ない食事を回答した子どもの思考過程(1)

表補-4-1に示すとおり、b31は、食品の分類、「基準となる料理」の量、その構造化（質的）については、維持または向上していた。しかし、食品群の構造化、量の把握、推論の仕方すべてできておらず、知識の関連付けもレベル2で維持できていなかった。条件に適した食事として誤って黄群が多く緑群の少ない食事を回答し、その理由も間違っていた。したがって、知識（質的・量的)、構造化（質的)、構造化（質的）の思考スキル、活用（質的）の思考スキルを維持または向上していることと考えるが、活用（質的）は維持できていないことが推測できる。授業後は知識を記憶レベルで活用しており、身についておらず、4か月後は、明確な思考ができていなかったことが考えられる。

このように、g30、g33、b31の3名については、授業後と同様、4か月後も活用が不十分であった。その他の子どもについては、正しく推論し食事の栄養的特徴を判断できていた。

(ウ)　授業後ウ（学び直しによる知識の獲得、構造化、活用）に該当した子どもの4か月後の思考過程

(ウ)-1　4か月後も条件に適した食事を回答した子どもの思考過程（4)

表補-4-1に示すとおり、g13、g28、b06は、食品の分類は維持または向上していた。g28のみ食品群の構造化を維持していた。その思考スキルについては3名とも維持していた。「基準となる料理」の量は4か月後、「×」であり、維持できていなかったが、「基準となる料理」の量の構造化（質的）は、g28を除いて維持または向上していた。推論の仕方については活用（質的）を維持または向上しており、食事を回答した理由に誤りは認められなかった。したがって、知識（質的)、構造化（質的)、活用（質的）及び構造化（質的）の思考スキル、活用（質的）の思考スキルは維持または向上していると考える。4か月後も食事の栄養的特徴を正しく推論し、判断することが可能であると考える。

(ウ)-2　4か月後も条件に適した食事を回答した子どもの思考過程（5)

表補-4-1に示すとおり、b03は、食品の分類、「基準となる料理」の量は維

持または向上していたが、それらの構造化はできていなかった。ただ、構造化（質的）の思考スキルは維持していると考える。回答した食事では、条件に適した食事を回答し、その理由に誤りは認められなかった。したがって、知識（質的・量的)、活用（質的）及び構造化（質的）の思考スキル、活用（質的）の思考スキルは維持または向上していると考える。知識の構造化はできていないものの4か月後も正しく推論し、食事の栄養的特徴を判断することは可能であると考える。

(ウ)-3　4か月後栄養的バランスの取れた食事を回答した子どもの思考過程(2)

表補-4-1に示すとおり、b04は、食品の分類、「基準となる料理」の量の構造化（質的)、推論の仕方、知識の関連付けはレベル4で維持または向上していた。回答した食事は誤って栄養的バランスの取れた食事を回答していたが、その理由を調べると、栄養的バランスの取れた食事を正しく判断していた。以上のことから、知識（質的)、構造化（質的)、活用（質的）及び構造化（質的）の思考スキル、活用(質的)の思考スキルを維持または向上していると考える。4か月後も食事の栄養的特徴を正しく推論し判断することが可能であると考える。

以上5名は、授業後、学び直しにより獲得した知識を4か月後も維持または向上し、授業後と同様、構造化し（b03は除く)、活用していた。

以上、授業後条件に適した食事を正しく判断し、思考過程が明確であった表補-4-1の子どもは、4か月後、①知識（質的または量的)、構造化（質的または量的)、活用(質的または量的)、構造化(質的または量的)の思考スキル、活用（質的または量的）の思考スキルを維持または向上しており、授業後と同様、明確な思考過程を維持し、食事の栄養的特徴を正しく推論し判断できている子ども、②条件に適した食事の判断において、推論の仕方に誤りはないが、量の活用が不十分なため栄養的バランスの取れた食事を回答している子ども(1名)、③知識の関連づけがまったくできておらず偶然条件に適した食事を回答したと推測される子ども（1名)、④知識の活用が身についておらず黄群の多い食事を回答したと推測される子ども（1名）に分かれた。

次に、表補-4-2の子どもについては、授業後、条件に適した食事を回答した子どものうち、4か月後も条件に適した食事を回答した子どもは、g05、g35、b26、b34、g21、b20であった。g25は、栄養的バランスの取れた食事を、b02は、黄群が多く緑群の少ない食事を、b23は、赤群が多く緑群の少ない食事を誤って回答していた。

（エ）　授業後、エ（知識の獲得、構造化、活用（不十分）、他の要因）に該当した子どもの4か月後の思考過程

（エ）-1　4か月後も条件に適した食事を回答した子どもの思考過程（6）

表補-4-2に示すとおり、g35は、食品の分類、食品群の構造化は維持または向上していた。また、「基準となる料理」の量とその構造化は「×」で、学び直しができていないことが推測できる。なお、構造化（質的）の思考スキルは維持していた。また、量的推論、量の把握は維持または向上していた。回答した食事では、条件に適した食事を回答し、その理由も誤りはなく、知識の関連付けはレベル4で維持または向上していた。したがって、知識（質的）、構

表補-4-2　条件に適した食事を判断した子どもの思考過程（2）（4か月後）

	g05	g25	g35	b26	b34	b23	b02	g21	b20
A　食品の分類	△	○	○	×	×	×	○	○	○
B　食品群の構造化	△'	○	△'	×	×	×	○	○	×
C「基準となる料理」の量	×	○	×	×	×	×	○	△	×
D「基準となる料理」の量の構造化	×	△	×	×	△	×	×	×	△
F'　量的推論	△'	△'	△'	△'	×	×	×	×	○
G'　量の把握	×	×	△	×	×	×	×	×	×
H-1　推論の仕方	×	質的推論	質的推論	×	質的推論	質的推論	×	質的推論	質的推論
H-2　知識の関連付け	レベル0	レベル3	レベル4	レベル0	レベル2	レベル2	レベル2	レベル2	レベル3
H-3　回答した食事	条件に適した	バランスよい	条件に適した	条件に適した	条件に適した	赤群多緑群少	黄群多緑群少	条件に適した	条件に適した

造化（質的)、活用（質的)、及び構造化（質的）の思考スキル、活用（質的）の思考スキルを維持または向上していると考える。4か月後においても食事の栄養的特徴を正しく推論し判断することが可能であると考える。

(エ)-2　4か月後も条件に適した食事を回答した子どもの思考過程（7）

表補-4-2に示すとおり、g05は、食品の分類、量的推論は維持または向上していたが、「基準となる料理」の量、その構造化、量の把握いずれも「×」であり、量的推論については、活用（質的）を行っていたが、推論の仕方はできておらず、知識の関連付けもレベル0で、条件に適した食事を回答した理由も明確ではなかった。授業後、4か月後ともに偶然正解したものと考える。このように、知識（質的)、活用（質的一部）及び構造化（質的）の思考スキル、活用（質的一部）の思考スキルは維持または向上していると考えるが、活用については、授業後と同様不十分で確かなものとして身についていないことが考えられる。

(エ)-3　4か月後栄養的バランスの取れた食事を回答した子どもの思考過程（3）

表補-4-2に示すとおり、g25は、食品の分類、その構造化、「基準となる料理」の量、その構造化（質的)、量的推論、推論の仕方、知識の関連付け、すべて維持または向上していた。そして、推論の仕方では、質的推論を行い、栄養的バランスの取れた食事を回答していたが、その理由は正しく推論されていた。問題の意図を取り違えていることが考えられる。以上のことから、知識（質的・量的)、構造化（質的)、活用（質的)、及び構造化（質的）の思考スキル、活用（質的）の思考スキルは維持または向上していると考える。思考過程は明確であると考えられ、4か月後も食事の栄養的特徴を正しく推論し判断することは可能であると考える。

(オ)　授業後、オ（知識の獲得、活用）に該当した子どもの4か月後の思考過程

オ)-1　4か月後も条件に適した食事を回答した子どもの思考過程（8）

表補-4-2に示すとおり、b26は、ほとんど「×」で、維持または向上できていなかった。学び直しがまったく行われていないことが推測できる。条件に

適した食事を回答しているが、回答した理由は授業後と同様、「ほうれん草の料理」等特定の料理に着目しており、知識の関連付けがレベル0であった。構造化（質的一部）の思考スキルは維持または向上していると考えられるが、授業後と同様、正しく推論し判断したのではなく、偶然条件に適した食事を回答したものと考える。

(オ)-2　4か月後も条件に適した食事を回答した子どもの思考過程（9）

表補-4-2に示すとおり、b34については、食品の分類は維持できておらず、またその構造化、「基準となる料理」の量はともに授業後と同様にできていなかった。「基準となる料理」の量の構造化（質的）は維持または向上しており、構造化（質的）の思考スキルは維持しているものと考える。推論の仕方については、質的推論で、条件に適した食事を回答していたが、その回答した理由は「ほうれん草の料理」に着目しており、授業後と同様正しく推論し判断したものではなかった。このように、構造化（質的）及び構造化（質的）の思考スキル、活用（質的）の思考スキルは維持または向上していると考えるが、正しく推論し食事の栄養的特徴を判断することはできないと考える。

以上、b26、b34の2名については、知識（質的）、活用（質的）は維持できていなかった。ただ、量的推論または推論の仕方のどちらか一方ではあるが、質的推論を行っており、活用（質的）の思考スキルは維持していると考える。しかし、課題の条件を的確に理解しておらず、また知識の関連づけも授業後と同様低かった。条件に適した食事を判断できた理由は推測することが難しい。

(カ)　授業後、カ（知識の活用（一部））に該当した子どもの4か月後の思考過程

(カ)-1　赤群が多く緑群の少ない食事を回答した子どもの思考過程（1）

表補-4-2に示すとおり、b23は、食品の分類、「基準となる料理」の量、それらの構造化（質的、量的）、量的推論のいずれも授業後と同様できていなかった。また、量の把握もできていなかった。「基準となる料理」の量の構造化、量的推論の理由は「かん」と記してあった。また、誤って赤群が多く緑群の少ない食事を回答した理由は「肉や魚っぽいものが多いから」と記述してい

た。このように、食事の栄養的特徴を判断する際、知識を手がかりに推論していると考えられるが、授業後と同様、活用はできておらず、活用（質的）の思考スキルのみ維持できていると推測できる。このように、構造化（質的）の思考スキル、活用（質的）の思考スキルは維持または向上していると考えるが、思考過程の明確な分析には限界がある。

（キ） 授業後キ（知識の獲得、構造化、活用（一部））に該当した子どもの4か月後の思考過程

(キ)-1 黄群が多く緑群の少ない食事を回答した子どもの思考過程（2）

表補-4-2に示すとおり、b02は、食品の分類、食品群の構造化、「基準となる料理」の量ともに維持または向上している。しかし、その他は、すべて維持できていなかった。黄群が多く緑群の少ない食事を回答した理由は「赤群が多いから」と誤っていた。

このように、知識（質的・量的）、構造化（質的）及び構造化（質的）の思考スキル、活用（質的）の思考スキルは維持または向上していると考えられるが、知識を活用できておらず、条件に適した食事を回答できなかったものと考える。

（ク） 授業後ク（問題の意図の間違い、偶然）に該当した子どもの4か月後の思考過程

(ク)-1 4か月後も条件に適した食事を回答した子どもの思考過程（10）

表補-4-2に示すとおり、g21、b20は、両名とも食品の分類は維持または向上していた。g21はその構造化も維持していた。条件に適した食事を回答した理由に誤りはなく、活用（質的）、その思考スキルを維持していると考えられる。b20は量的推論において、一部量的推論を維持していたが、推論の仕方では質的推論を維持していた。以上のことから、知識（質的）、構造化（質的b21のみ）、活用（質的または量的一部）及び構造化（質的）の思考スキル、活用（質的または量的一部）の思考スキルは、維持または向上していると考える。4か月後も食事の栄養的特徴を正しく推論し判断することが可能であると考える。

以上、授業後、条件に適した食事を回答していたが、思考過程が明確でな

かった表補-4-2の子どもは4か月後は、①知識（質的または量的）、構造化（質的）、活用（質的）、構造化（質的）の思考スキル、活用（質的）の思考スキルを維持し、思考過程が明確で食事の栄養的特徴を判断することが可能である子ども、②授業後と同様、活用が不十分で維持できておらず、正しく推論できない子ども、③思考過程の分析に限界がある子どもに分かれた。

2）授業後条件に適した食事を誤って判断した子どもの4か月後の思考過程

表補-4-3に示すとおり、授業後、条件に適した食事を誤って判断した子どものうち、4か月後条件に適した食事を回答した子どもは、b14、b18、g38、g29、b32、g07、g10、g17、b16、b22であった。g39、b09は栄養的バランスの取れた食事を、b15、b36、b19、g08は黄群が多く緑群の少ない食事を回答していた。

（あ）授業後ア（総合的視点の欠如）に該当した子どもの4か月後の思考過程

（あ）-1　4か月後は条件に適した食事を回答した子どもの思考過程（1）

表補-4-3に示すとおり、b14は、食品の分類、食品群の構造化は、4か月後は維持できていなかった。また、「基準となる料理」の量、その構造化は授業後と同様できていなかった。ただ、構造化（質的）の思考スキルは維持できていると考える。量的推論についてはポストテスト7の食事例の部分にシールの

表補-4-3　条件に適した食事を誤って判断した子どもの思考過程（4か月後）

	b14	b18	b15	b36	g38	b19	g29	g08	b32	g07	g10	g17	g39	b16	b22	b09
A　食品の分類	×	△	○	○	○	△	△	△	○	○	×	△	○	○	△	×
B　食品群の構造化	×	×	△'	△'	△'	△'	△'	×	×	○	×	×	△'	×	×	×
C「基準となる料理」の量	×	×	×	×	×	○	×	△	×	×	×	×	△	△	×	×
D「基準となる料理」の量の構造化	×	△	△	×	△	×	△	△	×	△	△'	×	×	△	△'	×
F'　量的推論	○	△'	×	×	△'	△'	△'	△'	×	△'	△'	△'	△'	△'	△'	×
G'　量の把握	×	×	×	×	×	×	×	×	×	×	×	×	×	×	×	×
H-1　推論の仕方	×	質的推論	×	質的推論	質的推論	質的推論	質的推論	質的推論	質的推論	質的推論	×	質的推論	×	質的推論	質的推論	×
H-2　知識の関連付け	レベル0	レベル4	レベル2	レベル2	レベル2	レベル3	レベル5	レベル4	レベル3	レベル2	レベル0	レベル2	レベル0	レベル2	レベル3	レベル0
H-3　回答した食事	条件に適した	条件に適した	黄群多緑群少	黄群多緑群少	条件に適した	黄群多緑群少	条件に適した	黄群多緑群少	条件に適した	条件に適した	条件に適した	条件に適した	バランスよい	条件に適した	条件に適した	バランスよい

個数を記しており、活用（量的）を維持していると考えられるものの、推論の仕方についてはできておらず、活用（質的）も維持できていなかった。また、知識の関連づけはレベル0で、回答した理由も漠然としていた。以上のことから、活用（量的一部）、及び構造化（質的）の思考スキル、活用（量的一部）の思考スキルを維持または向上していると考えられるが、授業後と同様、総合的視点はなく、活用（量的一部）、その思考スキルは単なる記憶（知識）にとどまっているのではないかと考える。条件に適した食事を回答しているが、確かな思考過程を経て判断した結果導き出されたものではないと考える。

（い） 授業後イ（量の捉え方の違い）に該当した子どもの4か月後の思考過程

（い)-1 4か月後は条件に適した食事を回答した子どもの思考過程 (2)

表補-4-3に示すとおり、b18は、食品の分類、食品群の構造化ともに維持できていなかった。授業後、食品群の分類の学び直しを行っていたが、その構造化が確かなものではなく維持できなかったことが考えられる。「基準となる料理」の量は、授業後と同様できていなかったが、その構造化（質的）は維持していた。量的推論、推論の仕方については、授業後は量的推論ができていたが、4か月後は、質的推論、すなわち活用（質的）を行っており、維持できていなかった。しかし、条件に適した食事を回答した理由は正しく、知識の関連付けもレベル4であった。食品の分類は維持できていなかったが、ほぼ把握(70～79%）しており、質的推論ではあるが、条件に適した食事を判断したのではないかと考える。以上のことから、構造化（質的）及び構造化（質的）の思考スキル、活用（質的）の思考スキルは維持または向上していると考える。また、活用（量的）は維持できなかったが、活用（質的）を行って正しく推論し、食事の栄養的特徴を判断することは可能であると考える。

（う） 授業後ウ（食事の栄養的特徴に関する知識の活用が不可）に該当した子どもの4か月後の思考過程

（う)-1 4か月後は条件に適した食事を回答した子どもの思考過程 (3)

表補-4-3に示すとおり、g38は、食品の分類、その構造化、「基準となる料理」の量の構造化（質的)、推論の仕方については、維持または向上していた。また、「基準となる料理」の量の構造化（質的）の思考スキル、推論の仕方における活用（質的）の思考スキルについても維持または向上していた。そして、条件に適した食事を回答した理由に誤りは認められなかった。したがって、知識（質的）、構造化（質的）、活用（質的）及び構造化（質的）の思考スキル、活用（質的）の思考スキルは維持または向上していると考える。授業後学び直し、活用できるようになったことが推測でき、食事の栄養的特徴を正しく推論し判断することが可能であると考える。

（う）-2　4か月後黄群が多く緑群の少ない食事を回答した子どもの思考過程（1）

表補-4-3に示すとおり、b15、b36はともに食品の分類は維持または向上していた。b15は、食品群の構造化、「基準となる料理」の量の構造化（質的）を維持または向上していた。しかし、両名とも「基準となる料理」の量、量的推論は、できていなかった。b36は推論の仕方のみ質的推論をしていた。両名とも知識の関連付けはレベル2で、黄群が多く緑群の少ない食事を回答した理由も誤っていた。したがって、知識（質的）、構造化（質的、b36を除く）及び構造化（質的）の思考スキル、活用（質的）の思考スキルを維持または向上していると考えるが、授業後と同様、活用が維持できておらず、誤った食事を回答したものと考える。

（え）　授業後エ（「基準となる料理」の量の構造化、活用（一部）が不可）に該当した子どもの4か月後の思考過程

（え）-1　黄群が多く緑群の少ない食事を回答した子どもの思考過程（2）

表補-4-3に示すとおりb19は、食品の分類、その構造化は維持できていなかった。「基準となる料理」の量は維持または向上していたが、「基準となる料理」の量の構造化、量の把握は授業後同様できていなかった。量的推論では、活用（質的一部）はできていた。知識の関連付けはレベル3で維持または向上していたが、赤群の料理が多い、赤群は筋肉を作るという理由から黄群が多く緑群の少ない食事を回答しており、知識（量的）の活用はできていなかった。ただ、構造化（質的）の思考スキル、活用（質的）の思考スキルは維持しているものと考える。以上のことから、知識（量的）、活用（質的一部）及び構造化（質的）の思考スキル、活用（質的）の思考スキルは維持または向上してい

ると考える。しかし、構造化（量的）、活用（量的）は授業後と同様できておらず、食事の栄養的特徴を正しく推論し、条件に適した食事を判断できなかったと考える。

（お） 授業後オ（知識（一部）の構造化、関連づけが不可、活用が不十分、問題の取り違え）に該当した子どもの４か月後の思考過程

（お）-1 ４か月後は条件に適した食事を回答した子どもの思考過程（4）

表補-4-3に示すとおり、g29は「基準となる料理」の量は授業後と同様できていないが、食品群の構造化、「基準となる料理」の量の構造化、量的推論、推論の仕方、知識の関連付けすべて維持または向上していた。回答した食事では、条件に適した食事を回答しており、その回答した理由は正しく推論し判断していた。知識の関連づけもレベル５であった。以上のことから、構造化（質的）、活用（質的）及び構造化（質的）の思考スキル、活用（質的）の思考スキルを維持または向上していると考える。そして、知識（質的）は維持できていないが、ほぼ把握（70～79%）しており、活用を行っている。授業後は構造化（質的・量的）、量的推論はまったくできておらず、知識の関連付けもレベル３であった。授業が進む中で学び直し、確実に身につけていったのではないかと考える。食事の栄養的特徴を正しく判断することが可能であると考える。

（お）-2 ４か月後は条件に適した食事を回答した子どもの思考過程（5）

表補-4-3に示すとおり、b16は食品の分類、「基準となる料理」の量、その構造化（質的）、量的推論、推論に仕方、知識の関連付け、すべて維持または向上し、条件に適した食事を回答していた。その理由も完全ではなかったが、誤りは認められなかった。以上のことから、知識（質的・量的）、構造化（質的）、活用（質的）及び構造化（質的）の思考スキル、活用（質的）の思考スキルを維持または向上していると考える。４か月後は、筋道を立てて思考することは可能であると推測できる。授業後、知識の関連付けはレベル０で、推論の仕方もできていなかったが、４か月後はレベル２に向上し、質的推論もできるようになっていた。学習が進む中で学び直しを行ったのではないかと考える。

(お)-3　4か月後は条件に適した食事を回答した子どもの思考過程（6）

表補-4-3に示すとおり、b22は「基準となる料理」の量の構造化、量的推論、推論の仕方、知識の関連付けは維持または向上していた。条件に適した食事を回答し、理由も誤りは認められなかった。したがって、構造化（質的）、活用（質的）及び構造化（質的）の思考スキル、活用（質的）の思考スキルは維持または向上していると考える。授業後、推論の仕方はできていなかったが、4か月後は質的推論ができるようになり、また、食品の分類は維持できていなかったもののほぼ把握（70～79%）しており、それら知識を活用（質的）して、食事の栄養的特徴を正しく推論し判断したものと考える。

(お)-4　4か月後は条件に適した食事を回答した子どもの思考過程（7）

表補-4-3に示すとおり、g17は食品の分類、「基準となる料理」の量、それらの構造化は維持できていなかった。しかし、構造化（質的）の思考スキルは維持していると考える。量的推論、推論の仕方、知識の関連付けは維持または向上していた。条件に適した食事を回答した理由は完全ではなかったが、誤りは認められなかった。以上のことから、活用（質的）及び構造化（質的）の思考スキル、活用（質的）の思考スキルは維持していると考える。食品の分類は維持できていなかったが、ほぼ把握（70～79%）しており、授業後レベル0であった知識の関連付けはレベル2と向上し、これら知識を活用して条件に適した食事の栄養的特徴を判断したものと考える。

(お)-5　4か月後は条件に適した食事を回答した子どもの思考過程（8）

表補-4-3に示すとおり、b32は、食品の分類は維持または向上していたが、授業後と同様、食品群の構造化、「基準となる料理」の量、その構造化、量的推論、量の把握すべてできていなかった。しかし、回答した食事では、条件に適した食事を回答しており、その理由に誤りは認められず、知識の関連付けはレベル3であった。以上のことから、知識（質的）、活用（質的）、構造化（質的）の思考スキル、活用（質的）の思考スキルは維持または向上していると考えられるが、思考過程の分析には限界がある。

(お)-6　4か月後は条件に適した食事を回答した子どもの思考過程（9）

表補-4-3に示すとおり、g07は、食品の分類、食品群の構造化、「基準となる料理」の量の構造化（質的）、量的推論、推論の仕方、知識の関連付けともに維持または向上していた。しかし、知識の関連付けはレベル２で、条件に適した食事を回答した理由は漠然としていた。条件に適した食事の栄養的特徴を明確に推論し判断したのではなく、活用（質的）はできていないと考える。しかし、活用（質的）の思考スキルは維持しているともの考える。以上のことから、知識（質的）、構造化（質的）及び構造化（質的）の思考スキル、活用（質的）の思考スキルは維持または向上していると考える。知識は学び直したと推測できるが、授業後と同様、活用（質的）はできておらず、偶然に条件に適した食事を回答したものと考える。

(お)-7　４か月後は条件に適した食事を回答した子どもの思考過程（10）

表補-4-3 に示すとおり、g10 は、「基準となる料理」の量の構造化（質的）及び量的推論のみ維持または向上していた。しかし、他はすべて維持できていなかった。回答した食事では、条件に適した食事を回答していが、その理由はほうれん草に着目し、漠然としており、知識の関連付けはレベル０であった。明確な思考過程を経ずに判断していることが推測できる。したがって、構造化（質的）、活用（質的一部）及び構造化（質的）の思考スキル、活用（質的一部）の思考スキルは維持または向上していると考えるが、授業後と同様で、学び直しは行われておらず、確かなものとして身についていないと考える。

(お)-8　４か月後栄養的バランスの取れた食事を回答した子どもの思考過程（1）

表補-4-3 に示すとおり、g39 は、食品の分類、その構造化、「基準となる料理」の量、量的推論は維持または向上していた。回答した食事では、栄養的バランスの取れた食事を回答しており、その理由は「食事構成が整っているから、食事バランスがよい」であった。判断に誤りは認められなかったが、食品群の種類と量（シールの色と個数）を手がかりに判断しているものではなく、知識の関連付けはレベル０であった。問題の意図を取り違え、かつ食事構成を手がかりに判断していることが推測できる。

このように、知識（質的・量的）、構造化（質的）、活用（質的一部）及び構造化（質的）の思考スキル、活用（質的一部）の思考スキルは維持または向上しているものの、知識を活用する場面で知識を関連付けておらず、食品群の種類と量を手がかりに推論できていないことがわかる。ただし、食事構成からの判断は可能であることから、栄養的バランスの取れた食事に関する授業の初期（第1次第1時）段階の学習は確かなものとして身についていると考える。

(お)-9　4か月後黄群が多く緑群の少ない食事を回答した子どもの思考過程(3)

表補-4-3に示すとおり、g08は、食品の分類、その構造化はともに維持できていなかった。「基準となる料理」の量、その構造化（質的）、量的推論、推論の仕方は維持または向上していた。回答した食事では、黄群が多く緑群の少ない食事を回答しており、知識の関連付けはレベル4であったが、その回答した理由は、誤っていた。以上のことから、知識（量的）、構造化（質的）及び構造化（質的）の思考スキル、活用（質的）の思考スキルは維持していると考えられるが、活用（質的）は維持できていないと考える。

(か)　授業後カ（学習が機能していない）に該当した子どもの4か月後の思考過程

(か)-1　4か月後栄養的バランスの取れた食事を回答した子どもの思考過程(2)

表補-4-3に示すとおり、b09は、授業後と同様、4か月後においても食品の分類とその構造化、「基準となる料理」の量とその構造化、量的推論、量の把握、推論の仕方すべてできていなかった。「ごはんとかコールスローサラダとかがえいようだからすごくいい。」という理由で、栄養的バランスの取れた食事を回答しており、知識の関連付けもまったくできていなかった。最初で躓き、学び直しの機会があったにもかかわらず、学習が機能していなかったことがわかる。

以上を整理すると、授業後条件に適した食事を誤って判断した表補-4-3の子どもは、4か月後①学び直しを行ったことが推測でき、知識（質的・量的）、構造化（質的）、活用（質的）、構造化（質的）の思考スキル、活用（質的）の思考スキル、知識の関連付けを維持または向上し、条件に適した食事を正しく推論し判断した子ども、②授業後と同様、4か月後も知識の獲得、知識の関連付け、活用ができておらず、食事の栄養的特徴を正しく推論し判断できない子ども、③授業後と同様、学習が機能していない子ども、④思考過程の分析に限界がある子どもに分かれた。

以上、一人ひとりの子どもに着目して、4か月後における思考過程を分析した結果、①授業後、条件に適した食事を正しく推論し、回答した子どもの中で、知識（質的または量的）、構造化（質的または量的）、活用（質的または量的）、構造化（質的または量的）の思考スキル、活用（質的または量的）の思考スキルを維持または向上している子ども、②授業後、条件に適した食事を正しく推論できなかった子どもの中で、学び直しにより知識（質的または量的）、構造化（質的または量的）、活用（質的または量的）、構造化（質的または量的）の思考スキル、活用（質的または量的）の思考スキルを維持または向上したと推測できる子どもが認められ、これら①、②の子どもは、明確な思考過程を維持または向上し、食事の栄養的特徴を正しく推論し、判断できることが明らかとなった。次に、③授業後、条件に適した食事を正しく推論できていた、できていなかったにかかわらず、活用（質的または量的）を維持していない子ども、知識の関連付けがまったくできていない子どもは、食事の栄養的特徴を正しく推論し、判断できないことが明らかとなった。また、④授業後、学習が機能していない子どもは4か月後も学び直しは行われていないことがわかった。そして、⑤思考過程の分析に限界のある子どもが数名認められた。

第5節　授業モデルにおける食物選択力形成過程の維持に関する考察

1 「事実」としての知識及び「一般化」による知識構造の維持

（1） 食品の栄養的特徴に関する知識及び知識構造の維持

第5章第5節で述べたように、第4章第1節で述べた授業計画の「第1次　栄養的バランスの取れた食事　第2時　栄養的バランスと食品群・料理の栄養的特徴（2時間）」の前半の1時間の授業を実施した結果、この授業終了時点では、食物選択力の形成に必要な知識である食品の栄養的特徴（食品群の特徴）、すなわちマルザーノらのいう「事実」としての知識（表1-1-1参照）の獲得がなされていると見なすことができた。

4か月後においては、ほとんどの食品について8割以上の正解率であり、ほとんどの子どもが食品の栄養的特徴について正しく理解できていた。また、正解率が低い食品についても授業後より正解率が上がるか、ほとんど同様であった。したがって、獲得した食品の栄養的特徴に関する知識が4か月後も維持されていることが明らかとなった。

実施した授業は、第3章第3節の授業モデル「第1次　栄養的バランスの取れた食事　第2時　栄養的バランスと食品群・料理の栄養的特徴（2時間）」（図3-3-1参照）の前半部分を具体化した授業である。したがって、4か月後においても、食物選択力の形成に必要な知識である食品の栄養的特徴、すなわちマルザーノらのいう「事実」としての知識（表1-1-1参照）が維持されていると見なすことができる。なお、一部の食品、すなわち、授業後においても授業前の誤りが修正できていない食品、加工食品については授業後と同様の結果であった。ただ、食品群に分類した理由の中で、原料に遡って栄養的特徴を考えることが可能である子どもが認められた。加工食品に関する学習において、原料を強く印象づける学習方法が有効であることを示唆していると考える。また、学び直しにより知識が獲得されていることが推測できた。指導方法の再検討とともに、学び直しを行う機会を日常的に作ること（例えば、給食の場の利用）が重要であると考える。

次に、第5章第5節で述べたように、第4章第1節で述べた授業計画の「第1次　栄養的バランスの取れた食事　第2時　栄養的バランスと食品群・料理の栄養的特徴（2時間）」の前半の1時間の授業を実施した結果、この授業終了時点では、食物選択力の形成に必要な知識である食品の栄養的特徴の知識構造の構築及びその思考スキルの獲得、すなわち、マルザーノらのいう「事実」としての知識の構造化、そのための思考スキルの獲得がなされていると見なすことができた。

4か月後においては、食品群の特徴を「分類される食品」「体内での主な働き」「主に含まれる栄養素」等、多様な視点から整理した上で、それぞれの食品群に「分類される食品」と「体内での主な働き」等、その他の特徴を複数関連付け知識を構造化していた。

そして、未学習のほとんどの食品について、9割前後の子どもがその栄養的特徴を既に自分の内にある食品群の特徴に関する知識構造と照合し、それらを知識構造に統合できていることが明らかとなった。

これらの子どもは、マルザーノらのいう知識の拡張、洗練が進み、食品の栄養的特徴に関する知識構造を拡張、洗練し維持することができ、また、その思考スキルを維持できていると考える。

実施した授業は、第3章第3節の授業モデルの「第1次　第2時」(図3-3-1参照）の前半の1時間を具体化した授業である。したがって、4か月後においても、食物選択力の形成に必要な知識である食品の栄養的特徴の知識構造及びその思考スキル、すなわちマルザーノらのいう「事実」としての知識の構造化、その思考スキルが維持されていると見なすことができる。

(2）「基準となる料理」の栄養的特徴に関する知識及び知識構造の維持

第5章第5節で述べたように、第4章第1節で述べた授業計画の「第2次　料理の栄養的特徴と1食分の適量（1時間)」の授業を実施した結果、この授業終了時点では、無回答を除く子どもについては、食物選択力の形成に必要となる「基準となる料理」の栄養的特徴（食品群の種類と量）に関する知識、すなわち、マルザーノらがいう「事実」としての知識（表1-1-1参照）については獲得していると見なすことができた。

4か月後においては、授業後と同様総じて無回答が多かった。回答した（無回答を除く）子どもについては、9割前後の子どもが、「基準となる料理」の栄養的特徴に関する知識を維持していることが明らかとなった。

実施した授業は第3章第3節の授業モデルの「第2次　料理の栄養的特徴と1食分の適量（1時間)」(図3-3-1参照）を具体化した授業である。従って、4か月後においても、食物選択力の形成に必要となる「基準となる料理」

の栄養的特徴（食品群の種類と量）に関する知識、すなわち、マルザーノらがいう「事実」としての知識（表1-1-1参照）が、維持されいると見なすことができる。ただ、無回答の子どもについては検討の余地が残された。

次に、第5章第5節で述べたように、第4章第1節で述べた授業計画の「第2次　料理の栄養的特徴と1食分の適量（1時間）」の授業を実施した結果、この授業終了時点では、食物選択力の形成に必要となる「基準となる料理」の栄養的特徴に関する知識を食品群の種類（シールの色）または、食品群の種類と量（シールの色と個数）から構造化した知識構造、その思考スキル、すなわち、マルザーノらのいう「事実」としての知識の構造化、その思考スキルの獲得がなされていると見なすことができた。

4か月後においては、複数の食品群の特徴を関連付け推論でき、食品群の種類（シールの色）から、または食品群の種類と量（シールの色と個数）から「基準となる料理」の栄養的特徴を構造化した知識構造、またその思考スキルを維持していることが明らかとなった。

実施した授業は、第3章第3節の授業モデルの「第2次」（図3-3-1参照）を具体化した授業である。したがって、4か月後においても、食物選択力の形成に必要な知識である「基準となる料理」の栄養的特徴に関する知識を食品群の種類または食品群の種類と量から構造化した知識構造、またその思考スキル、すなわちマルザーノらのいう「事実」としての知識の構造化（特に質的）、その思考スキルが維持されていると見なすことができる。

2　構造化した知識の検索、活用の維持

（1）食事の栄養的特徴（質・量的）の維持

第5章第5節で述べたように、第4章第1節で述べた授業計画の「第3次　複合的料理の栄養的特徴と栄養的バランスの取れた食事　第2時　栄養的バランスの取れた料理の組み合わせ（1時間））」の授業を実施した結果、この授業終了時点では、「基準となる料理」の栄養的特徴（質的または量的）の知識構造から適切な知識を検索、活用でき、また、その思考スキル、すなわち、マル

ザーノらのいう知識の活用及びその思考スキルを獲得していると見なすことができた。

4か月後においては、食品や料理に使用されている食品を食品群に分類して食事の栄養的特徴を判断している子どもが約7割認められた。また、一部ではあるが食品群の量（シールの個数）から食事の栄養的特徴を判断している子どもが認められた。そして、食品群の種類または量（質的または量的）について検索し、活用する思考スキルは維持していると考えられた。したがって、4か月後においても知識を検索し、活用でき、その思考スキルを維持していると考える。

実施した授業は、第3章第3節の授業モデル「第3次　複合的料理の栄養的特徴と栄養的バランスの取れた食事　第2時　栄養的バランスの取れた料理の組み合わせ（1時間）」（図3-3-1参照）を具体化した授業である。従って、4か月後においても、「基準となる料理」の栄養的特徴の知識構造（質的または量的）から適切な知識を検索、活用、また、その思考スキル、すなわち、マルザーノらのいう知識の活用及びその思考スキルを維持していると見なすことができる。

ただ、シールの個数について適切に活用できた子どもは、一部であり課題が残った。

（2） 条件に適した食事の栄養的特徴（質・量的）の維持

第5章第5節で述べたように、第4章第1節で述べた授業計画の「第4次　家族にぴったりの食事（1時間））」の授業を実施した結果、この授業終了時点では、半数を超える子どもは、「基準となる料理」の栄養的特徴（質・量的）の知識構造から適切な知識を検索、活用、またその思考スキル、すなわち、マルザーノらのいう知識の活用及びその思考スキルを獲得していると見なすことができた。

4か月後においては、条件に適した食事を正しく判断した子どもが授業後より増加していた。量的推論を維持している子どもは1割にも満たなかったが、これに質的推論を維持している子どもを合わせると約7割となり、これらの子どもは、「基準となる料理」の栄養的特徴を活用し、食事の栄養的特徴を判断していることが推測できた。また、8割強の子どもが思考スキルを維持していた。

実施した授業は、第3章第3節の授業モデル「第4次　家族にぴったりの食事（1時間）」（図3-3-1参照）を具体化した授業である。したがって、4か月後においても「基準となる料理」の栄養的特徴（質的または量的）の知識構造から適切な知識を検索、活用、またその思考スキル、すなわち、マルザーノらのいう知識の活用及びその思考スキルを維持していると見なすことができる。

なお、(1) 食事の栄養的特徴（質・量的）の維持、(2) 条件に適した食事の栄養的特徴（質・量的）の維持のどちらかで量的または質的推論を維持し、その思考スキルを維持している子ども、すなわち、「基準となる料理」の栄養的特徴（質的または量的）を適切に検索、活用を維持し、その思考スキルを維持していた子どもは、8割強認められた。

したがって、(1) または (2) のどちらかの食事場面では、マルザーノらのいう知識の活用及びその思考スキルをほとんどの子どもが維持していると見なすことができる。

視点を変えて述べるならば、授業後と同様4か月後においても、どの食事場面でも「基準となる料理」の栄養的特徴（質的・量的）を手がかりに食事の栄養的特徴を推論するとは限らないことがわかった。栄養的バランスの取れた食事をとり、健康を維持するためには活用（量的）が必要であることを理解させることが重要である。

以上、知識、知識の一般化による構造化、構造化した知識の検索、活用及び構造化の思考スキル、活用の思考スキルの維持についての考察から、約2割の子どもには課題が残るが、授業モデルの第1次から第4次までを実施することにより食物選択力の形成を維持できると考える。

3　思考過程から見た知識、構造化、活用、思考スキルの維持

次に、以上のことを第５章第５節で述べた「図 5-5-1　食物選択力形成過程の思考」（なお、再度記しておく。詳細は p.189 参照）を用いて説明する。

４か月後は、食品群の種類に関する知識「食品群」は、ほとんどの食品について８割以上の子どもが維持していた。食品群の種類（シールの色）から食品を構造化する「構造化（食品）」は、食品群の特徴を複数関連付けて構造化する能力を維持していた。また、思考スキルについては９割以上が維持していた。

「基準となる料理」の栄養的特徴に関する知識「基準となる料理」は、回答した（無回答を除く）子どもの９割前後が維持していた。「構造化（料理）」は、複数の食品群の特徴を関連付けて推論し、シールの色または個数から構造化することを、またその思考スキルについては、約８割が維持していた。「推論 2-2」は、維持している子どもは１割に満たなかった。しかし、シールの色を手がかりに推論している子どもを加えると８割以上の子どもが維持していた。思考スキルについては、８割以上の子どもが維持していた。

なお、４か月後は推論 1、推論 2-1、推論 2-3 については分析していない。

次に、「食品群」及び「構造化（食品）」については、構造化を維持または向

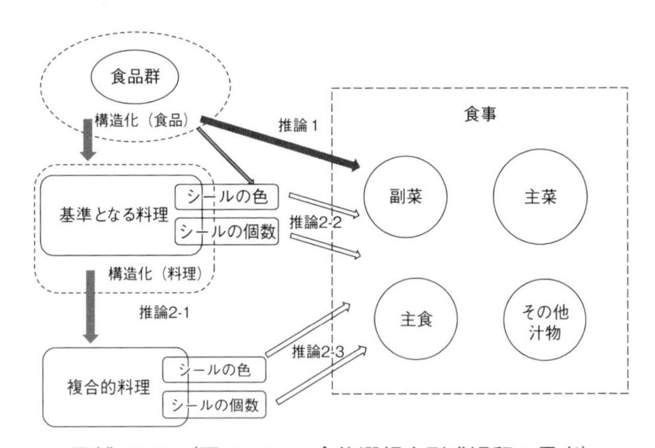

図補-5-1　（図 5-5-1　食物選択力形成過程の思考）

上した子どもの中で、食品の分類に関する知識を維持または向上している子どもは、9割以上いることがわかった。

このことは、構造化できていることは知識の維持または向上に有効であることを示唆していると考える。

第2章で述べた大学生を対象とする授業では、授業後、食品群に関する知識の理解は著しい向上が認められたが、4か月後では、授業前と同様の誤りをする傾向にあることが明らかとなった。大学生を対象とする授業と、小学生を対象とする本授業とを単純に比較することはできないが、第2章第1節「2食品群の理解に関する課題改善の方策とその効果」で考察したように、「事実」レベルの知識の学習及びその教材を繰り返し使用する授業のみでは、4か月後における知識の維持は難しいことを示唆しているのではないかと考える。すなわち、獲得した知識の維持のためには、知識の学び直しとともに知識の一般化による知識構造の構築が重要であり、「事実」レベルの知識を関連づけ、一般化し、知識構造を構築する学習が有効であることを示唆している。

次に、「基準となる料理」については、授業後と同様4か月後も無回答が多く、課題が残った。食品群については、授業計画の第1次から、①食品の栄養的特徴、②食事構成、③食事の栄養的特徴（質的）、④「基準となる料理」の栄養的特徴（質的・量的）、⑤複合的料理の栄養的特徴（質的、量的）、⑥食事の栄養的特徴（質的、量的）と毎時間同じ給食の献立のワークシートを使用して繰り返し授業で扱い、学び直しの機会が多かったと考える。一方、「基準となる料理」の栄養的特徴については、まったく新しい学習内容であるにもかかわらず、同じ給食の献立のワークシートを使用せず、第2次から、①給食で出される料理、②複合的料理、③給食の献立と学習場面が変わる中での学びであった。

「基準となる料理」の栄養的特徴（量的）は、量的推論の手がかりとなる重要な知識であり、同じ給食の献立の中で量を実感させながら、繰り返し学ぶ機会を与える必要があると考える。

また、「構造化（食品）」、「構造化（料理）」の思考スキル、活用（量的）または活用（質的）の思考スキルについては、8割以上の子どもが4か月後も維持または向上していた。

このことは、赤群、緑群、黄群と食品群の種類は異なっていても、それぞれの思考の仕方（構造化の思考スキル、活用の思考スキル）は同様であり、汎用的能力として繰り返し学ぶことで維持できたのではないかと考える。

4　子ども一人ひとりに着目した食物選択力の形成過程の維持

一人ひとりの子どもの思考過程の維持または向上について整理した結果は表補-5-1に示すとおりである。知識（質的・量的）は、図5-5-1の「食品群」、「基準となる料理」に関する知識に当たる。同様に、構造化（質的）は「構造化（食品）」、構造化（量的）は、「構造化（料理）」、活用（質的）は、「推論2-2」のシールの色のみ、活用（量的）は「推論2-2」に当たる。

表補5-1に示すとおり、条件に適した食事を正しく判断できた子どもは、①知識、構造化、活用及び構造化の思考スキル、活用の思考スキルを維持できている子ども（A）、②知識は80点以上を維持できていないが、正解率70～79%は有しており、その他は維持できている子ども（B）、③構造化のみ維持できていないがその他は維持できている子ども（C）④知識、構造化は維持できていないが、正解率70～79%の知識は有しており、その他は維持できている子ども（E）の4グループに分けられた。

一方、条件に適した食事を正しく判断できなかった子どもは、すべて活用が維持できていなかった（D、D'、F、G、G'、H、I、J、K）。なお、この中で、Fの1名（表中の＊1）は、知識に関して授業後の80%以上を維持できていないが、4か月後は70～79%を有していた。また、活用に関しても、授業後の活用（量的）を維持できていないが、知識を関連付け（レベル4）活用（質的）することにより、条件に適した食事を正しく推論し判断したと推測される子どもである。また、Hの1名（表中の＊2）は、条件に適した食事を回答しているが、知識、構造化、活用が維持できておらず分析には限界があった。

以上のことは、知識を維持し、活用の思考スキルを維持していても（D、

表補-5-1　子どもの思考過程の維持

	知識 質または量	構造化 質または量	活用 質または量	構造化の思考スキル 質または量	活用の思考スキル 質または量	条件に適した食事の判断
A	○	○	○	○	○	◎◎◎◎◎◎ ◎◎◎◎ ◎◎◎　◎◎
B	×	○	○	○	○	◎◎
C	○	×	○	○	○	◎　◎　◎
D	○	○	×	○	○	☒☒　☒ ☒☒☒☒*3
D'	○	○	×	○	×	☒
E	×	×	○	○	○	◎
F	×	○	×	○	○	☒　◎*1
G	○	×	×	○	○	☒☒*4
G'	○	×	×	○	×	☒
H	×	×	×	○	○	◎*2
I	×	○	×	○	×	☒
J	×	×	×	○	×	☒
K	×	×	×	×	×	☒　☒

・図中の○は維持または向上、×は維持していない、◎は正しく判断、☒は誤って判断、を意味する。

・表補-4-1の子どもは◎または☒、表補-4-2の子どもは◎または☒、表補-4-3の子どもは◎または☒、で表している。

G)、活用が維持できていなければ、食事の栄養的特徴を推論し正しい判断を導き出すことはできないことを示唆している。

一方、構造化の思考スキル、活用の思考スキルについては、両方の思考スキルを8割を超える子どもが維持していた。手続き的知識である思考の仕方については、自動的にできるようになり、維持されるのではないかと考える。

次に、条件に適した食事を正しく推論し、判断した子どもの中で、知識の関連付けがレベル3以上を維持している子どもは約6割であった。一方、条件に適した食事を誤って判断している子どもの中では、約1割であり、2名（表中の＊3、＊4）を除き知識の関連付けはレベル0またはレベル2であった。

食事の栄養的特徴を正しく推論し、判断するためには知識の関連付けの維持が重要であることが示唆された。

次に、授業後、条件に適した食事を正しく判断し、思考過程が明確であった表補-4-1の子どもは約8割が、食事の栄養的特徴を正しく推論し、判断することを維持していた。（A、Cの黒◎）しかし、授業後、条件に適した食事を正しく判断したが、思考過程が明確でなかった表補4-2の子ども（A、Cの赤◎）は4割強、授業後条件に適した食事を誤って判断した表補4-3の子ども（A、B、C、Eの青◎）は4割弱であった。

このように、表補-4-1の子どもはほとんどの子どもが、4か月後においても食事の栄養的特徴を正しく判断し、思考過程が明確であった。一つひとつ学習を進め思考過程に躓きがなかった子ども（思考過程が確かな子ども）はその維持も可能であることが示唆された。また、活用ができていない子どものほとんどは、表補-4-2、表補-4-3の子どもであり、思考過程の中で活用が維持できていない子どもは食事の栄養的特徴を正しく判断する能力を維持できていないことが推測された。一方、表補4-3の子どもで4か月後、思考過程が明確であり、正しく推論し判断できている子ども（A、B、Cの青◎）が認められ、これらの子どもは授業後学び直し、あるいは学びを深め自分のものとして身につけていったことが推測できる。

なお、Kは、すべて維持しておらず、知識の関連付けはレベル0で、条件に適した食事を正しく推論できていなかった。最初の授業で躓き、学び直しをしないままであることが推測できる。

以上のことから、第5章第5節で述べた躓きについては、躓きがなく思考過程が確かな子どもの方が4か月後も確かな思考過程を維持する傾向にあること、また、躓きのある子どもの中で、学び直しを行って4か月後、思考過程が明確になった子どもがいることが明らかとなった。

なお、子どもが、いつ、どのような状況で、学び直しを行うのかについては、今後詳細な検討が必要である。

また、食物選択力の形成が維持されるためには次のような過程の維持が必要であると考える。すなわち、マルザーノらのいう「事実」としての知識に当たる「食品群」「基準となる料理」（図 5-5-1）の維持、一般化によるその構造化に当たる「構造化（食品）」「構造化（料理）」（図 5-5-1）、それらを手がかりに食事の栄養的特徴（食品群の種類または量）を推論に当たる「推論 2-2」（図 5-5-1）の維持である。したがって、食事選択力の形成の維持には、図 5-1-1 の思考過程に沿って学習を検討した上で、子どもの躓きを逐一分析し、すぐに学び直しを行わせ次の学習へ進めることが、確かな思考過程を維持することに繋がり、重要であると考える。

結論として、マルザーノらの「学習の次元」の「次元 2」「次元 3」「次元 4」の学習は包摂関係にあり、それらを単元設計に援用して設計した授業モデルにおいて、学び直しをしながら学習が進むことが明らかとなったが、この授業モデルは、知識の獲得とその維持、その知識構造の構築とその維持、その知識の活用とその維持ができること、また知識を構造化する思考スキル及び知識を検索し、活用する思考スキルの獲得とその維持、さらに知識を知識構造から取り出し、他の知識構造から取り出した知識と関連づけて活用し総合的に推論し判断できる能力とその維持、すなわち、食物選択力の形成とその維持に有効であると考える。

これまで、知識の理解に関しては丁寧に学習が進められてきた。しかし、その獲得した知識の維持のためには、知識構造の構築に関する学習を新たに導入する必要がある。一方で、多様な生活が展開されるようになった今日、日常生活で知識を活用する力が培われにくくなったことが考えられ、学校教育、特に家庭科において子どもが自分なりの考えで、生活を創造するための知識の活用に関する学習を強化することが重要であると考える。

資　料

資料2-1-1

食に関するアンケート

学籍番号（　　　　　　　　　　）（ 男性 ・ 女性 ）

問1 下記の食品（1～60）を表の食品群に分類し、食品群別摂取量の目安を記入してください。

主に	第1群	主にタンパク質		食品群別摂取量の目安（g）	
	第2群	主に無機質		食品群別摂取量の目安（g）	
主に	第3群	主にビタミンA		食品群別摂取量の目安（g）	
	第4群	主にミビタンC		食品群別摂取量の目安（g）	
主に	第5群	主に炭水化物		食品群別摂取量の目安（g）	
	第6群	主に脂質		食品群別摂取量の目安（g）	

1 たまご　2 にんじん　3 ねぎ　4 豆腐　5 牛乳　6 みそ　7 のり　8 たまねぎ　9 さば
10 食パン　11 バター　12 チーズ　13 ニラ　14 白米　15 カブ　16 ウィンナーソーセージ
17 大根　18 ピーマン　19 バナナ　20 油揚げ　21 りんご　22 わかめ　23 鶏肉
24 きゅうり　25 かぼちゃ　26 煮干し　27 キウィフルーツ　28 しいたけ　29 白菜
30 油　31 砂糖　32 トマト　33 みかん　34 小麦粉　35 レタス　36 中華めん
37 ドレッシング　38 牛肉　39 キャベツ　40 ブロッコリー　41 ほうれん草
42 じゃがいも　43 うどん　44 豚肉　45 しじみ　46 ヨーグルト　47 パセリ
48 マヨネーズ　49 いか　50 さつまいも　51 ごぼう　52 さやえんどう　53 ひじき
54 ケーキ　55 いわし　56 たけのこ　57 ごま　58 ナス　59 アスパラガス　60 豆乳

問2 次の料理を①主食、②主菜、③副菜、④その他に分類し（ ）の中にその番号を書いてください。

たけのこごはん（ ）　りんご（ ）　バターロール（ ）　白身魚のフライ（ ）
麻婆豆腐（ ）　みかん（ ）　みそ汁（ ）　ゆでウィンナー（ ）　うどん（ ）
ヨーグルト（ ）　スパゲティー（ ）　ハンバーグステーキ（ ）　豚汁（ ）
プレーンオムレツ（ ）　エビフライ（ ）　わかめときゅうりの酢の物（ ）
トースト（ ）　いり卵（ ）　サヤインゲンのソテー（ ）　カレーライス（ ）
青菜のごまあえ（ ）　ゼリー（ ）　きんぴらごぼう（ ）　鶏のから揚げ（ ）
ごはん（ ）　トマトスープ（ ）　ラーメン（ ）　ひじきの煮物（ ）　シチュー（ ）
目玉焼き（ ）　ほうれん草のおひたし（ ）　チャーハン（ ）　野菜炒め（ ）
さんまの塩焼き（ ）　肉じゃが（ ）野菜サラダ（ ）　煮魚（ ）　ポテトサラダ（ ）
ブリの照り焼き（ ）　五目ずし（ ）

資料 2-1-2

学籍番号（　　　　　　　　）名前（　　　　　　　　）

1. 下記の食品（1〜60）を表の食品群に分類し、記入してください。

主に	第1群	主に	
	第2群	主に	
主に	第3群	主に	
	第4群	主に	
主に	第5群	主に	
	第6群	主に	

1 たまご　2 にんじん　3 葉ねぎ　4 豆腐　5 牛乳　6 みそ　7 のり　8 たまねぎ
9 さば　10 食パン　11 バター　12 チーズ　13 ニラ　14 白米　15 カブ
16 ウィンナーソーセージ　17 大根　18 ピーマン　19 バナナ　20 油揚げ　21 りんご
22 わかめ　23 鶏肉　24 きゅうり　25 かぼちゃ　26 煮干し　27 キウィフルーツ
28 しいたけ　29 白菜　30 油　31 砂糖　32 トマト　33 みかん　34 小麦粉　35 レタス
36 中華めん　37 ドレッシング　38 牛肉　39 キャベツ　40 ブロッコリー
41 ほうれん草　42 じゃがいも　43 うどん　44 豚肉　45 しじみ　46 ヨーグルト
47 パセリ　48 マヨネーズ　49 いか　50 さつまいも　51 ごぼう　52 さやえんどう
53 ひじき　54 ケーキ　55 いわし　56 たけのこ　57 ごま　58 ナス　59 アスパラガス
60 豆乳

資料2-3-1（プレ）

それぞれの食品群をマークしよう

（　　）年（　　）組　氏名（　　　　　　　）

1　次の食品の①赤群に分類される食品を赤色のマーカーで、②緑群に分類される食品を緑色のマーカーで、③黄群に分類される食品を黄色のマーカーで塗りなさい。

たまご、にんじん、ねぎ、豆腐（とうふ）、牛乳、みそ、のり、たまねぎ、さば、食パン、バター、チーズ、ニラ、白米、カブ、ウィンナーソーセージ、大根、ピーマン、バナナ、油揚（あ）げ、りんご、わかめ、とり肉、きゅうり、かぼちゃ、煮干し、キウィフルーツ、しいたけ、白菜、油、砂糖、トマト、みかん、小麦粉、レタス、中華めん、ドレッシング、牛肉、キャベツ、ブロッコリー、ほうれん草、じゃがいも、うどん、豚肉（ぶたにく）、しじみ、ごぼう、ヨーグルト、パセリ、マヨネーズ、いか、さつまいも、さやえんどう、豆乳（とうにゅう）、ひじき、ケーキ、いわし、たけのこ、ごま、ナス、アスパラガス、エビ

2　それぞれの食品群の特徴を書きなさい。

(1) 赤群の特徴

(2) 緑群の特徴

(3) 黄群の特徴

資料2-3-1（ポスト）

それぞれの食品群をマークしよう

（　　　）年　（　　　）組　氏名（　　　　　　　　）

1　次の食品の①赤群に分類される食品を赤色のマーカーで、②緑群に分類される食品を緑色のマーカーで、③黄群に分類される食品を黄色のマーカーで塗りなさい。

たまご、にんじん、ねぎ、豆腐(とうふ)、牛乳、みそ、のり、たまねぎ、さば、食パン、バター、チーズ、ニラ、白米、カブ、ウィンナーソーセージ、大根、ピーマン、バナナ、油揚(あ)げ、りんご、わかめ、とり肉、きゅうり、かぼちゃ、煮干し、キウィフルーツ、しいたけ、白菜、油、砂糖、トマト、みかん、小麦粉、レタス、中華めん、ドレッシング、牛肉、キャベツ、ブロッコリー、ほうれん草、じゃがいも、うどん、豚肉(ぶた)、しじみ、ごぼう、ヨーグルト、パセリ、マヨネーズ、いか、さつまいも、さやえんどう、豆乳(とうにゅう)、ひじき、ケーキ、いわし、たけのこ、ごま、ナス、アスパラガス、エビ、しらす干し、はちみつ、そうめん、かに、小松菜(こまつな)、アジ、もやし、牡蠣(かき)

2　それぞれの食品群の特徴を書きなさい。

(1)　赤群の特徴

(2)　緑群の特徴

(3)　黄群の特徴

資料2-3-2（プレ・ポスト）

いつも食べる料理にはどんな栄養素（食品群）が含まれているのだろう（1）

（　　）年（　　）組　氏名（　　　　　　）

1　赤群が1食分に必要な量の半分より少し多く（シール3つ分）摂取できる料理を赤色のマーカーで塗りなさい。
また、どうしてそう思ったか書きなさい。

2　緑群が1食分に必要な量の半分より少し少なく（シール2つ分）摂取できる料理を緑色のマーカーで塗りなさい。
また、どうしてそう思ったか書きなさい。

3　黄群が1食分に必要な量の半分より少し多く（シール3つ分）摂取できる料理を黄色のマーカーで塗りなさい。
また、どうしてそう思ったか書きなさい。

4　赤群や緑群や黄群が複数含まれる料理は赤色、黄色、緑色の複数のマーカーで塗りましょう。
また、どうしてそう思ったか書きなさい。

〈給食で出される料理や日常生活で食べる料理〉

水菜のあえもの　とりの照り焼き　さわらのつけやき　黒糖パン　オレンジ
生揚げと野菜の和風炒め　小松菜のごまあえ　豚肉のショウガ焼き　粉ふきいも
ごはん　アジのマリネ　ごぼうのサラダ　つくね　酢の物　わかめスープ
チンジャオロースー　レモンあえ　キャベツのねり梅あえ　ビビンバ　みそ煮
ゆずかつおあえ　ささみのレモン煮　さばの塩焼き　豚汁　レーズンパン

資料2-3-3（プレ・ポスト）

いつも食べる食事にはどんな栄養素（食品群）が含まれているのだろう

（　　）年（　　）組　氏名（　　　　　　）

1　次の食事の栄養的特徴を考え、当てはまるものを○で囲みなさい。

(1) の食事は…赤群は（多い　ちょうどよい　少ない）
緑群は（多い　ちょうどよい　少ない）
黄群は（多い　ちょうどよい　少ない）
＊どうしてそのように考えましたか。
（　　　　　　　　　　　　　　　　）

(2) の食事は…赤群は（多い　ちょうどよい　少ない）
緑群は（多い　ちょうどよい　少ない）
黄群は（多い　ちょうどよい　少ない）
＊どうしてそのように考えましたか。
（　　　　　　　　　　　　　　　　）

(3) の食事は…赤群は（多い　ちょうどよい　少ない）
緑群は（多い　ちょうどよい　少ない）
黄群は（多い　ちょうどよい　少ない）
＊どうしてそのように考えましたか。
（　　　　　　　　　　　　　　　　）

(4) の食事は…赤群は（多い　ちょうどよい　少ない）
緑群は（多い　ちょうどよい　少ない）
黄群は（多い　ちょうどよい　少ない）
＊どうしてそのように考えましたか。
（　　　　　　　　　　　　　　　　）

(1)
- 粉ふきいも
- 豚しゃぶサラダ
- パイナップル
- ミートスパゲティー

(2)
- レモンあえ
- さばの塩焼き
- メロン
- みそ汁（豆腐　さといも、野菜）
- ごはん

(3)
- あおじそあえ
- オムレツ
- さつまいものミルク煮
- チーズパン

(4)
- アジのマリネ
- ささみのレモン煮
- ごぼうと蓮根のうま煮
- 麦ごはん
- わかめスープ

資料4-2-1　給食で出される料理のシールの色と個数

＊図中の×はシール0個、○はシールの個数を表す。

主食

赤　×
緑　×
黄　○○○

・むぎごはん
・きなこパン

赤　×
緑　○
黄　○○○

・ピースごはん

赤　×
緑　×
黄　○○

・レーズンパン
・かしわもち

赤　○○
緑　○
黄　○○○

・かやくうどん

主菜

赤　○○○
緑　×
黄　×

・つくね
・チキンオムレツ

赤　○○○○
緑　○○
黄　×

・豚肉のしょうが煮

赤　○○○○
緑　○○○○
黄　×

・八宝菜

赤　○○○○
緑　○○○○
黄　○

・関東風すきやき

赤　○○○○
緑　×
黄　×

・さばの塩焼き
・白身魚のフライ
・白身魚のマヨネーズ焼き

副菜・デザート（果物）

赤　×
緑　○○
黄　×

・もやしのごま酢あえ
・コールスローサラダ
・はっさく（1/4）
・りんご（1/8）
・バナナ（1/2）（1本100g）

赤　○
緑　○○
黄　×

・ツナと春野菜のごま風味サラダ
・フレンチツナサラダ

赤　×
緑　○
黄　×

・サクランボ

赤　○○
緑　○○○
黄　○

・筑前煮

赤　○
緑　○○○
黄　○○

・野菜のトマト煮

汁物

赤　○○○
緑　○
黄　×

・とうふのみそ汁

赤　○○
緑　○○
黄　○○

・カレービーンズ

赤　○○
緑　○○
黄　×

・とりごぼうスープ

赤　○○
緑　○
黄　○

・豚汁

赤　○
緑　○
黄　○○

・じゃがいものみそ汁

赤　×
緑　○○
黄　○○

・ジュリアンスープ

資料 5-1-1（プレテスト 4）

それぞれの食品群をマークしよう

（　　）年（　　）組　氏名（　　　　　　）

1　次の食品の赤群に分類される食品を赤色のマーカーで、緑群に分類される食品を緑色のマーカーで、黄群に分類される食品を黄色のマーカーで塗りましょう。

たまご、にんじん、豆腐（とうふ）、牛乳、たまねぎ、さば、食パン、たけのこ、チーズ、バター、バナナ、みそ、うどん、油揚（あ）げ、ごま、なす、えび、白米、しいたけ、ごぼう、あさり、じゃがいも、豆乳（とうにゅう）、砂糖、トマト、油、ひじき、こんにゃく、マヨネーズ、いか、ほうれん草、ドレッシング、みかん、小麦粉、レタス、中華めん、キャベツ、豚（ぶた）肉、わかめ、ピーマン、大根、りんご、とり肉、ブロッコリー、ソーセージ、れんこん、かまぼこ

2　それぞれの食品群の特徴を書いてください。

(1)　赤群の特徴

(2)　緑群の特徴

(3)　黄群の特徴

資料 5-1-1（ポストテスト 4）

それぞれの食品群をマークしよう

（　　）年（　　）組　氏名（　　　　　　　）

1　次の食品の赤群に分類される食品を赤色のマーカーで、緑群に分類される食品を緑色のマーカーで、黄群に分類される食品を黄色のマーカーで塗りましょう。

たまご、 にんじん、 豆腐（とうふ）、 牛乳、 たまねぎ、 さば、 食パン、 たけのこ、 チーズ、 バター、 バナナ、 みそ、うどん、 油揚（あ）げ、 ごま、 なす、 えび、 白米、 しいたけ、 ごぼう、 あさり、 じゃがいも、 豆乳（とうにゅう）、 砂糖、 トマト、 油、 ひじき、 こんにゃく、 マヨネーズ、 いか、 ほうれん草、 ドレッシング、 アスパラガス、 牡蠣（かき）、 ししゃも、 はちみつ、 きな粉、 さつまいも、 しめじ、 みかん、 小麦粉、 レタス、 中華めん、 キャベツ、 豚（ぶた）肉、 わかめ、 ピーマン、 大根、 りんご、 とり肉、 ブロッコリー、 ソーセージ、 れんこん、 かまぼこ

2　それぞれの食品群の特徴を書いてください。

(1) 赤群の特徴

(2) 緑群の特徴

(3) 黄群の特徴

資料 5-1-2（プレ・ポストテスト 5）

いつも食べる料理にはどんな栄養素（食品群）が含まれているのだろう（1）

（　　）年（　　）組　氏名（　　　　　　）

1　赤群が1食分に必要な量の半分より少し多く摂取できる料理を赤色のマーカーで塗りましょう。
また、なぜそう思ったか書いてください。

2　緑群が1食分に必要な量の半分より少し少なく摂取できる料理を緑色のマーカーで塗りましょう。
また、なぜそう思ったか書いてください。

3　黄群が1食分に必要な量の半分より少し多く摂取できる料理を黄色のマーカーで塗りましょう。
また、なぜそう思ったか書いてください。

〈給食で出される料理〉

コールスローサラダ　オムレツ　むぎごはん　豚肉のショウガ焼き　かしわもち
りんご　白身魚のフライ　グレープフルーツ　キャベツのごまドレッシングあえ
基準パン　さばの塩焼き　ピースごはん　バナナ　かやくうどん　きなこパン
ツナと春野菜のごま風味サラダ　野菜のトマト煮　じゃがいものみそ汁　八宝菜
豚汁　カレービーンズ　とうふのみそ汁　じゃがいものそぼろ煮　筑前煮

資料5-1-3（プレ・ポストテスト6）

いつも食べる料理にはどんな栄養素（食品群）が含まれているのだろう（2）

（　　）年（　　）組　氏名（　　　　　　）

1　次の料理を食べると、赤、緑、黄群が1食分としてどのくらい摂取できるでしょうか。当てはまるものを○で囲んでください。

(1) カレーライス………………赤群は（多い　ちょうどよい　少ない）
緑群は（多い　ちょうどよい　少ない）
黄群は（多い　ちょうどよい　少ない）
＊どうしてそのように考えましたか。
（　　　　　　　　　　　　　　）

(2) 広島風お好み焼き…………赤群は（多い　ちょうどよい　少ない）
（豚玉、そば・うどん無し）　緑群は（多い　ちょうどよい　少ない）
黄群は（多い　ちょうどよい　少ない）
＊どうしてそのように考えましたか。
（　　　　　　　　　　　　　　）

(3) 鮭入りおにぎり（1こ）…赤群は（多い　ちょうどよい　少ない）
緑群は（多い　ちょうどよい　少ない）
黄群は（多い　ちょうどよい　少ない）
＊どうしてそのように考えましたか。
（　　　　　　　　　　　　　　）

(4) スパゲティミートソース…赤群は（多い　ちょうどよい　少ない）
緑群は（多い　ちょうどよい　少ない）
黄群は（多い　ちょうどよい　少ない）
＊どうしてそのように考えましたか。
（　　　　　　　　　　　　　　）

(5) ラーメン……………………赤群は（多い　ちょうどよい　少ない）
緑群は（多い　ちょうどよい　少ない）
黄群は（多い　ちょうどよい　少ない）
＊どうしてそのように考えましたか。
（　　　　　　　　　　　　　　）

資料5-1-3（プレテスト、ポストテスト6の複合的料理の写真）

カレーライス

広島風お好み焼き（豚玉、そば・うどん無し）

鮭入りおにぎり（1こ）

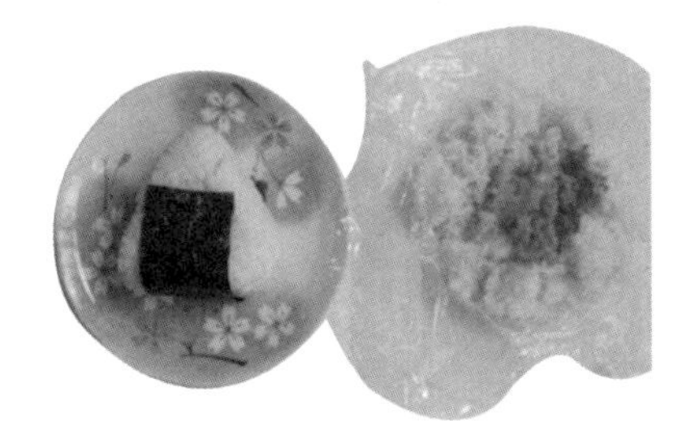

スパゲティ

ラーメン

資料 5-1-4（プレ・ポストテスト３）

いろいろな食事の栄養的特徴を考えよう

（　　　）年　（　　　）組　氏名（　　　　　　　　）

1　適切なものを下記の食事の中から選び（　）に記号を記入してください。また、選んだ理由を書いてください。

(1) 栄養的バランスの取れた食事（　　　　　）
*選んだ理由

(2) 黄群の多い食事（　　　　　）
*選んだ理由

(3) 赤群の多い食事（　　　　　）
*選んだ理由

(4) 緑群の少ない食事（　　　　　）
*選んだ理由

（ア）
○じゃがいものそぼろ煮
○グレープフルーツ
○むぎごはん　○かやくうどん

（イ）
○キャベツのごまドレッシング　○さばの塩焼き
○りんご
○むぎごはん　○じゃがいものみそ汁（たまねぎ、油あげ）

（ウ）
○野菜のトマト煮　○オムレツ
○かしわもち
○基準パン

（エ）
○筑前煮　○白身魚のフライ
○ミニフィッシュ
○むぎごはん　○豚汁

資料 5-1-5（プレ・ポストテスト 7）

いつも食べる食事にはどんな栄養素（食品群）が含まれているのだろう

（　　）年（　　）組　氏名（　　　　　　）

1　1食分の食事の量として、当てはまるものを○で囲んでください。

（ア）の食事は…赤群は（多い　ちょうどよい　少ない）
緑群は（多い　ちょうどよい　少ない）
黄群は（多い　ちょうどよい　少ない）
＊どうしてそのように考えましたか。
（　　　　　　　　　　　　　　　　　　）

（イ）の食事は…赤群は（多い　ちょうどよい　少ない）
緑群は（多い　ちょうどよい　少ない）
黄群は（多い　ちょうどよい　少ない）
＊どうしてそのように考えましたか。
（　　　　　　　　　　　　　　　　　　）

（ウ）の食事は…赤群は（多い　ちょうどよい　少ない）
緑群は（多い　ちょうどよい　少ない）
黄群は（多い　ちょうどよい　少ない）
＊どうしてそのように考えましたか。
（　　　　　　　　　　　　　　　　　　）

（エ）の食事は…赤群は（多い　ちょうどよい　少ない）
緑群は（多い　ちょうどよい　少ない）
黄群は（多い　ちょうどよい　少ない）
＊どうしてそのように考えましたか。
（　　　　　　　　　　　　　　　　　　）

（ア）
@じゃがいものそぼろ煮
@グレープフルーツ
@むぎごはん　@かやくうどん

（イ）
@キャベツのごまドレッシング　@さばの塩焼き
@りんご
@むぎごはん　@じゃがいものみそ汁（たまねぎ、油あげ）

（ウ）
@野菜のトマト煮　@オムレツ
@かしわもち
@基準パン

（エ）
@筑前煮　@白身魚のフライ
@ミニフィッシュ
@むぎごはん　@豚汁

資料5-1-6（プレ・ポストテスト8）

家族にぴったりの食事を見つけよう！

（　　）年（　　）組　氏名（　　　　　）

〈問題〉

大好きなお兄さん（小学校6年生）が、明日サッカーの試合に出ます。

私（5年生）は、お兄さんを応援するために、筋肉を作るもとになる栄養素をたくさん含む食品群の食品を使った料理を組み合わせて、夕飯の献立を考えました。

食品の量は、筋肉を作るもとになる食品群は、私が必要な量の2倍、その他の食品群は私が必要な量と同じにしました。

お兄さんは、ほうれん草のごまあえは嫌いですが、他のほうれん草の料理は食べることができます。

下記の食事の中から、私がお兄さんの応援のために考えた夕飯を一つ選び、番号で答えてください。また、それを選んだ理由を書いてください。

(1) 選んだ食事の番号

(2) 選んだ理由

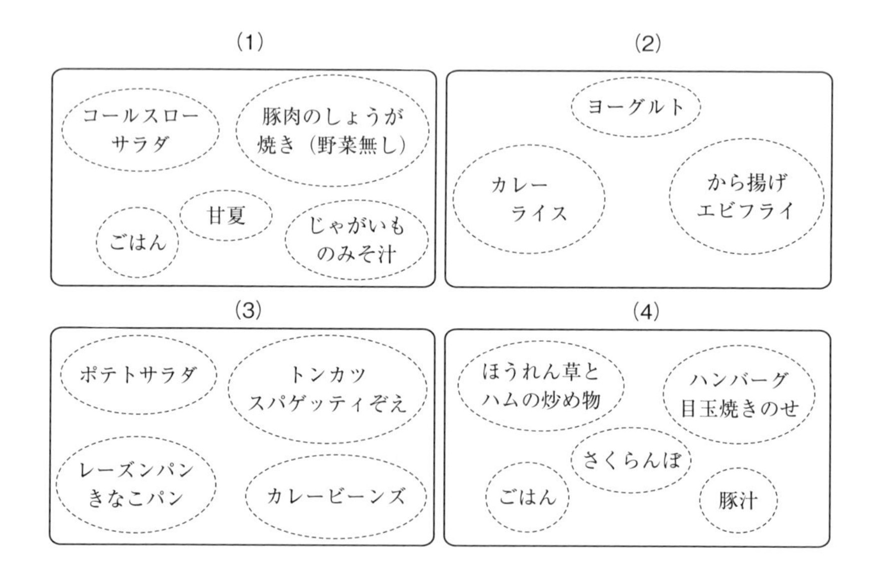

あとがき

毎年、大学生を対象とした食に関する授業の初回に、学生の実態把握のため食品群に関する調査を行ってきたが、6つの食品群各々の1日の必要摂取量をすべて答えられる学生は、毎回皆無と言ってよかった。それは、国立、私立大学の学生を問わず、10年余り変化はなかった。これら学生は、小・中・高等学校の家庭科において食に関する指導を受けている学生である。食品群ごとの必要摂取量を知識として記憶しておくことは困難であり、ましてや日常生活において活用するまでには至っていないことが推測される。

一方、食に関する指導に長く携わる筆者自身においても、日常生活で、毎食、それぞれの食品群から食品の分量を計算しながら、食品を組み合わせ、一つの献立として各食品群の必要摂取量を満たすように食事を考えることは大変煩雑に感じることは、否定できない。さらに、日常生活の中で、使用する一つひとつの食品の概量とその廃棄量（率）を記憶しておくことは決して容易ではない。食事ごとにすべての食品を計量するには大変な労力を要することは言うまでもない。

確かに、栄養学や食品学等科学的知識は系統立てて学んでいるが、日常生活においてそれらを活用する時、個々人の日常生活における思考、行動との乖離がある、という違和感を筆者はずっと抱いていた。別の言い方をすれば、膨大な種類の食品や料理に関するデータが蓄積されているコンピュータを駆使して食品を組み合わせ、栄養価計算を行い目的にあった献立を作成し、学校等に食事を提供する栄養士の方々の業務における思考、行動の流れではないのか、という疑問をずっと抱いていた。

これまでの違和感（疑問）として断片的に考えていたこと、異なる視点から言えば、学習した知識を日常生活の中で維持しておくための学び、膨大な種類の食品に関する知識を整理し、蓄積できる学び、学問として学んだ栄養学、食品学、調理学等を日常生活の個々の場面で活用できる学びとはどのようなものか、と一つひとつ考えてきたことが関連付けられ一つにつながったのがマルザーノらの理論―「行動モデル」「学習の次元」との出会いであった。

マルザーノらの理論を援用し構築した授業等は、日常生活に埋め込まれた個々の子どもの思考、行動の流れに沿った学習を可能にした。

本書では、マルザーノらの理論を援用し、学び直しを可能にしながら食物選択力を形成し、さらにそれらを維持できる学びの有効性を明らかにした。

さらに、食物選択力の形成過程を明らかにし、個々の子どもの躓きの箇所等それぞれの思考過程を明らかにした。このことは、個々の子どもの思考過程に対応し、個々の子どものタイミングでの学び直しが可能となる。別の言い方をすれば、学び直しの機会を保障する授業設計が可能となる。

以上のことは、本書で開発した授業モデル及び教材により一人ひとりの子どもが知識を獲得し、自ら蓄積し、その知識構造をより精緻なものにし、また栄養素、食品群、食品、料理に関する知識を関連付けながら活用できる食物選択力を確実に身につけ、それを維持させることの可能性を示唆したといえる。

また、本書では、小学校段階で食品に関する量の概念の理解が可能であることを明らかにした。すなわち、食品の摂取量を「基準となる料理」のシールの色（食品群の種類）とその個数（食品群の量）により実感を伴って理解できることを明らかにした。そして、「基準となる料理」はまた、例えば「鰆のつけ焼き」（赤群のシール３つ分）は、成長に伴って変わる児童、生徒の必要摂取量を目の前の料理（食品）と結びつけて理解する基準として用いることが可能である。このことは、自由に食品の種類と量を組み合わせて栄養的バランスの取れた食事を考え整える中・高等学校における学びに繋がる。

本書で明らかとなった食物選択力の形成過程に関する検討結果は、子どもがそれぞれの生活の文脈の中で、学習した知識を活用し問題を解決し、健康な食生活を創っていく上で重要な示唆を与えることと考える。

一方、教師の方々に対しては、獲得した知識を拡張し、それらを日常生活で活用できるための学び、思考過程に沿って推論を中心とした思考スキルの獲得をも意図的に組み込んだ学びを提供するものである。

日常生活における子どもの思考、行動に沿った知識の活用のための授業の一つの可能性を提案できたのではないかと考える。

ここで強調しておきたいことは、子どもの推論を重視した授業を展開していることである。例えば、この食品群から○ポイント、あるいは○グラム、というように計算することで、食事の栄養的特徴を数値として把握するのではないということである。本書で取り上げたシールの個数はあくまでも思考の手がかりとして、例えば、給食で出される肉料理は１食分に必要な量の半分より少し多い（シール３つ分）、だから、この料理をあと半分から一皿追加して食べればよいのでは？ といった思考の手がかりとして活用することである。このような数値合わせをしないという考え方、発想の転換がなければ本書で開発した授業は効を奏さない。

本書により栄養教育に関する授業設計の可能性が少しでも拡がり、その結果として、生涯にわたって、健康な食生活を営むことのできる子どもが増えることを願ってやまない。

本書の刊行に至るまでには多くの方々にお世話になりました。まず、博士論文の作成にあたって、指導、助言を賜りました先生方にお礼申し上げます。

主査をお引き受けいただきました伊藤圭子先生には、大変貴重なご指導とご助言をいただきました。研究の本質となる視点をご教示いただき、また、穏やかな中にも核心をついたご助言をいただき、論を深めることができました。ご多忙にもかかわらず、いつも熱心に丁寧なご指導を賜りありがとうございました。心より深謝し、厚くお礼申し上げます。

副査をお引き受けいただきました木原成一郎先生には、入学時よりいつも温かく、様々な面でご指導をいただきました。先生には、思考を揺さぶる鋭いご指摘をいただきました。必死にその意味を考える中で私の曖昧な思考が整理され、異なった視点から論を見直すことができました。また、ブルームの改訂版タキソノミー等の研究をされている京都大学大学院准教授石井英真先生の論文と出会うきっかけをいただきました。マルザーノらの「学習の次元」に出会い、授業実践の具体的な方向が定まりました。心より深謝し、厚くお礼申し上げます。

副査をお引き受けいただきました望月てる代先生には、お忙しい中、短時間で細部まで論文に目をとおしていただき、多岐にわたって丁寧にご指導をいただきました。また、栄養学、食品学、調理学等の専門的立場から重要なご指導をいただきました。心より深謝し、厚くお礼申し上げます。

主査、副査の先生方には、論文以外に心身共に言葉では言い尽くせないほどのお心遣いをいだだきました。重ねて厚くお礼申し上げます。

そして、そもそも博士論文に挑戦することができたのは、広島大学大学院教授（現同大学名誉教授）福田公子先生のおかげです。1年間、研究員として先生の研究室に在籍していた折、論文の骨子となる理論、マルザーノらの「THE NEW TAXONOMY」（「思考の次元」）に関するご助言をいただきました。この理論的枠組みがなければ、論文は完成を見なかったと思います。厚くお礼申し上げます。

また、統計処理では、福山平成大学教授福井正康先生に丁寧にご指導いただきました。厚くお礼申し上げます。

ここに、お世話になったすべての方のお名前を記すことができませんが、多くの先生方、児童の皆様のお力添えをいただき、本書を刊行するにいたりました。感謝の念に絶えません。本当にありがとうございました。

そして、本書の刊行を快くお引き受けいただきました佐藤守氏、編集の労を取っていただいた中島美代子氏に心からお礼を申し上げます。

最後に、私事で恐縮ですが、研究者を目指そうとする私に、周囲の猛反対をものともせず研究の道に続く扉を開けてくれた両親に心から感謝します。そして、温かく見守り、終始支えてくれた夫、絶妙なタイミングで励ましの言葉や行動をとってくれた娘に心から感謝します。本当にありがとう。

■著者紹介

中村喜久江　（なかむら　きくえ）

・福岡県生まれ
・広島大学大学院教育学研究科学習開発専攻博士課程後期修了　博士（教育学）
・広島大学助手、香蘭女子短期大学助教授（准教授）、岡山大学准教授、くらしき作陽大学教授、福山平成大学教授を経て、2018年退職。

主な著書・論文
・「子どもの食物選択力を形成する小学校家庭科学習の検討」広島大学大学院教育学研究科紀要、第一部（学習開発関連領域）　第60号　2011
・「生活実践に必要となる知識と思考スキルを育成する授業」学校教育 NO.1194　2017
・「実践的指導力をつける家庭科教育法」（共著）　大学教育出版　2018（第2版 2020）

子どもの食物選択力の形成過程に関する研究

― 包摂的学習及び思考スキルの形成に着目して ―

2021年12月10日　初版第1刷発行

■著　者――中村喜久江
■発 行 者――佐藤　守
■発 行 所――株式会社 大学教育出版
〒700-0953　岡山市南区西市 855-4
電話（086）244-1268　FAX（086）246-0294
■印刷製本――モリモト印刷㈱

ISBN978－4－86692－165－5